小学综合实践活动课程设计与实践

张 燕 卢钦龙 ◎ 编著

团结出版社
UNITY PRESS

图书在版编目（CIP）数据

小学综合实践活动课程设计与实践/张燕，卢钦龙
编著--北京:团结出版社，2022.8
ISBN 978-7-5126-9529-0

I.①小... Ⅱ.①张...②卢… Ⅲ.①小学-活动课
程-教学研究 IVG622.3

中国版本图书馆 CIP 数据核字(2022)第 143609 号

出 版：团结出版社
　　　　（北京市东城区东皇城根南街 84 号　邮编：100006）
电 话：（010）65228880　65244790
网 址：http://www.tjpress.com
E-mail：65244790@163.com
经 销：全国新华书店
印 刷：武汉鑫佳捷印务有限公司
装 订：武汉鑫佳捷印务有限公司

开 本：170mm×240mm　　16 开
印 张：20.5
字 数：292千字
版 次：2022 年 8 月第 1 版
印 次：2023 年 1 月第 1 次印刷

书 号：ISBN 978-7-5126-9529-0
定 价：88.00 元

序一

课程综合化一直是基础教育课程改革和课程理论发展的重要方向。综合与分科是课程理论与实践百年来的一个纠结。课程实践在综合与分科之间做的艰难选择几乎贯穿过去一百多年的变革与发展。如"钟摆"一样的艰难选择一直让学校课程实践者处于两难之间。于是乎，上世纪 90 年代以来，世界各国开始尝试"鱼和熊掌兼得"的课程设置和课程实践探索。比如，美国面向 21 世纪的课程提出了"核心科目与 21 世纪主题"课程设计框架，试图形成分科与主题综合的平衡。我国于 2001 年启动的第八次课程改革，在义务教育分科课程基础上增加了"综合实践活动课程"，也在尝试分科课程与综合课程的相互促进。2022 年最新颁布的《义务教育课程方案（2022 年版）》中，提出"注重与学生经验、社会生活的关联，加强课程内容的内在联系，突出课程内容结构化，探索主题、项目、任务等内容组织方式。原则上，各门课程用不少于 10% 的课时设计跨学科主题学习。"这意味着未来义务学校课程中每一门课程都要拿出 10% 的课时设计跨学科的主题学习。这就意味着，每一门课程都要实现 90% 的分科课程与 10% 的跨学科综合课程的有效融合。这对适应了分科教学的教师来说无疑是一个巨大挑战。但毋庸置疑，这些有益的探索为面向未来的课程发展探索了新思路，构建了新途径，实现了新发展。

在具体的学校课程发展中如何落实好综合分科的课程理念？在面向未来的课程发展中如何处理好课程综合化的理论发展与实践探索？这始终是面向所有学校课程管理者的挑战。张燕和卢钦龙编著的这本《小学综合实践活动课程设计与实践》在坚持综合课程理论探索的基础上，注重综合实践活动课程的实践开发，书中介绍的很多课程实践案例对一线校长和教师探索课程综合化实施具有很强的示范性。因此这本书可以作为小学综合实践活动课程开发与实施的一本参考书，也可以作为小学综合课程研究的理论读本。更为可贵的是，本书基于综合实践活动课程的实践探索中，用实践的方式进一步回答了课程综合化的类型、价值和方法。为推进义务教育课程发展提供了实践案例支持和理论支撑。

义务教育课程发展表明，课程综合化在面向未来的课程发展中，不仅是相对于分科课程的一种课程开发形式，也是对分科课程发展的一种课程开发方式。从一定意义上说，综合和分科的对立概念是综合课程的 1.0 版本概念，而分科中的综合正在成为课程综合化的 2.0 版本概念。小学综合实践活动课程在原来更加注重课程开发的内容综合和活动整合方式基础上，进一步深入到对学科课程的深度整合。课程综合化正成为分科课程发展的一种新的形式。正如在《义务教育课程方案 2022 版》中"提出探索主题、项目、任务等内容组织方式"一样，课程综合化在新一轮的课程改革中正成为重要的课程组织和实施方式。无疑这本《小学综合实践活动课程设计与实践》的出版将对新的课程改革起到理论和实践支持作用。

这样的效果，正是我们共同的期待！

是为序！

杨志成

2022 年 10 月 1 日

序二

2021年1月，在北京市东城区小学教育质量提升项目的推进会上，我有幸结识了培新小学张燕校长、她领衔的研究团队以及她默默耕耘的小学。这样一支团队能够将教育实践中遇到的问题转化为课题，并将这一课题《小学综合实践活动课程内容设计与实践研究》做的如此的认真、用心、用情，让我赞叹不已。

在课题的推进会上，我能深切感受到张燕校长及团队在课题研究中投入了大量精力，而且是在日常工作繁忙之中、在没有任何专家指导之下完成了课题，我能想象她们背后付出的巨大努力。令人欣喜的是，在课题结题后，她们还能够在阶段性课题成果基础上展开了纵深研究。

2021年2月，我有幸走进了培新小学，在促膝长谈中了解了学校开展综合实践活动课程研究的来龙去脉，切身感受到了这所学校对教育科研的重视以及对综合实践活动课程课题研究的扎实。此项课题的研究历时10余年，经历了三个阶段，即尝试摸索阶段、课题探索阶段和深入实践阶段，每一个阶段都有不同的研究重点和成果。在课题研究中，有一支团队从步履蹒跚到坚定从容，一直在坚持，一直在突破……

2022年9月，经过了不到两年的时间，没有想到张燕校长和她的团队把这份沉甸甸的书稿寄给我，让我为这所小学再次点赞，点赞她们对综合实践活动课程的这份执着和在实践探索中所做出的努力。大家都知道，课程建设从来不是一件轻而易举的事，它需要像张燕校长这样的研究团队秉持着认真的态度，去不断实践、不断创新，才能够为基础教育课程建设做出鲜活样本。

    在教育综合改革持续深化、教育高质量发展成为使命的新时代，课程综合化已经成为国际教育改革的一个重要发展趋势，综合实践活动课程也成为了国际教育改革的一个重要领域。综合实践活动课程是从学科育人到素养育人的课程桥梁，它弥补了从学科课程到综合课程的断层，促进了从知识本位到素养本位的转型。实践证明，综合实践活动课程具有高度的综合性和融合度，注重创新和实践，它对创新人才的培养比其他任何一门学科都具有整体优势，无可替代。

    作为一个见证者，我目睹了张燕校长带领的培新小学在实践中的摸索和探索，面向未来，我更希望做一个参与者，能够为她们在课程建设当中再迈上新台阶尽绵薄之力。

    希望这本书能够为小学开展综合实践活动提供借鉴和参考。

    祝贺培新小学，祝贺张燕校长及团队，期待你们更多的研究成果……

王凯

2022 年 9 月 26 日

序三

看到这第二本书，真心为张燕高兴，也欣然接受张燕的邀请，愿意为此书作序。

2013年，张燕考取了首都师范大学教育管理硕士，成为了我的学生，我是她的导师。同年，她参加北京市名校长工程的面试选拔考试，我是评委。面试时，我想这位年轻的校长一定能入围，没想到后来我又成为她在名校长工程学习的理论导师。也许因为双重的身份，我对她格外"严格"，真心希望她能在学业上和工作上比翼齐飞。

我深知，她扔下书本近20年后，又重回校园，一边工作一边学习，很不易。最终没想到她这个年龄最大的学生却成为那届第一个通过硕士论文答辩的学生，我很骄傲。

2017年，我催促张燕将硕士论文的研究成果整理成书。这是张燕写的第一本书，有第一，就有第二、第三，这个过程她一定会越来越娴熟，也就越来越向科研型校长迈进。写书的过程是个慢功夫，也是个静功夫。慢——潜移默化，静——静心思教。

2022年3月24日接到张燕的信息："傅老师，我报考北师大教育博士，通过了第一关，后边不知会走到哪一步，向您汇报！感谢恩师！"我立即回复："好消息，太棒了！"7月10日，张燕把她北师大教育博士的录取通知书发给了我，我由衷祝贺！本以为她的校长工作如此忙碌，硕士已经够用，真没想到她再次向自己进行挑战。不论结果如何，她的这种永远不停歇的学习劲头就必须点赞！

2022 年 9 月 28 日，让我更没想到的是张燕发给我她们的第二本书稿，这本书比她的第一本书丰富很多，不仅有理论部分，还增加了实践部分。看的出来，她带领她的团队在小学综合实践活动课程的研究路上一直锲而不舍的前行，持续就是一种力量，近 10 年的坚守不得不令人致敬。

张燕的认真＋坚持，已经成为一种习惯、一股力量、一种文化，甚至一张名片！

祝贺张燕！祝贺张燕带领的团队取得如此骄人的成绩！

傅树京

2022 年 9 月 28 日

目 录
CONTENTS

第一章　小学综合实践活动课程概述

第一节　综合实践活动课程的内涵和特征

《中小学综合实践活动课程指导纲要》指出："综合实践活动是从学生的真实生活和发展需要出发，从生活情境中发现问题，转化为活动主题，通过探究、服务、制作、体验等方式，培养学生综合素质的跨学科实践性课程。"《指导纲要》同时指出，"综合实践活动是国家义务教育和普通高中课程方案规定的必修课程，与学科课程并列设置"，"自小学一年级至高三年级全面实施"。指导纲要中明确了综合实践活动课程的基本理念是："一是课程目标以培养学生综合素质为导向；二是课程开发面向学生的个体生活和社会生活；三是课程实施注重学生主动实践和开放生成；四是课程评价主张多元评价和综合考察。"这就意味着学生的学习内容除了学科课程之外，还包括每一个学生置身其中的真实生活；学生的学习活动除具有学科领域特点的学科实践外，还包括具有综合性和跨学科性的生活实践。综合实践活动作为我国学校课程的"另一半"，具有丰富的时代内涵。[1]

第一，它是一门生活课程。每一个人每时每刻置身其中的生活情境，无论个人情境、社会情境还是自然环境，只要经过反思，将其转化为问题情境

---

[1]　张华.综合实践活动的国际视野[M].石家庄：河北教育出版社，2019：5-7.

与活动主题，运用个人经验和学科知识展开系统探究、体验与实践，它就从日用常行、浑然不觉中脱颖而出，就能发展学生的生活创造能力和生活责任意识，就具有无尽的课程价值。生活即课程。

第二，它是一门跨学科课程。生活世界中的任何事物与现象，无论多么细微与平常，如一丝白发、一片雪花或一片树叶，均具有整体性。要理解生活中的事物或现象，就需要多学科视野汇集、融合才能实现。综合实践活动课程必然是跨学科课程，要求跨学科学习，且是综合程度最高的课程。

第三，它是一门实践性课程。生活是鲜活而独特的，有多少人就有多少种生活。生活具有地域性与时代性。生活内容千差万别、五彩缤纷。但是，探究与体验生活的方式却具有共同性。"考察探究""社会服务""设计制作""职业体验"等旨在发展学生核心素养的活动方式，均具有实施或操作的关键要素。综合实践活动课程将旨在发展学生核心素养的先进的学习方式、活动方式或实践方式本身视为课程。过程即课程，实践即课程，学习方式即课程。

第四，它是一门发展性课程。每一年级有每一年级的生活，每一学段有每一学段的生活。生活探究与体验的目标、内容、方式既具有发展阶段性，又具有前后相继的连续性。自小学一年级至高中三年级，十二年一贯设计且全面实施的综合实践活动课程，体现了"学习进阶"（learning progression）的理念，关注学生核心素养的纵向整体发展。

第五，它是一门必修课程。人自来到世间始终面对两个世界，一是鲜活的、可感受的日常生活世界，二是由各类语言、符号所构成的抽象的学科世界。这两个世界相互影响、相互作用，为个人发展与人类进步提供永恒基础。在我国基础教育课程体系中，综合实践活动课程对应生活世界，各门学科课程对应学科世界，二者既相对独立，又相互影响、相得益彰。由于综合实践活动课程具有不可替代、不可或缺的重要性，《中小学综合实践活动课程指导纲要》将其规定为必修课程，与学科课程并列设置，且相互联系。

第六，它既是一种特殊的课程形态，又是一种先进的学习方式，还是一种进步的教育观。作为一种特殊的课程形态，它是学生在教师指导下，根据周密的活动设计，在特定时间与地点，以小组或个人方式常态实施的生活探究与体验活动。作为一种先进的学习方式。它是探究、服务、制作、体验等"做中学""创造中学"与"体验中学"等方式的融合。作为一种进步的教育观，它是生活教育观、实践教育观和创造教育观的联姻。[1]

新时代，网络信息化为综合实践活动课程提出了新要求，营造了新条件，赋予了新内涵。综合实践活动课程必须走出简单"走一走""看一看""玩一玩""练一练"的误区。我国综合实践活动课程正在进入一个崭新的高级发展阶段。我们全面理解、准确把握综合实践活动课程的基本特征，重点应注意以下四点：

一是全员必修。综合实践活动课程是国家义务教育和普通高中课程方案规定的，面向全体中小学开设的一门必修课程，具有法定性质。《指导纲要》明确规定综合实践活动课程的全员必修性质，强调"与学科课程并列设置"、具有同等重要的位置，是我国中小学课程的"另一半"，有着学科课程无法取代的独特育人价值和法定性质，具有很强的现实针对性。"综合实践活动运用了包括各学科课程在内的知识以解决复杂多样的现实问题，而学科课程知识得以在实践活动中延伸、综合、重组与提升。"[1] 我们要纠正综合实践活动课程不是"正式课程"和"可有可无"的错误观念。

二是生活本位。每一位学生都面临着两个相互联系的世界，即生活世界与学科世界：生活世界是学生置身其中直接感知的世界，是现实而具体的成长环境，具有直观场景性、个人经验性、非逻辑性、周而复始等特点；学科世界是从特定的角度观察、思考现实生活的某一个领域、某一个方面所形成的知识体系、思维方式等，注重揭示那些一般不能直接感知到的本质、必然联系、规律等，具有符号性、抽象性、系统性、逻辑性等特点。由此形成两类课程：生活课程与学科课程。前者关注个体的心理经验与现实生活的直接连接，旨在发挥现实生活在人的发展中的直观意义、奠基性作用等，所要

[1] 刘玲，戴金芮. 分化与融合：综合实践活动课程的边缘化困境及其破解 [J]. 中小学管理，2020（05）：43-45.

解决的基本问题是如何不断感悟生活的意义，丰富对现实生活的认识，反思日常生活经验的不足，并学会改造生活世界，承担相应的责任；后者关注个体的心理经验与学科逻辑的关系，注重发挥学科知识、学科思想方法对人的发展的作用，所要解决的基本问题是如何帮助学生克服已有的心理经验、解决"前科学概念"与学科概念、原理之间的矛盾，形成体系化的认识，超越常识，形成学科思维的方式等，将认识和实践提到应有的专业化水平，提高现代文明应有的高度。综合实践活动强调"从学生的真实生活和发展需要出发"，将学生生活中面临的实际问题转化为活动主题，更多地体现了一种生活本位思想，它源于生活，为了生活，并在生活中进行，是一门生活探究和体验课程，注重引导学生的生活体验，感悟生活的意义，反思日常生活经验的不足。有好的生活才会有好的教育。综合实践活动强调了生活探究、生活体验，并不只是原始生活经验的积累，它要求运用学科知识分析解决学生面临的实际生活问题，形成对生活世界的总体性认识，把握人与自然、社会的内在联系；而学科课程也要求学生联系生活实际，加深对学科概念、学科思想、学科基本原理的理解。两者都注重促进生活世界与学科世界的意义关联，化生活世界为学科世界，或者化学科世界为生活世界。[1]"在综合实践活动中学生要触摸和体验错综复杂的现实生活并不必然与既定的学科知识发生关联，而要解决现实生活问题所需的知识与方法又常常远超学科课程的知识逻辑"。

三是综合性质。综合实践活动课程具有的"综合"主要是指以学生的真实生活为核心的综合，强调将学生的真实生活和发展需求转化为活动主题，让学生多角度地观察和体验生活，运用各种所学知识和经验去发现问题并解决问题。这里的"综合"不是人为设计的，不同于把某门学科或几门学科的相关知识简单的拼凑和整合，而是在实际生活问题的发现、提出、分析和解决过程中自然发生的，是基于现实需求的综合。

---

[1]　柳夕浪.《中小学综合实践活动课程指导纲要》解读——44 个问答 [M]. 石家庄：河北教育出版社，2019：20.

四是实践形态。综合实践活动是"生活本位"课程，在综合实践活动中学生要触摸和体验错综复杂的现实生活。《指导纲要》中明确要求学生面对现实生活。主要通过探究、服务、制作、体验等实践方式学习，强调具身认知，强调在"做"中学。

第二节　综合实践活动课程的本质

培养什么人，是教育的首要问题。立德树人是教育的根本任务，也是教育现代化的方向和目标，同时要求在"增强综合素质"等方面下功夫。培养学生的综合能力和创新思维，立德树人的根本任务和增强综合素质的要求一定要落实在课程建设和教学活动中。

2017 年教育部颁布了《中小学综合实践活动课程指导纲要》，其目的就是要引导学生从个体生活、社会生活及其与大自然的接触中获得丰富的实践经验，形成并逐步提升对自然、社会和自我之间的联系的整体认知，具有价值体认、责任担当、问题解决、创意物化等方面的意识和能力，着力培养学生的跨学科综合素质。[1]

综合实践活动课程是落实立德树人根本任务的课程形态、具体途经和现实方式。综合实践活动课程本质上是一种指向生活理解与创造的课程。"生活理解力与创造力"就是把学科知识运用于真实生活情境中，解决复杂问题的能力。它是学生欣赏和创造真善美的高级能力，是人类迎接 21 世纪信息文明之挑战的核心素养。"生活理解力与创造力"是综合实践活动课程的直接目标。基于此，无论是从价值论还是从认识论、方法论的角度看，我国当前的课程改革确立的"回归生活"的理念是顺应时代潮流的举措。在此改革的背景下，综合实践活动课程应运而生。"让儿童自由探索生活"是综合实

---

[1] 张华 . 综合实践活动的国际视野 [M]. 石家庄：河北教育出版社，2019.

践活动课程之本质的基本概括。

综合实践活动课程所倡导的"回归生活"的理念弥补了学科知识与现实生活的割裂和分离。这不仅发现和运用日常生活这个丰富的教育资源，还发现了"现实世界的视野"这种思维和认知方式。在现实生活中体验和探究，不仅构成了学习的意义基础，而且就是学习本身，其实现了科学教学方法的革命。

综合实践活动课程与学科课程的区别不是学习方式的不同，而是学习内容和解决的问题的差异[1]。在我国，综合实践活动课程是一门独立的课程，又发挥着"学习方式"功能，其兼具"课程形态"与"学习方式"两种教育功能。综合实践活动作为课程形态，它与学科课程并列设置，合璧于课程结构，以完善课程结构为价值取向；作为学习方式，它以"研究性学习"为核心呈现多种形态嫁接于学科课程，以改变学科课程过于注重知识传授的问题为导向。综合实践活动与学科课程的双向融合是未来课程发展的趋势，"融合"也是综合实践活动课程的发展趋向，这既要引导课程形态的综合实践活动与学科课程融合、互动，更要以学科课程为"根"接"研究性学习"之枝，凸显学科课程的实践取向和综合取向。

综合实践活动课程打开了一扇"窗"，让学生有机会看到外面沸腾的、生动的世界。但目前它敞开的空间是有限的，难以实现中小学校与现实生活之间真正的流通。面向未来的行动策略我们应保持理性，一方面广开学科课程"研究性学习"之门，另一方面已开综合实践活动课的学校并不掩蔽"课程"之"窗"，并经由这扇窗自然地、渐进地把门打开，二者不可偏废。综合实践活动课程的发展刻有我国课程传统的深厚烙印，它必将在积极回应教育现实的种种挑战中艰难而真实地成长。

---

[1] 张华. 综合实践活动的国际视野 [M]. 石家庄：河北教育出版社，2019.

第三节　综合实践活动课程的理论基础

关于综合实践活动课程的理论基础，国内学者主要围绕教育理论基础、哲学基础、心理学基础展开论述，试图为综合实践活动课程寻找多元的理论依据和参考。也有学者从马克思主义认识论、陶行知的生活教育理论、中国古代知行观来讨论综合实践活动课程开发问题。还有研究者围绕当代课程观、知识观、发展观对于综合实践活动课程的基础性意义，剖析了多元智能理论、协同学、后现代主义与综合实践活动课程的关系，进而讨论综合实践活动课程的理论基础。当代课程观、知识观、新发展阶段论与基础教育课程结构逻辑共同构成的综合实践活动的理论基础。其中，当代的课程观意味着综合实践活动旨在实现从静态性、封闭性的课程观向动态性、开放性的课程观的转换[1]。

当代的知识观意味着回归人性化的知识，重构学校知识的体系；新发展阶段论则与皮亚杰的儿童发展阶段理论有一定差别，它立足于现代脑科学与心理学的最新成果，为儿童个体生理心理发展重新划分了阶段；基础教育课程结构逻辑组织主张对儿童不同的发展阶段施以不同知识类型为主的教育（熊梅，2001）。

课程论发展及后现代课程观是综合实践活动的理论基础。其中，课程论自身的发展体现了科学与人文的统一、社会与生活的统一，国家、地方、学校的课程统一管理体系，注重学生个人的情感、体验、价值。而后现代课程理论是一种"过程导向"的课程理论，它认为课程是形成性的而非预先界定的；是开放的而非封闭的；是动态的过程而非静态的结果；是通过参与者的共同行为和相互作用而形成的，鼓励、要求教师和学生自由地通过相互作用

---

[1]　潘洪建，蒋武超.我国综合实践活动课程理论研究20年：回顾与展望[C]//.《当代教育评论》（第11辑），2021：243-256.

发展他们自己的课程（张传燧，2002）。

多元智能理论认为人的智力是多元的，打破了以往单一的言语和逻辑治理观。多元智能理论带给了综合实践活动课程诸多启示，如课程开发主体的多元、课程内容选择的多元、课程实施途径的多元、课程评价手段的多元（李树培，2002）。

现代教育学理论、心理学理论、哲学、创新教育理论、"综合智力网络构建"教育理论都为综合实践活动课程提供了理论基础。其中，"综合智力网络构建"教育理论是建立在脑科学、神经生物化学、教育心理学及创造学等科学研究成果的基础上，用"整体的视野"动态看待"教育""学习"和"学习者"对教育理论的整合和拓展，给予新的探索和阐释（钱贵晴，2004）。

当代哲学的实践本质观、全面发展观、系统整体观以及生活价值观是综合实践活动课程的哲学基础；综合实践活动由于其课程目标的社会性、课程内容主题的社会性、课程主体的社会性、课程实施范围的社会性，最能体现课程的社会性。因而，综合实践活动应当是以社会学为基础的；综合实践活动课程具有深刻的文化性，因此，文化学也应当是综合实践活动课程的基础；最后，古典心理学和当代心理学都为综合实践活动课程提供了坚实的理论基础（张传燧，2005）。

杜威的思想和"生活世界"理论为综合实践活动课程提供了合法存在的依据（张华和仲建维，2005）。

综合实践活动课程设置与实施的哲学基础是马克思主义关于人的发展的理论，教学论基础是杜威基于经验的教学论，课程开发的课程论基础是斯腾豪斯的过程模式（洪明和张俊峰，2007）。

活动理论、人本主义学习理论、建构主义学习理论、多元智力理论等均为综合实践活动课程提供了一定的理论支持和实践指导，为其奠定了坚实的心理学基础。活动理论、人本主义学习理论、建构主义学习理论、多元智力理论等为综合实践活动提供了一定的理论支持和实践指导（张国强，2008）。

综上所述，2001 年《指导纲要》与 2017 年《指导纲要》均未涉及综合实践活动理论基础问题的探讨，因此讨论空间较大，从当代哲学、社会学、文化学、心理学等学科领域，多角度寻找综合实践活动课程的理论基础。大部分论文或著作都是借鉴教育学、心理学、哲学为综合实践活动寻找理论基础，很少从社会学、文化学、人类学、伦理学、管理学的视角探讨此课程的理论基础。单独从某个理论、视角深入讨论综合实践活动理论基础的研究较少。

任何事物要想站得住脚，都必须得到理论上的支撑。综合实践活动课程作为课程改革的一项创举，其独特的教育功能和教育价值被学界高度认可。综合实践活动课程的开发和实施也需要得到理论的支持和帮助。

（一）杜威的体验学习理论 [1]

杜威倡导体验学习，他指出体验学习的意义及其价值在于利用学生的经验并将其整合到课程中，在于体验对于学生的发展所产生的影响，对学生和周围环境的关系所产生的影响。即学生的经验既包括与环境相互作用的过程，也包括相互作用的结果。学生的经验是教育的核心，学生不仅直接从课程中学习，而且也从所参与的活动中学习，杜威把后者称为"伴随学习"。学生不仅在体验活动中学到了很多在课程中不能提供的知识和技能，而且体验活动为学生提供了把课堂上所学的知识应用于实践并将各学科知识有机地联系在一起的机会。

其次，"社区"（Community）是杜威社会哲学中的一个核心概念。他强调手工训练、工场作业以及家庭技艺等社会作业的重要性，认为学校应该把这些作业形式作为主要的教学方法，这样"学校自身将成为一种生动的社会生活的真正形式，而不仅仅是学习功课的场所。"[2] 在杜威看来，社区是民主的实践场所，探究不仅是学校的一种教育方法，而且是公民相互交流、协调公众意见、做出决策的途径。杜威要使学校民主化的原因之一就是让学生通

---

[1] 赵立芹 . 从做中学——美国服务学习的理论与实践 [D]. 华东师范大学 .2005.

[2] 杜威著，赵祥麟等译 .《学校与社会，明日之学校》[M]. 人民教育出版社 .1994 版 .27.

过服务体验社会的交互性。他认为："哪些地方学校的作业只在于学习课文，互相帮助就不是一种合作的和联合的自然形式，而变成了解除邻近同学固有的义务的一种秘密行为。哪些地方主动的作业在进行，所有这种情况便都改变了。帮助别人不是使接受者更加依赖别人的一种施舍形式，而仅仅是一种帮助，它使被帮助者舒展力量，继续前进。"[1] 杜威认为，学校不是为人们的生活做准备，也不是社会生活的重复，而是通过学校这个小社会来培养公民性："当学校能在这样一个小社会里引导和训练每个儿童成为社会的成员，用服务的精神熏陶他，并授予有效的自我指导的工具时，我们将拥有一个有价值的、可爱的、和谐的大社会的更强大的并且是最好的保证。"[2]

（二）弗鲁姆的期望理论

期望理论是由美国心理学家威克特·弗鲁姆（Victor. H.Vroom）在《工作的激励》（1964）一书中提出的。[3]

弗鲁姆认为，一种激励因素（或目标）的激励作用大小，受它的效价和期望概率两方面因素制约。用公式表示为：

$$M（激发力量）=V（效价）\times E（期望概率）$$

激发力量（Motivation）是指调动一个人的积极性，激发出人的内部潜力的强度。

效价（Valence）指达成目标后对于满足个人需要其价值的大小。它是一种主观评价。一个人努力实现某项目标，是因为该项目标实现后，他能从中得到回报，从而满足他某一方面的需要。如果个人对某项目标所得结果的价值看得无足轻重，即主观评价很低，此目标的效价低，则此项目标对他的激发力量就小。对于同一目标，由于各个人的需要不同，兴趣不同，所处的环境不同，效价自然也不同。

期望概率（Expectancy）是指个人对实现目标可能性大小（概率）的判

断。它是建立在过去经验基础上的一种主观判断。如果一个人根据过去的经验，判断自己达到某种结果的可能性小，即期望概率小，那么该目标对他的激发力量就小。[1]

期望理论的公式表明某一活动对个体的激励力度，取决于该活动的结果给此人带来的价值以及实现这一结果的可能性，只有当 V 和 E 均为最大值时，M 才是最大值。因此，目标价值越大，实现目标的概率越高，激发的动机就越强烈。

怎样使激励力达到最大值？弗鲁姆提出了人的期望模式（图 1）：

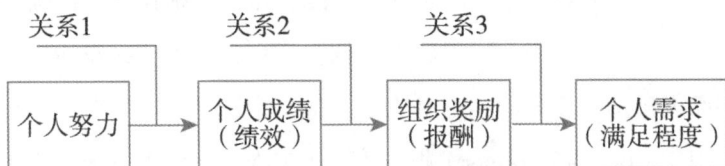

图1 弗鲁姆提出的期望模式图

从基本模式看，目标对个体的激励强度，由期望值和效价二者的合力决定。显然，只有当人们对某一行动成果的效价和期望值同时处于较高水平时，才有可能产生强大的激励力，较大的激励力作用下行动的可能性也就增大。期望值与效价的不同结合会产生不同的激励力量，主要表现为[2]：

$$E 高 \times V 高 = M 高（强激励）$$

$$E 中 \times V 中 = M 中（中激励）$$

$$E 低 \times V 高 = M 低（弱激励）$$

$$E 高 \times V 低 = M 低（弱激励）$$

$$E 低 \times V 低 = M 低（极弱激励或无激励）$$

上述 5 种激励形式表明：只有在期望概率和效价都高的情况下，激发力量才大。在 E 与 V 中只要有一个低，就会导致激发力量小，甚至没有激发

---

[1] 傅树京 .《教育管理学导论》[M]. 原子能出版社 .2007 年版：183. 小学综合实践活动课程内容设计的研究

[2] 武淑平 . 弗鲁姆的期望理论在安全管理中的逆向解读——违章管理的一个新思路 [J]，安全生产，2007（3）：27.

力量。

期望之所以能够影响一个人的积极性，是因为效价的大小直接反映并影响一个人的需要和动机，因而它影响一个人实现目标的情绪和努力程度。期望概率本身也直接影响一个人实现目标的信心和行为动机。如果期望概率低，人们认为通过努力仍不能实现目标，就会使人丧失信心，削弱行为动机，甚至改变行为。

（三）韦纳的归因理论[1]

归因理论是研究如何推测、判断、解释人们行为及其行为结果的原因的理论。首先把归因问题理论化的是海德（F.Heider），他认为人们会把行为归结于内部原因和外部原因，内部原因包括：努力、能力、兴趣、态度、性格等；外部原因包括：任务的难度、奖赏、惩罚、运气等。后来美国心理学家伯纳德·韦纳（Bernard Weiner）根据海德及其他心理学家提出的归因理论，提出了他的归因模型。他假定对行为结果归因有 4 个因素：能力、努力、任务难度和运气。根据控制性（内部的或外部的）和稳定性两个维度，把这 4 个因素加以分类（表 1）。

表 1   韦纳归因理论分类表

控制性＼稳定性	内部	外部
稳定	能力	任务的难度
不稳定	努力	运气

按这两个维度的划分，能力是内部的、稳定的因素，努力是内部的、不稳定的因素；任务的难度是外部的、稳定的因素，运气是外部的、不稳定的因素。

---

[1]   傅树京 .《教育管理学导论》[M]. 原子能出版社 .2007 年版 .188. 小学综合实践活动课程内容设计的研究

（四）陶行知的生活教育理论

生活教育的提出，源于 20 世纪进步主义教育的代表人物美国的约翰·杜威的"教育即生活"的主张。陶行知先生自己说过："'教育即生活'是杜威先生的教育理论，也就是现代教育思潮的中流。我从"民国"六年起便陪着这个思潮到中国来。八年的经验告诉我说'此路不通'。在山穷水尽的时候才悟到教学做合一的道理。"[1] 可见，陶行知师承杜威，深受其影响，特别重视生活教育的作用，但又不拘泥前人定见，而是在教育实践中倾心研究，依据实际情况大胆突破，将杜威的理论大大地向前推进，创立了完整系统的"生活教育"理论，在我国教育的历史上产生重要的影响。

什么是"生活教育"呢？按陶行知的说法就是"生活教育是生活所原有，生活所需自营，生活所必需的教育"。具体讲，生活教育包括"生活即教育""社会即学校""教学做合一"等三项基本主张，"生活即教育"是陶行知生活教育理论的核心。在陶行知先生看来：教育的根本意义是生活之变化。生活无时不变，即生活无时不含有教育的意义。

"生活即教育"，将"生活"与"教育"紧密链接，有生活就有教育，其积极的意义在于将教育与人们的生活和社会实际紧密地联系起来，人们生活的经历，即是接受教育的过程。陶行知先生明确地提出"我们主张生活即教育，要是儿童的生活才是儿童的教育，要从成人的残酷里把儿童解放出来"[2]这正是生活教育的主张的魅力所在。

"社会即学校"是陶行知生活教育理论的一项重要内容。陶行知之所以要提出这一主张，是因为在他看来"自有人类以来，社会即是学校，生活即是教育。……从大众的立场上看，社会是大众唯一的学校，生活是大众唯一的教育"。他主张"社会即学校"，还是因为在"学校即社会"的主张下，学校里的东西太少，不如反过来主张"社会即学校"，教育的材料，教育的方

---

[1] 《教学做合一讨论集·生活即教育》1932 年版。转引自郑登云. 中国近代教育史 [M]. 上海：华东师范大学出版社，1994：404.

[2] 中央教育科学研究所. 陶行知教育文选 [M]，北京：教育科学出版社，1981.

法，教育的工具，教育的环境，都可以大大增加，学生、先生可以多起来。[1]
陶行知先生历来反对旧社会不平等的教育，提出"社会即学校"目的在于推动大众的普及教育，让更多的普通老百姓也能够接受教育。实现"社会即学校"的理想，就可以改变以往学校教育与社会生活相脱节、相隔离的状况。这无异于拆除隔在学校与社会之间的高墙，"把学校里的一切伸张到大自然里去"，这犹如把关在笼子里面的鸟儿一样的被学校的高墙禁闭起来的学生解放出来，任他们自由地翱翔。社会即学校，所追求的就是建立这样一种与社会生活实际密切结合的新教育。

"教学做合一"，相当于将生活教育理论变为现实的教学论。生活教育为什么要强调"教学做合一"呢？用陶行知的话说，这是因为"教学做合一是生活之说明，即教育现象的说明"。[2]他强调教学做是一件事，不是三件事。我们要在做上教，在做上学。"教学做合一"就是将三者结合起来，做到"事怎样做便怎样学，怎样学便怎样教"。就教、学、做三者的关系而论，"做"是中心，是基础，是前提，践行"教学做合一"，首先需要强调身体力行地去"做"，通过"做"的过程，获得知识和经验，实现"教"和"学"的目的。"教学做合一"的"做"，也即是陶行知先生历来所主张的"行是知之始"的"行"，教学做合一就是建立在"行"的基础上的。提倡"教学做合一"，也即坚持以行求知，强调"做""实践""行动"在教学中的作用，正是源于对知识的透彻理解，即是坚持"行是知之始"的唯物主义认识论。

陶行知十分重视生活教育的作用，在他看来，有了生活教育就能打破"死读书、读死书、读书死"为基本特征的"旧教育"；有了生活教育，就能"随手抓来都是学问，都是本领"，接受了生活教育就能"增加自己的知识，增加自己的力量，增加自己的信仰"。

---

[1]　郑登云. 中国近代教育史 [M]. 上海：华东师范大学出版社，1994：413.

[2]　陶行知. 教学做合一之下教科书 [J]. 中华教育界，1931，19（4）.

第四节　综合实践活动课程的发展

一、国外综合实践活动课程的发展

随着科学技术的发展，人们在享受这些变化带来的便利的同时也在承受着这些变化背后所产生的各种问题困扰。这些问题涉及的知识面广，相对过去的单一的问题显得极其的错综复杂，依靠传统的学科知识单科突进是不可能获得圆满解决的，这就需要人们发挥综合性知识的优势。软化学科界限、加强课程实践性与综合性必将成为 21 世纪课程综合化的主导潮流。

国内的综合实践课程在国外称为统整课程（Integrated curriculum）。国外的课程整合经历了很多年，形成了很多课程整合的模式和方法。

弗兰茨·L·楼坡（Franzie L.Loepp）提出了三种课程整合的模式：跨学科模式（The interdisciplinary model，图 2），基于问题的模式（The problem-based model，图 3），基于主题的模式（The problem-basedmodel，图 4）。[1] 这些课程整合的模式，将传统分割的各个学科统合起来，对于综合实践活动课程的设计和实施者们提供了一些新的思路。

在跨学科的模型中，把学校传统学科教学的时间集中起来，分配给一组教师团队给一些学生进行授课，并期望教师提供一个跨学科的或整合的课程给学生。这种模型的优点是教师能一起在特定的时间内给有限数量的学生进行授课，同时，这个模型也可以支持传统的课程，为团队提供调度灵活性。该模型最大的缺点是，标准的整合课程稀缺，这意味着教师需要开发自己的课程。而课程开发的过程非常耗时，在一个学年内，教师只能开发出一小部分完整的课程。

基于问题的模型是把技术教育放在课程中心，各学科为解决问题而提供

[1]　Franzie L Loepp.Models of Curriculum Integration[J].1999.

支持和帮助。这种模型的优点是为学习识别相关的、高动机的问题提供了一种很好的可能。但不足之处是很难保证国家的课程标准与特定年级的水平相符合。

基于主题模型的优点是，教师仍然可以识别一个特定的学科，更容易把课程与国家标准和地方课程标准联系起来，学生也能够把不同学科的教学目标关联起来。

图2 跨学科模式

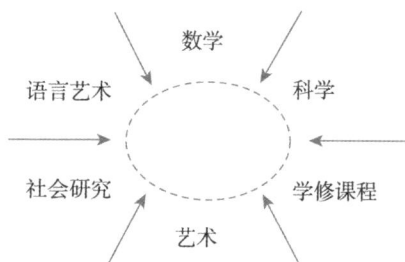

图3 基于问题的模式

主题
3-5个关键概念

| 数学 | 社会 | 技术 | 语言艺术 | 社会研究 |

目标

———————　———————　———————　———————　———————
———————　———————　———————　———————　———————
———————　———————　———————　———————　———————

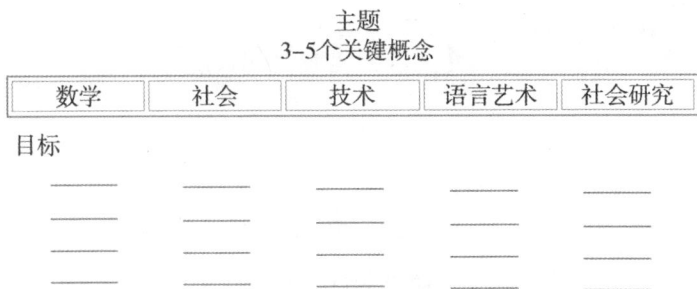

图4　基于主题的模式

福格蒂·罗宾（FogartyRobin）提出了整合课程的10种方式：碎片模式、连接模式、蜘蛛网模式、序列模式、共享模式、网状模式、线索模式、统合模式、沉浸模式、网络模式。其中碎片模式、连接模式、蜘蛛网模式是在单一学科内的知识整合；序列模式、共享模式、网状模式、线索模式，统合模式是在多个学科之间进行整合；沉浸模式、网络模式是在多学科、多学习者之间进行整合。（如图5）。[1] 这些课程整合的模式，将传统分割的各个学科统合起来，对于综合实践活动课程的设计和实施者们提供了一些新的思路。

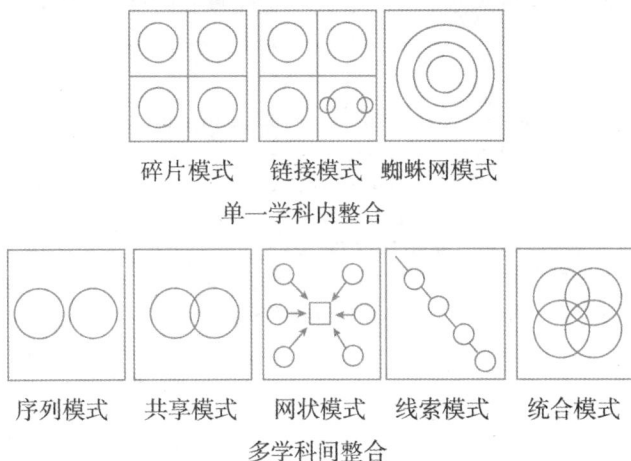

碎片模式　　链接模式　蜘蛛网模式

单一学科内整合

序列模式　　共享模式　　网状模式　　线索模式　　统合模式

多学科间整合

---

[1] Robin Fogarty.Ten Ways to Integrate Curriculum[J].Educational Leadership，1991，49（2）：61–65.

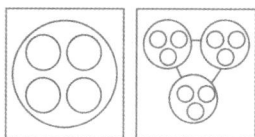

沉浸模式　　网络模式

多学科、多学习者整合

图 5　十种整合课程的模式

（一）综合课程的定义与意义

综合课程被描述为一个研究主题事件、强调统一的概念、连接不同学习领域的课程，综合课程旨在为学生之间建立联系，并让他们从事相关的、有意义的与真实生活紧密连接的活动 [1][2][3][4][5]。

目前的教育模式已经过时，对课程内容的划分阻碍了学生综合能力的提升，阻碍了学生之间的协作，阻碍了学生与真实的世界建立相应的连接。很多文献表明，综合课程是 21 世纪能力教学的有效途径 [6][7][8]。

（二）综合课程的方法

随着综合课程不断发展，五种综合课程的基本方法 [9] 应运而生，这些综

---

[1]　Drake S，Reid J. Integrated Curriculum as an Effective Way to Teach 21st Century Capabilities[J]. Asia Pacific jornal of Educational Research，2018，1（31–50）.

[2]　Wall A，leekie A. Curriculum Integration：An Overview[J]. Current Issues in Middle Level Education，2017，22（1）：36–40.

[3]　Mohr K，welker R W. The Role of Integrated Curriculum in the 21st Century School[J]. Dissertations. 688.，2017.

[4]　Brewer T M. Integrated Curriculum：What Benefit?[J]. Arts Education Policy Review，2002，103（4）：31–36.

[5]　KYSILKA M L. Understanding integrated curriculum[J]. THE CURRICULUM JOURNAL，1998，9（2）：197–209.

[6]　Shifflet R，Hunt C S. "All Teaching Should Be Integration"：Social Studies and Literacy Integration in Preservice Teacher Education[J]. The Social Studies，2019，110（6）：237–250.

[7]　Maisyafriana，Siahaan A，Mala Wijayanti E，The Implementation of Integrated Curriculum in the Primary School：A Case Study of Sekolah elam Cikeas. 2020.

[8]　Costley K C. Research Supporting Integrated Curriculum：Evidence for using this Method of Instruction in Public School Classrooms[J]. 2015.

[9]　Moss J，Godinho S C，Chao E. Enacting the Australian Curriculum：Primary and secondary teachers' approaches to integrating the curriculum[J]. Australian Journal of Teacher Education，2019，44（3）.

合方法有一系列明确的原理和目的。交叉学科（Cross-disciplinary）方法，通过嵌入一个学科来支持和延伸另一个学科的发展。多学科（Multidisciplinary）方法，通过一个主题将多个学科联系起来，但没有支持综合学科知识的概念框架。跨学科（Transdisciplinary）方法，从一个主题开始，同时围绕着概念和中心思想建立框架，它强调学科课程框架的流动性。学科间（Interdisciplinary）方法，通过研究主题来实现学科知识基础、探究方法和沟通形式的协同作用。基于问题学习（Problem-based learning）方法，以具体问题为导向，利用相关学科知识进行调查和研究寻找问题的解决方案，学习过程中融合不同学科。针对不同方法的原理和目的，这些方法被应用在各种综合课程中。

（三）综合课程的设计

Backward design（逆向设计）过程考虑到创造性教学，同时确保教师达到他们的课程要求，分为三个主要步骤。

1. Unifying Frameworks（统一框架的设计）：基于21世纪学生能力的需求，很多国家针对不同年级、所有学科建立了的综合课程框架，比如新加坡、美国、中国香港都各自建立了统一的框架。

2. Rich performance assessment task（丰富的学生评估任务的设计）：为了对学生的综合课程学习进行评估，需要设计基于现实世界、复杂丰富的探索式的学生考核任务。考核任务通常是跨学科的。同时需要与学生分享评估标准，学生从综合课程开始时就知晓评估内容以及评估手段。

3. Daily activities（日常课程活动的设计）：针对21世纪学生的能力需求，对照步骤一中的综合课程框架设计日常课程活动，同时日常课程活动与步骤二中创建的丰富的学生评估任务相辅相成。

（四）综合课程现状

1. 美国

美国是较早地开展研究性学习的国家之一。早在1916年，杜威在《民主主义与教育》一书中就从理论上论证了科学探究的必要性，并以此为基础创立了"问题教学法"，强调学生自主地探究学习。美国国家教育经济中心于 1998 年制订了英语语言艺术、数学、科学和应用学习四个领域，4 年级、8 年级和 12 年级三个层次的国家标准，除规定了所有中小学生在四个领域学习的内容和所要达到的结果要求外，还特别强调了以"探究"为特征的教学策略、方法。研究性学习在美国的大、中、小学正成为一种积极、有效的教与学的策略与手段。其中尤以两种模式最为普遍，它们就是基于问题的学习（Problem-based learning）、与基于项目的学习（Project-based learning）。[1]

20 世纪 90 年代以来，美国各州的基础教育课程中大都开设了应用学习（applied learning）、设计学习（designing learning）等综合实践类课程。最具代表性的当属《应用学习标准（Performance Standards Applied Learning）》。《应用学习标准》中，把课程目标分为五个领域和九大能力。在高中、初中和小学各个学段又有更为详细的目标设计。

1986 年，美国国家科学委员会发表《尼尔报告》，首次明确提出"科学、技术、工程和数学教育集成"的建议，这通常被视为 STEM 课程的开端。STEM 课程是由美国提出的应用于 K-12 教育系统的综合性跨学科教学模式，S 代表科学（Science）、T 代表技术（Technology）、E 代表工程（Engineering）、M 代表数学（Mathematics）。

STEM 课程旨在培养学生的综合性科学素养，利用工程设计方法进行课程设计，开发以问题为导向的项目化课程。2008 年至 2013 年，美国国家年度教师奖 6 位获奖者中有一半是 STEM 教师。[2]

美国各州都设计了具体的、不同类型的综合实践活动类的课程内容，可以归结为四类：自然与社会研究、设计学习、社会参与性学习和生活学习。

2016 年，美国在 43 个州和 4 个地区提出了一个共同的核心国家课程标准，只包含了学生在每个年级结束时的读写能力和数学学习目标。美国的进步运动强调教育、学校、课程和社区之间的相互关系，认为学校基础知识必

[1] 张人红 . 研究性学习在美国 [J]. 教育发展研究，2001，8：47-48.

[2] 韩丰 .STEM 来了，教师如何应对 .[N]. 中国教师报，2016-02-24（3）.

须与学生的生活经验相联系。于是，人们提倡需要建立跨学科直接的联系。虽然综合课程很少是政策性的，但在全美有许多以项目为基础的综合课程开展。美国学者也对综合课程进行了大量的研究，很多关于综合课程和 21 世纪技能教学需求的文献都来自美国。

2. 日本

"综合学习"可谓是近期日本教育课程改革的新举措之一。就"综合学习"的必要性，日本中央教育审议会在第 15 次会议的报告中指出："综合学习"是实施国际理解教育、信息教育和环境教育等的需要。从另一个角度讲："综合学习"是对解决当前日本学校教育中所存在的问题的一个尝试。其历史背景可归纳为两点：其一，"综合学习"可以说是对过去以单一教学科目为主的教学内容和方法的反思；其二，是为了解决当前存在的"三无主义"和唤起学生的学习欲望。在日本文部科学省的指导下，目前展开了各种类型的"综合学习"活动。

有关综合学习的内容，日本中央教育审议会在 15 次会议的报告中提出，除了国际交流、信息、环境等课题外，还包括志愿者和接触大自然等方面的综合性学习，课题学习和体验学习等。目前日本已开展了多种类型的综合学习，如合科型的综合学习、跨学科型的综合学习、话题式综合学习、兴趣与爱好型综合学习等。[1]

从 2003 年 4 月开始，日本教育部对学校课程进行修订，引入综合课程。在日本小学中，学校从三年级开始开展综合课程。日本综合课程旨在让学生通过交叉综合学习和研究性学习来培养学生寻找任务、独立学习和思考、能做出积极主动的决定并能更好解决问题的素质和能力；同时使他们养成学习和思考的习惯，培养他们解决问题的决心，以积极主动、创新和合作的方式开展调研活动。日本综合课程虽然取得了一定的成果，成了伊朗等国家学习的对象，但是日本校本综合课程还存在一些挑战，比如要求教师进行进一步的专业发展，教师具备更丰富深入的专业知识以及校本研究与训练。

---

[1] 崔昌淑. 日本中小学的"综合学习时间"概述 [J]. 学科教育，2001（2）：47-47.

3. 加拿大

加拿大没有全国性的教育政策，每个省拥有各自的教育政策。加拿大的大多数课程文件鼓励某种形式的整合，但没有这方面的具体政策。2004 年，魁北克省明确支持综合课程。综合课程的哲学基础是建构主义学习理论，学习是学生积极主动、亲力亲为地去学习，与现实世界联系紧密，并强调协作学习。在加拿大魁北克省中小学中存在一个成熟适用的综合课程统一框架，而且教师有 25% 的额外时间去开发具有本地性质并与学生兴趣相联系的综合课程材料。魁北克的综合课程超越标准化考试的障碍，成了综合课程的成功范例。

4. 澳大利亚

尽管在澳大利亚国家和各个州对综合课程认可，但是综合课程在澳大利亚通常被认为是一种另类的课程，而且澳大利亚的学校中未能取得较大成效。澳大利亚综合课程研究表明，为了使得综合课程成功开展，教师需要建立基于概念的综合课程框架，并记录学习目标、评估任务和计划学习经验，持续关注交叉学科之间的关联。同时基于澳大利亚的综合课程研究发现，一个概念性的框架对于规划和制定综合课程至关重要。

5. 新西兰

综合课程在新西兰的小学被广泛采用，而且在中学越来越普遍，超过一半的中学开展了综合课程。这些学校通过各种各样的方式对综合课程进行结构安排，比如小规模的教师配对实验、在更大的时间表内开展综合课程、构建全面的全校一体化综合课程等。同时，他们发现设计出的一套综合课程很难从一开始就能达到预期效果[1]。

6. 芬兰

芬兰作为在世界经济合作与发展组织中名列前茅的国家之一，教育受到高度重视，他们的态度是"不惜一切代价"帮助所有学生成功。教师视玩耍

---

[1]　Hipkins S M a R. Curriculum integration：What is happening in New Zealand schools?[J]. 2019，

为学习。国家课程有广泛的指导方针，没有大量的标准[1]。2016年，芬兰国家教育委员会进行课程改革，将学科课程转变为联系自然的以项目为基础的跨学科综合课程，实际上只是减少了显式学习学科课程的时间[2]，学生至少要进行一年的多学科、基于现象和项目的学习。

7. 新加坡

在20世纪90年代，新加坡政府领导人和公众人物质疑当地学校是否能教育学生使之获得适当的技能，能力和知识的组合以适应新的经济。于是，他们推出两项措施解决这些问题：1997年"思考的学校，学习的国家"（TSLN）和2004年"教得少，学得多"（TLLM）。在21世纪初，新加坡教育部探索了综合人文学科项目，引发了各学校的课程改革。针对综合课程的校本和自上而下的举措，导致了新加坡各种各样地从多学科到跨学科的综合课程模型的产生。

新加坡提供了一个说明课程体系与21世纪能力的关系的框架，如下图所示。核心圈代表着巩固知识和技能，塑造信念、态度和行动的核心价值观。中圈围绕着社交和情感管理能力。外环代表着21世纪能力。新加坡基本上将所有的知识内容都嵌入这个框架中。

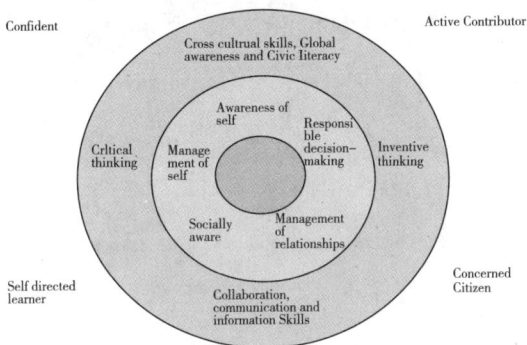

图6 新加坡说明课程体系与21世纪能力的关系的框架

[1] Vahtivuori-Hännine S, Halinen I, Niemi H, et al., A New Finnish National Core Curriculum for Basic Education （2014） and Technology as an Integrated Tool for Learning, in Finnish Innovations and Technologies in Schools：A Guide towards New Ecosystems of Learning, H. Niemi, J. Multisilta, L. Lipponen, et al., Editors. 2014, SensePublishers：Rotterdam. p. 21-32.

[2] Halinen I, Curriculum reform in Finland：Finnish National Board of Education, in Opetushallitus Conference （OPS）\2016. 2016.

8. 韩国[1]

自 1982 年韩国第四届全国课程设置以来，综合课程被应用在韩国小学一年级和小学二年级中。在 1992 年韩国第六届全国课程设置中，综合课程得到积极推广。在 1998 年韩国第七届国家课程设置中，韩国小学的所有科目和教学模式中都加入了综合方法。韩国小学一二年级有 3 套相应的综合课程教材，包括艺术、音乐和体育科目综合课程教材、自然科学和人文社会科学综合课程教材，有助于学生从幼儿园步入小学平稳过渡的一年级综合课程教材。韩国综合课程也存在一些问题，比如教师缺乏理论课程整合框架、教师进行课程整合过于务实、课程整合实施具有局限性等。

9. 法国

1999 年，法国教育部基础教育司颁布《关于 1999–2000 学年在高中二年级开展"有效指导的个人实践"的通知》，正式拉开了高中实施 TPE 课程的序幕。然而，一方面由于高中的师资队伍参差不齐，部分教师安于现状，对改革有一定的抵触情绪；另一方面教育部对高中推进 TPE 课程的困难估计不足，操之过急，有些技术性的问题没有处理好，于是 TPE 课程的推进过程一波三折，很不顺利。因此，2000 年法国又颁布了《TPE 实施方案》，特地给文学、经济和社会科学及其科学系列的老师列出了 18 个主题目录和隶属于主题的 200 个课题目录，以求打开教师的选题思路。为了能及时反馈课程实施过程中的问题，教育部成立国家级专门指导小组，同时要求在学区层面上成立专门的工作小组，其任务是推动、调研、总结和反馈本地的 TPE 课程实施情况。此外，法国教育部还加紧制定 TPE 课程的评价方案。[2]

10. 德国

德国综合实践活动课程的状况从德国的"自由学习"中我们可以窥见研究性学习的影子。自由学习是德国开放教学的一种重要形式，也是当今德国

---

[1] Park M. Implementing Curriculum Integration：The Experiences of Korean Elementary Teachers[J]. Asia Pacific Education Review，2008，9（3）：308-319.

[2] 霍益萍 . "研究性学习"在法国 [J]. 教师博览，2002（1）：9-9.

真正实行的分层次教学的一种有效方法。所谓自由学习是指学生依据课程计划的要求有选择学习活动的自由，它包括：选择学习内容的自由、选择学习速度的自由、选择学习形式的自由、选择学习地点的自由、选择组织形式的自由、选择接受帮助的自由。[1]

基于这些成功的例子，我们在综合课程的设计/实施中，可以借鉴制定综合课程的明确的政策方向/模式。首先我们需要考虑社会与学生的需求，针对不同年级、所有科目开发一个统一的框架来确定了综合课程的本质课程目标。其次综合课程中需要提供一段时间专门用于学生进行不基于学科的探究，学生从中建立通用技能和文化价值观。最后考虑采用建构主义哲学思想，引导学生进行探究学习，学生利用项目为基础的综合课程来获得相应的能力、价值观和态度。同时成功的综合课程还需要培训合格的、具有更相关和富有教育意义的知识和能力的教师。

二、我国综合实践活动课程的发展

综合实践活动在我国课程改革中出现的时间并不长，但它是我国长期活动课程实践探索的重要成果。它经历了从"课外活动"到"活动课程"再到综合实践活动课程的发展过程。此课程的发展经历了萌芽阶段、初步发展阶段、正式确立阶段和规范发展阶段。

随着教育进入高质量发展阶段，教育的价值取向由知识本位向素养本位转变，课程综合化已经成为国际教育课程改革的一个重要发展趋势。

2001 年 5 月，《国务院关于基础教育改革与发展的决定》规定中小学增设"综合实践活动"课程。同年 6 月，教育部颁布的《基础教育课程改革纲要（试行）》中提出："从小学至高中设置综合实践活动并作为必修课程"。同年 11 月，教育部印发的《义务教育课程设置实验方案》明确规定：综合实践活动是国家规定的必修课。2007 年 7 月 2 日，北京市教委颁布了《北京

---

[1] 王爱芬. 国外及我国开展研究性学习的综述 [J]. 教育理论与实践，2005（08）：48–51.

市教育委员会关于加强中小学综合实践活动课程实施的意见》。2014 年 11 月 28 日，北京市教育委员会出台文件《关于印发北京市基础教育部分学科教学改进意见的通知》里指出"学校要组织学生走出校门，中小学校各学科平均应有不低于 10% 的课时用于开展校内外综合实践活动课程。"2015 年 7 月 1 日，北京市教育委员会出台文件《关于印发北京市实施教育部＜义务教育课程设置实验方案＞的课程计划（修订）的通知》里指出"认真落实北京市基础教育部分学科教学改进意见精神，中小学校各学科平均应有不低于 10% 的课时用于开展校内外综合实践活动课程。"2017 年 9 月 25 日，教育部印发《中小学综合实践活动课程指导纲要》，为全国综合实践活动课程开展确立了总目标，提供了新思路。2019 年 7 月，中央出台《关于深化教育教学改革全面提高义务教育质量的意见》强调："坚持五育并举"。从"五育并举"到"五育融合"，已成为新时代中国教育变革与发展的基本趋势，反映了教育人对修复基础教育不良生态的持续思考和实践探索。2020 年新冠疫情再次让我们看到学科综合、学科融合势在必行。

在我国，从新中国成立初到 1958 年，活动课程主要以课外活动为主要形式。80 年代以后，"课外活动"逐步发展为"活动类课程"，活动课程价值的逐渐被肯定。但总的来说，这一时期的课程仍存在着种种不足。"综合实践活动"这一概念的首次提出则是在 2000 年的《全日制普通高级中学课程计划（实验修订稿）》中，2001 年的《基础教育课程改革纲要（试行）》则明确指出了综合实践活动的四大领域。政策出台后，本着先试验后推广的原则，综合实践活动开始进入实践阶段。后经过十余年的实践总结和问题反思，2017 年教育部颁布了《指导纲要》，从政策上保障课程实施，突出了综合实践活动课程的地位，也重新对综合实践活动的性质做了更加清晰的表述。对"中国知网"收录的期刊采用高级搜索，设置主题为"小学综合实践活动课程"，期刊年限设置为 2010 年至 2021 年，共 1391 篇文献，其中期刊 231 篇、硕士 80 篇。且文献趋势呈现逐年递增的倾向。通过归纳、整理分析，发现关于小学综合实践活动课程主要是从以下几个方面进行研究：

（一）内涵和概念

关于综合实践活动课程的内涵，2001 年教育部印发的《国家九年义务教育课程综合实践活动指导纲要》的表述为"综合实践活动课程是基于学生的直接经验，密切联系学生自身生活和社会生活，注重对知识技能的综合运用，体现经验和生活对学生发展价值的实践性课程"。2017 年教育部颁发《中小学综合实践活动课程指导纲要》表述为："综合实践活动是从学生的真实生活和发展需要出发，从生活情境中发现问题，转化为活动主题，通过探究、服务、制作、体验等方式，培养学生综合素质的跨学科实践性课程。"

近些年众多学者从不同角度和视角阐述了综合实践活动课程的概念，主要有：

"综合实践活动"课程是基于学生的直接经验、密切联系学生自身生活和社会生活、体现对知识的综合运用的课程形态。这是一种以学生的经验与生活为核心的实践性课程（张华，2001）。

"综合实践活动"是一种课程生成模式，它超越了传统的课程教学制度——学科、课堂、评分的束缚，使学生置身于活生生的现实的学习环境之中，综合地习得现实社会及未来世界所需要的种种知识、能力、态度的一种课程编制模式（钟启泉，2002）。

综合实践活动课程是一种经验性课程，是一种实践性课程，是一种向学生生活领域延伸的综合性课程，是三级管理中的课程，是课程层面的一种具有独立形态的课程（郭元祥，2003）。

综合实践活动课程是以学生的直接经验和体验为基础，密切联系学生的生活世界和社会生活实践，在以学生自主探究活动为特征的实际操作过程中达到对知识的综合运用，从而实现学生自我建构知识的一种课程形态（李森和王宝玺，2003）。

综合实践活动课程是在教师指导下，学生自主进行的综合性学习活动。是基于学生的直接经验，紧密贴近学生自身生活与社会生活，由学生自己实践和探索，体现学生对知识综合运用的一门全新课程（廖先亮，2003）。

综合实践活动是基于学生的直接经验，密切联系学生自身生活和社会生活、体现对知识的综合运用的一种课程形态，是一种以学生的直接经验和现实生活为核心的实践性课程（张传燧，2005）。

综合实践活动课程是基于学生的直接经验，密切联系当代社会生活实际，综合运用所学知识解决实际问题，强调实践能力、创新能力的培养以及提高学生综合素质的实践性课程（潘洪建，2011）。

综合实践活动课程是一门超越了具有严密的知识体系和技能体系的学科界限，强调以学生的经验、社会及科学技术等内容为核心，进行探究性学习的课程。是一门注重学生多样化的实践性学习方式的实践性课程。是一门向学生领域和社会领域延伸的综合课程（成瑶、王玲玲，2011）。

一些学者通过辨析综合实践活动课程与其他课程类型的区别来揭示其性质。通过辨析综合实践活动课程与学科课程、活动课程、综合课程的区别，厘清综合实践活动课程自身的特性，据此界定综合实践活动课程的概念（张传燧，2002；潘洪建，2010）。

综上所述，大多数研究者视综合实践活动课程为一种独立形态，一种实践性课程，甚至一种课程编制模式。同时，从其他学科课程的相对区别加以阐述，强调基于学生直接经验（经验性）、强调学科综合（综合性），概念阐释清晰明白，易于把握。

（二）课程性质

2017年《指导纲要》指出，综合实践活动是"培养学生综合素质的跨学科实践性课程。"围绕综合实践活动课程的性质，近些年学界展开了诸多探讨和研究，主要观点有：

综合实践活动课程具有整体性、实践性、开放性、生成性、自主性的特征（张华，2001）。

综合实践活动课程是传统的综合课程和活动课程有效结合的产物；综合实践活动课程实施的样态特征，即课程开发主体的多元性、自律性，课程内容选择的生活性、综合性，课程实施方式的自主性、探索性，教学组织形式的个体性、个别性，课程实施环境的开放性、灵活性（熊梅，2001）。

综合实践活动基于兴趣与直接经验、回归生活世界、立足实践、着眼创新、以研究性学习为主导学习方式（田慧生，2001）。

综合实践活动课程不同于学科综合性学习：综合实践活动是独立的课程形态，从本质上它超越了学科课程的逻辑体系，是一门集综合性、实践性、开放性、生成性、自主性于一体的课程；综合实践活动课程不同于活动课，不仅在教育目标、学习方式、课题选择上两者区别很大，而且最为本质的区别在于综合实践活动无论从内涵还是外延都比活动课宽泛；综合实践活动课程属于国家课程，不同于校本课程和地方课程（黄雪然、张学敏，2001）。

综合实践活动课程具有统整性、开放性、实践性的特征（陈时见、李晓勇，2002）。

"自主性"是综合实践活动课程区别于其他课程的显著特征，"实践性"也是综合实践活动课程区别于传统学科课程的显著特点，"生活性"则是综合实践活动课程的最重要的特色，而"整合性"是综合实践活动课程的本质特征之一（张传燧，2002）。

综合性、实践性、开放性、生成性是综合实践活动课程的基本特征（郭元祥，2003）。

综合实践活动属于"课程"，综合实践活动课程具有综合性但不属于传统意义上的综合课程，综合实践活动课程不属于学科课程但与学科课程并不相对；综合实践活动课程属于活动课程（李臣之，2003）。

综合实践活动是一门经验性课程；综合实践活动是一门实践性课程；综合实践活动是一门面向学生生活领域和社会延伸的综合性的开放式课程；综合实践活动是一门发展性课程；综合实践活动是一门有效的创新教育课程（钱贵晴，2004）。

综合实践活动本身蕴含如下特点：综合性、实践性、开放性、生成性（顾建军，2005）。

课程目标的综合性、课程内容的专题性、教学方式的实践性、教学过程的体验性、教学环境的开放性、教学活动的主体性、教学情境的趣味性、教学价值的创新性等是综合实践活动课程的突出特点（彭小明，2007）。

综合实践活动课程的性质：它是国家指定的必修课；它有着校本课程的特点；它又是经验课程和综合课程（洪明、王俊峰，2007）。

综合实践活动课程具有统整性、实践性、开放性、生成性（殷世东、龚宝成，2008）。

综合实践活动是教师指导下学生自主进行的跨学科、跨领域的实践性、体验性、探究性的学习活动过程。它与学科课程、传统的活动课程相比，在课程内容、目标、学习方式、发展空间等方面具有自身的特点：整合性、实践性、自主性、开放性、生成性（潘洪建，2011）。

综合实践活动课程是一种经验性课程；是一种实践性课程；是一种综合性课程；综合实践活动课程是三级管理的课程（王光明、康明媛，2015）。

综合实践活动课程是综合性、体验性课程，综合实践活动课程是开放性、生成性课程；综合实践活动课程是统整性、探究性课程（徐燕萍，2015）。

综合实践活动具有开放性、主题性、研究性、过程性和协同性的特点（徐继存，2015）。

综合实践活动课程是我国新课程改革的结构性突破，倡导面向学生的生活世界，着力引导学生运用所学知识解决问题，鼓励学生认真思考、积极探索、大胆实践，培养学生的创新意识、实践能力。真实性、实践性、跨学科性（黄琼，2018）。

综合实践活动课程特征除了"开放性""自主性"和"生成性"等特征，还具有实践性、跨学科性和生活性（李臣之、潘洪建，2019）。

国内学者对综合实践活动课程的特征进行概括。其中，综合性、整体性、实践性、活动性、自主性、开放性、生成性、生活性是大多数学者对综合实践活动特征的基本认识。人们对综合实践活动课程的本质与特征的研究存在视角差异，有的作者从课程要素进行分析，如课程目标、课程内容的性、课程实施、课程评价。有的对比不同课程的概念，比较综合实践活动课程与其他课程的异同。有的从课程设计进行概念界定，有的从课程管理角度进行分析。还有作者对综合实践活动的情境性特征进行了探讨。尽管表述各异，但基本认识却大同小异。

（三）实施现状

综合实践活动的开展在全国范围内也存在着诸多问题。

通过对山东省综合实践活动课程实施情况的问卷调查，发现存在的问题主要为对课程定位错位，偏离了国家课程的方向；课程内容狭窄，综合实践活动课程功能弱化；缺乏适切性的评价方法等。（王秀玲，2011）

对我国多地综合实践活动实施情况进行考察，研究课程的实施状态及其本质，发现我国基础教育领域综合实践活动的实施及其效果在不同地域存在明显差异。在经济发展水平、社会观念、学校办学条件等因素的影响下，东部省份的课程实施及其效果最好，中部省份次之，西部省份最差。（杜建群，2015）

从课程整合的角度来看，当前的综合实践活动课程存在着活动课程课堂化倾向；忽视学生能力发展差异；简单叠加，为了整合而整合等诸多问题。为此提出了一些策略，比如打破线性思维，整合不同类型的课程；根据不同的研究内容，选择合适的课程类型进行整合；根据学生能力发展水平整合课程类型。（郭雷，2015）

对河北省小学综合实践活动实施现状研究发现：教师对综合实践活动的认识不足、综合实践活动的开设情况、目标达成不理想、主题确立及课程资源开发形式化严重、评价不全面、管理不系统问题。（王亚萍，2015）

我国综合实践活动的实施中存在的突出问题，一是对课程的概念、性质理解存在偏差，二是课时难以保障，三是缺乏课程资源，四是教师队伍素质难以适应课程的要求，五是评价不能有效促进课程的实施。（田慧生等，2016）

对我国西部地区部分学校综合实践活动课程的开展情况展开调研，发现由于对综合实践活动课程宣传不到位、缺乏社会的支持等因素，该课程在我国西部的实施情况并不理想。（关静玥，2016）

河北省沧州市农村小学综合实践活动课程实施现状发现：农村小学教师对课程的认识不足、师资不足、课程资源匮乏、管理体制不健全、社会认同度不高等问题。（桑晶，2017）

学校对课程认识不深入、课程设置缺乏监管、课程开设不规范、课程向学科课程倾斜的问题。（陈楚，2017）

对综合实践活动课程在农村小学开设情况进行研究，他们指出农村学校办学条件有限、师资匮乏，教育行政机关、学校的领导和教师缺乏对该课程的关注是导致综合实践活动课程未能有效实施的主要原因。（许伟光，2009；张晓静，2017）

江苏省小学综合实践活动课程实施的情况存在的问题：第一，对课程的认识不够深入；第二，课程开设情况不理想；第三，指导教师的质量不高；第四，学生参与活动的积极性不高。（陈楚，2017）

对石家庄部分小学综合实践活动课程实施的调查发现：教师对综合实践活动的认识不足；综合实践活动的课时安排及课程设置不到位；缺乏综合实践活动的专职教师；综合实践活动的课程资源单一；综合实践活动的管理不系统等问题。（赵晶晶，2019）

对银春市小学综合实践活动课程实施现状研究发现存在问题主要有：课程地位边缘化；教师胜任力不足；课程资源不充分；课程效果不理想。提出相应的对策是：教育行政部门加强对综合实践活动的管理；更新学校办学理念，规范实施综合实践活动；提高综合实践专兼职教师队伍素质；积极开发课程资源；做好宣传工作，获取外界支持。（王月君，2018）

岳阳市城区各小学在综合实践活动课程的开展取得了一定的成效，但存在课程管理松散、课程资源开发不足、教师对课程认识不到位、专业师资欠缺、课程实施趋于表面化。（姚勉，2019）

南昌市小学综合实践活动课程实施过程中的问题主要有：教育主体对课程的重视不够、课时不达标、内容设计随意、课程实施中变形走样、师资力量薄弱、课程资源开发与利用能力欠缺、课程管理不够系统。（康婷，2019）

当前我国综合实践活动课程遭遇着诸多困境：课程指导教师队伍不稳定，无法形成专业共同体；缺乏系统规划，课程实施不到位；课程目标落实不到位；课程评价面临伦理困境。（刘丹凤，2020）

综上所述，综合实践活动的实施及其效果在不同地域存在明显差异，城市地区普遍优于农村地区、经济发达省份普遍优于经济落后省份。

（四）意义及价值

对综合实践活动课程内涵特点及价值取向的研究。综合实践活动这一概念提出以来，研究者便从不同的维度对其内涵进行了解读，可以说，不管从哪一个维度去分析综合实践活动的价值，专家们最后都回归到了实际生活中，落到了"人"本身，即学生个人，这一出发点和落脚点的回归也是新课改的思想体现。

综合实践活动的价值在于智慧统整与知识统整。综合实践活动在超越传统的教育模式、构建体现时代精神的教育理念方面彰显出巨大的潜力，主要表现为：重建课程观，弥合个体与课程的断裂；重建教学观，弥合个体与教学的断裂；重建学习观，弥合个体智力与人格发展的断裂。（钟启泉，2002）

综合实践活动课程的价值：有助于活动课程研究和实践者实现从"课"到"课程"的思维转变；强化和确立多元活动方式观，为教学方式变革奠定基础；从更高层次上体现综合和实践的精神；有利于学生个性和能力的发展，培养学生的综合素质；有助于素质教育政策的有效落实。（李臣之，2003）

将该门课程看作是促进学生能力的发展，对学生跨学科能力的培养。（陈时见，2005）

"回归生活"是支撑综合实践活动课程之独立地位的根本价值取向，反映综合实践活动课程"回归生活"的基本理念。（张华，仲建维，2005）

综合实践活动对于基础教育课程改革目标达成的独特价值：在落实三维目标、改变过于注重知识传授的倾向方面具有独特价值；在改变课程内容繁难偏旧和偏重书本知识的现状，实现课程与生活和社会的联系方面具有独特价值；在改变过于强调接受学习、倡导学生主动参与、乐于探究方面具有独特价值；在改变课程管理过于集中，探索国家、地方、学校三级课程管理方面具有独特价值；在改变学科本位、构建新型课程结构方面具有独特价值；在改变课程评价过分强化甄别与选拔的功能，发挥评价促进学生发展作用方面具有独特价值。（石鸥，2005）

综合实践活动课程对于学生发展价值为：建立平衡、合理的课程结构，促进学生和谐发展；转变学习方式，发展学生的实践能力、创新能力和综合素质；对教师专业成长的价值为：有助于更新课程观念，强化课程意识；挑战教师的专业发展，提升教师的专业品质。（潘洪建，2011）

综合实践活动课程的价值为：通过实践活动而养成人的课程逻辑，旨在回归育人的教育本质；以生活世界为课程开发主要资源，奠基其课程价值的独特性；以学生探究为课程实施的主要形态，有望实现创新精神的救赎；综合实践活动课程以德性教学为课程价值追求，有益于教育回归生命意义的追寻。（赵书超，2011）

小学综合实践活动课程能培养学生的实践能力、有利于学习的转变和丰富学生的生活经验。该课程的产生顺应了世界课程改革的潮流，突破了传统的以学科课程为主的课程教学模式，并且弥补了学科教学中"以教为主"弊端。综合实践活动课程的活动设计研究培养了学生分析问题、实践操作、思维想象、信息收集与处理等方面的能力。（李海莹，2017）

综合实践活动的价值主要有：辅助学科课程让学生更好地掌握系统学科课程知识和技能；把在传统课程体系中原本分散组织或零散处理的内容以新的方式进行整合，使之形成有机的整体，从而便于学生更完整深入地掌握和理解；提供学科课程所不能涵盖的一些内容，拓展学校课程体系，促进学生更好地全面发展的价值。（孙宽宁，2015）

综合实践活动课程对促进农村小学基础教育事业的发展有着重要的意义：有利于落实基础教育的培养目标、有利于改善农村小学的课程结构、有利于缩小城乡之间的教育差异。对农村学生有深远影响：丰富学生的实践经验、促进学生的个性发展、增强对家乡的认同感。（孙小琳，2015）

综合实践活动课程的开设对于学生知识视野的拓宽、创造性思维的培养、实践能力和问题解决能力的提升，均具有独特价值。（宋时春，2015）

综合实践活动面向学生的生活世界，促进知行结合，推动深度学习。（黄琼，2018）

综合实践活动课程的核心价值是实践育人（杨培禾，2018）。

综合实践活动课程的德育价值：贯彻立德树人的教育要求，以价值引领实践，以实践实现价值。（方凌雁，2019）

有研究者针对综合实践活动课程实施过程中存在的目标偏颇、娱乐化与形式化泛滥、学科化流弊难处、评价异化等问题，提出课程应当以"立德树人"为根本价值取向。（赵蒙成，2019）

综合实践活动课程的价值定位主要表现为：引领学生"整全"发展。谋求学生与社会的共同发展，促进学生高层次心智的发展（周杰，2019）。

遵循综合实践活动的"生活逻辑"，它具有如下独特价值：实现课程回归儿童的生活和经验；扩展学生的知识视野，培养学生的创新精神、实践能力、协作精神与团队能力；与学科课程相互联系，实现课堂教学方法的创新（瞿婷婷、高建波，2020）。

在对综合实践活动课程价值进行探讨时，一些学者从认识论的角度阐明了综合实践活动具有的知识统整、知识建构与生成的价值。部分学者从系统论的视角对综合实践活动课程的价值进行了阐述，如从课程的内部诸要素、各环节，如课程目标、内容、实施、管理、评价等要素出发，讨论课程的价值，或在综合实践活动课程与其他类型课程的关系之中探讨其价值。也有学者从较为微观的视角，即从课堂教学层面分析其价值，比如综合实践活动对学生认知方式的转变、教师教学的方法改进方面所彰显的独特价值。还有作者讨论了综合实践活动课程实施对农村学校的课程结构、教学模式、师生关系和学生发展的独特价值（栾新蕾，2016）。由此可见，学者们对综合实践活动"价值"问题的论述既有宏观与微观的思考，还有本体论、认识论、知识论层面的哲学审视。研究成果的论述视角多元、层次丰富，具有一定的创见性。

其实，综合实践活动课程的价值并不是如此简单的，它的价值是多元的。该门课程的价值不仅在于对学生个体的关注，还在于对学生动手实践能力、跨学科能力的发展。此外对教师的价值也至关重要的，综合实践活动课程可以促使教师观念、教学方式的转变。以上观点都肯定了该门课程对学生生活、学生能力的发展、促使学生关注社会的意义。笔者认为，这些方面的探索将会有利于综合实践活动课程的发展，为该门课程的发展提供良好的理论环境。

（五）目标制定

关于综合实践活动课程的目标研究方面，除了国家文件中由最初的三维目标体系到最新的价值体认、责任担当、问题解决、创意物化的四维目标的确定，各专家学者也提出了对综合实践活动课程的目标的理解：

熊梅（2000）提出了知识目标、态度目标和能力目标体系的三维目标体系。

王平（2003）提出综合课程是呈多层次、多形态的系统，应确立符合不同层次、形态的综合课程的具体的目标。

张传燧（2004）研究提出课程资源的开发和利用是综合实践活动课程实施的基本条件。它提供"主题"内容的选择范围，"主题"内容则是课程资源的凝练表现。应当从校内外、从生活中、从实践中去寻求和提出活动的主题，并在实施过程中不断生成新的主题。

熊小燕（2010）研究提出小学综合实践活动课程目标与学科课程目标上有差异，更加重视对学习过程与方法、亲历、感受和创新能力的培养。主题类型不同，目标也有差异。提出了小学综合实践活动"三维列点式"目标表述法：把教学目标分成知识与技能维度、过程与方法维度、情感态度价值观三个维度，每个维度又分成高低不同的层次，对每个层次或具体任务由低到高采用序号标注的方法。

万伟（2014）研究发现教师在设计主题活动时的目标抽象含糊，缺乏评价指向。

李宝敏（2017）指出小学综合实践活动课程的目标指向是核心素养发展。以价值体认、责任担当、问题解决、创意物化四个维度，建构立体化、进阶式与螺旋上升的整体目标体系。

闵宝翠（2020）将我国的教学三维目标中的知识和技能维度与综合实践活动课程的学科目标中的问题解决、创意物化进行了对比，认为二者存在彼此交相呼应的关系。

李昱瑛（2019）研究指出将建构主义理念融入小学综合实践活动课程总目标和学段具体目标是可行的。基于建构主义的小学综合实践活动课程总目标设计从知识与技能目标、过程与方法目标及情感态度与价值观目标三个角度进行阐述。

孙其鑫（2020）根据《纲要》设定的课程总目标的基础上，将目标概括为思想性和实践性两个方面。

程伟等（2020）提出我们需要依据《纲要》价值体认、责任担当、问题解决、创意物化四个方面的具体目标，结合各自地方实际，细化并分解每一阶段不同方面的具体目标。

（六）课程设计

教育部2017年的《中小学综合实践活动课程指导纲要》将课程的内容划分为考察探究、社会服务、设计制作、职业体验等关键要素，还包括党团队活动、博物馆参观等内容。

熊梅（2003）指出我国2001将综合实践活动划分为国家的指定领域与非指定领域，并认为指定领域与非指定领域互为补充，共同构成内容丰富、形式多样的综合实践活动。

张华等（2002）开发了三个维度：自然、社会与自我的综合实践活动课程内容。

李臣之（2002）主张主题的生成要"与学生生活相联系，反映学生认为有意义的生活、自然、社会现象，使这种活动学习成为学生的一种现实需要"。

钟启泉（2007）提出综合实践活动的两个设计原则："体现'生活世界'的价值"和"寻求生活与学术的交融"。把体验性知识和理论性知识相融合，避免造成"知识"和"体验"的分离。

郭元祥（2001）指出，在设计与实施综合实践活动的过程中还要注意学生的学习活动方式，包括课题探究的研究性学习；社会考察、调查、访问、参观的社会体验性学习；设计、制作的应用性学习和社会参与的实践学习。

万伟（2012）研究建议从能力目标、学生学习方式、课程内容、不同活动环节中学生关键行为等维度构建了更加清晰的课程目标序列，学校可以在此基础上建构符合学校特色的校本化课程目标体系，教师则可以结合具体的活动内容进行目标的进一步分解与细化。

钟华（2014）指出综合实践活动课程的开发设计要挖掘地域文化中所蕴含的丰富的课程资源。

万伟（2014）提出当前综合实践活动课程开发与设计重知识内容轻能力发展；课堂教学重流程忽视过程；能力的培养找不到抓手；活动方式单一，不能体现儿童特点；长线活动居多，短线活动偏少；学生的能力难以被评价。

张华（2009）对综合实践活动课程的开发要基于自然、自我、社会三个维度上分别进行了论述。自然维度开发的基本内容是"自然探究"、自我维度的开发具有独特性、社会维度的开发内容主要是社会探究、社会关系和人际关系。

冯新瑞等（2015）在研究中提出，"课程资源"是实施课程的基础和条件。其开发利用是综合实践活动发展的前提。只有具备良好的课程资源，课程实施才能得到保障。在选择课程资源时，教师应注重突破学科之间的界限，促使各学科知识的整合，课程主题的选择与设计要和学生的现实生活相关联，从学生的生活实际出发突出课程特有的"生活"和"实践"两个特性。

姜珊珊（2015）在"史密斯—雷根"教学设计模式的指导下，设计了小学综合实践活动课程主题学习单元设计框架：教学分析、策略分析和教学评价三个模块。

李海莹（2017）从研究性学习、社区服务与社会实践、劳动与技术教育和信息技术教育四个领域提出了活动设计的原则和活动示例。

王富荣（2018）提出课程开发的主要途径：利用校本课程资源，丰富实践活动形式、开展自然人文调查，拓宽实践活动视野、接轨学生生活认知，发掘实践活动潜力。

李昱瑛（2019）基于建构主义理念对小学综合实践活动课程内容进行了个案研究（分为新疆美食篇和新疆美景篇），设计了课程内容框架，具体包含：模块、课时、课题、课题知识点和设计意图。

姚勉（2019）调查发现综合实践活动课程主题来源一般有由学生活动中存在的问题确定主题、由课程目标确定主题这两种常见形式，此外当前社会关注的热点问题、学科教学中出现的问题也是综合实践活动课程主题的重要来源。课程主题选择方式主要是教师选择，学生自主选择很少。

孙其鑫（2020）提出了小学项目式综合实践活动的基本设计要素：确定项目目标的确立、真实情境的创设、驱动问题的引导、核心知识。提出了设计建议：宏观层面提出了开展整体性项目式综合实践活动、构建螺旋递进式项目式综合活动主题、形成校本化项目式综合实践活动课程体系的建议；微观层面提出改编优化推荐主题、挖掘项目问题本质、明确项目评价机制的措施。

庞琪（2017）对小学综合实践活动课程主题生成的基本理念进行了分析归纳，并试图以此为基础探讨主题生成的基本方式。

林众（2018）对《指导纲要》中的 3-9 年级学段，以"设计制作活动"（信息技术）的学习内容为例，推荐了五类主题：一是硬件基础与系统管理；二是网络与信息交流；三是信息加工与表达；四是数据与程序设计；五是 STEAM 教育。

郭小娜（2019）以 STEM 教育理念为基础，对小学"设计制作"类综合实践活动课程设计模型，主要为："活动主题、原则设计系统、目标任务系统、活动序列系统、课堂实施系统、评估反馈系统"。

刘晓博（2020）提出了小学低年级综合实践活动课程内容设计模型架构：选择主题、学科内容目标化、目标内容模型。

王清涛（2020）研究指出序列化的活动主题设计是中小学综合实践活动课程全面有效实施的关键，序列化主题设计既要强调阶段性，又要重视连续性，两者的结合具有理论的科学性、客观的必要性、现实的迫切性和效果的优越性。实现"分段"与"连续"的有机结合来构建序列化的活动主题，就应坚持生本理念为主题来源依据；明确课程责任主体，提升主题设计水平；分解细化课程目标，建立主题筛选机制。

王文凤（2020）研究以 STEM 教育理念为基础，从确立活动主题、设计与实施活动计划、表达与交流、反思与改进五个主要环节构建了中小学综合实践活动课程的设计框架，每一个环节的实施都需要师生基于现有的课程资源进行统整与创生。

关于活动主题设计的研究，首先，活动主题的设计要有一定的依据，对此有学者提出选题需要考虑学生的愿望与兴趣、学生的年龄特点、知识经验、课堂资源情况（刘光江，2002），需要研究变化的时代、课程目标以及课程性质同主题设计的关系（李臣之，2002）。而关于主题生成的方法，有学者提出采用递进式、综合式、探究式等具体方式来生成主题（文可义，2001），从个人研究问题的构思、表达和交流、研究问题的精致化以及天然小组团队的形成四个阶段来生成主题（张华，2008）等。

（七）实施过程

1. 课程实施的理论基础

这类研究主要为对课程的特征、价值、内涵进行研究，主要涉及问题为该门课程是什么。钟启泉（2001）认为综合实践活动课程是超越了传统的课程教学制度的一种课程编制（生成）模式。郭元祥（2004）则将综合实践活动课程看作是在教师引导下的学生自主学习活动。张华（2001）将综合实践活动课程看为一种实践性的课程。学者专家们都将综合实践活动课程看作是打破了学科疆界的依靠学生自主进行学习的探究性实践课程。

对于综合实践活动课的课程特征的探索：陈时见（2005）认为该课程具有生成性、体验性、自主性、过程性、活动性、综合性的特征；张华（2001）将该门课程看为具有整体性、自主性、生成性、开放性、实践性、整体性的特点的课程；郭元祥（2001）认为该门课程具有开放性、实践性、综合性的特征。将三人观点对比来看可以得出这样的结论，该门课程具有开放性、实践性、综合性的特征。

2. 课程实践研究

任何一门课程的探索都不是仅存在于对理论层面的探讨，还包括对课程实践的研究。通过文献梳理，笔者将这类研究进行了归纳总结。对于课程的实施中表现的问题的探究，发现的问题为："零"实施与假实施、实施窄化和实施低效化等问题，存在三种误区——是功利主义和精英主义的取向，二是知识主义和技能主义取向，三是活动主义和体验主义取向。从上述的探索可以发现，随着课程的深入推进，还存在着诸多学校对课程价值认识不到位的问题。对应的，对于该门课程师资力量的建设、课程资源的开发、课程评价机制的建立都存在问题，需要研究进行更为深入的推进。

3. 实施模式

万伟（2006）分析和总结了综合实践活动课程在实施过程中常用的几种模式，如改造整合式、系列专题式和项目引导式等，并指出每种模式各有优缺点，各学校要根据地方和自身情况灵活实施。

杜建群（2012）从学理角度建构出了综合实践活动课程实施的多元动态复合模式。

王卓（2008）根据活动的类型并抓住"实践性"的特征提出四种实施模式：即主动发现型、实践应用型、体验与感受型、参加、参与型模式。

郭元祥（2007）提出校本开发、区域整体、学校＋基地三种推进模式。

张传隧（2001）提出"确定主题——问题导引——活动计划——活动实施——活动总结——活动评议——活动拓展的具体模式。

李福森（2019）提出了小学综合实践活动主题设计校本化对策：主题设计来源于生活、主题设计要尊重学生自主性、主题设计要充分体现学校特色。

程伟等（2020）提出课程设计、课程整合和课程规划是小学综合实践活动有效实施的三个维度。

这些模式有对近二十年实施综合实践活动课程经验的归纳总结，也有基于学理体系的演绎，同时也反映除了不同的人对于综合实践活动课程实施的不同见解。

4. 实施策略

熊梅（2001）认为综合实践活动课程实施的样态特征为"课程开发主体的多元化，课程内容选择的生活化，课程实施方式的自主化，教学组织形式的个性化。

潘必方（2014）提出："选择性梦想课程开设，拓展了学校个性化课程资源；全员性社团建设，构建了学生个性化成长平台；全校性节日活动，搭建了学生个性化展示舞台"三条课程实施策略。

徐雪芳（2011）提到了"强化课程意识，明确它的独特价值；稳定教师队伍，保障课程实施品质；重视过程管理，课程实施'立体化'"三条策略。

黄琼（2018）提出，综合实践活动课的有效开展要注意：一是多方协作，积极建立健全管理制度和运行机制；二是整体设计，科学规划综合实践活动课程；三是综合实施，促进各种活动方式融会贯通；四是研读范例，合理使用推荐主题；五是扩大交流，搭建教师研讨平台和学生展示平台。

刘慧（2018）提出小学综合实践活动课程常态化实施的策略有：加强师资培训、正确认识课程常态化实施、精心选择和制定具体的课程内容。

谢传银（2018）针对课程落实浮于表面、课程实施成为摆设、活动指导被动低效、课程推进乏力无效的问题，探索出了小学综合实践活动课程实施路径：概括为"一重""二抓""三导""四动""五环"和"六活"。

姚勉（2019）提出了：优化课程设置、增强师资力量、深化教学理念的实施改进策略。

刘丹凤（2020）提出要构建课程指导教师团队，形成专业化学习共同体；进行统筹规划，加强综合实践活动课程的实施；有效落实课程目标；实现课程评价的伦理价值，避免技术主义倾向。

不难看出，学校的办学理念、办学思路、办学特色和领导管理理念等差异会影响综合实践活动课程实施的策略与模式。同样，不同的课程实施策略与模式也会影响综合实践活动课程实施的效果。所以说，构建适合学校发展的并且有利于综合实践活动课程实施的策略与模式是必要的。

5. 个案研究

高志文（2018）提出了"课题化开发·课程化推进"的指导原则、"三级课题·序列开发"的课程开发体系和"三段六环"的实施框架。

陈晓（2018）提出了利用博物馆资源开展综合实践活动课程。

赖雨晨（2020）研究发现 Y 小学综合实践活动课程建设范型的基本框架是"大建设、小开发"，按建筑物的构造术语"地基、顶层、支柱、墙体"来开展综合实践活动课程总体的建设工作，具体到综合实践活动课程实践案例的开发流程则按照泰勒的课程原理"目标、内容、实施、评价"四要素进行。

6. 师资建设

孙秀鸿（2010）提出综合实践活动课程的教师应具备的素养包括：全新的教育理念、综合性的知识素养、综合性的能力素养、健康的心理素养。

刘玲（2012）提出当前综合实践活动课程的师资建设面临困境：专任教师极度匮乏且流动性极大，兼职教师指导学生活动的态度和能力参差不齐。建议多渠道、多途径、多角度入手，整体提升综合实践活动课程指导教师的专业能力。

柳晓（2015）研究发现石家庄市区的综合实践活动课程教师专业知识素养水平呈现良好水平，但理念性知识素养、本位性知识素养、条件性知识素养和实践性知识素养都有待提高。

蒋晗（2020）研究指出小学综合实践活动课程中教师指导环节基本完整、对课程性质理解不到位、目标制定过于关注知识和技能获得、教师指导"度"有待于改善。

李健（2011）研究发现在综合实践活动过程中教师是课程实施的关键，教师的素质是制约小学综合实践活动课程实施的瓶颈。因此从能力和知识等方面进行分析，并提出解决策略。

毛旭（2017）调查发现重庆市 S 区小学综合实践活动课程教师：1. 理念素养良好；2. 知识素养最欠缺；3. 课程设计能力十分欠缺。

贺征（2017）研究发现小学综合实践活动课程师资的配置不合理，师资队伍不稳定，流动性大，缺乏专职教师；小学综合实践活动课程师资专业发展不均衡，教师缺乏系统培训，专业水平发展参差不齐；师资队伍建设与管理的相关保障制度不完善，教师评价和相关考核机制不健全，学科职称评聘尚在起步阶段。

陈晓琳（2017）针对小学综合实践活动课程实施中存在教师队伍不健全、缺乏课程意识、课程资源开发单一等问题，提出了教师共同体构建的设想。

师资的建设是综合实践活动课程实施成败的关键，已有的研究大概包含教师角色的转变以及提高教师自身能力这两个方面（李芒，2002）。别艾君（2018）研究发现当前小学综合实践活动课程教师的实践示范力较差、课程领导力较低、课程观念和角色意识不到位。

可以看出综合实践活动的成败与否与教师有很大的关系，如何更好地完善综合实践活动的开发与实施，师资队伍的建设有着不可小觑的作用。

综观国内外研究现状，综合课程是 21 世纪许多国家提升能力教学的有效途径，存在以下不足：

（1）对课程意义的研究缺少与时俱进的探索，缺少"五育融合"视域下小学综合实践活动课程设计与实施的研究。

当下，国家高度重视构建德智体美劳全面培养的教育体系，强调基于"五育融合"视域来重新审视各类课程及课程之间的关系。"五育融合"不是德智体美劳的简单拼凑和叠加，而是将"五育"融入学生课程、活动中实现"五育"的整合生成体。

现阶段该课程研究多是为了"培养实践能力和创新精神"。迈入新阶段，需要基于"五育融合"重新审视此课程，不断推进并实现教育"立德树人"使命。现阶段综合实践活动课程在此站位上探索的研究缺少。

（2）对课程目标的宏观研究多，对具体主题目标的微观研究缺少。

《纲要》确定了宏观的四维目标，一线教师更需要清晰每个主题的研究目标，甚至明确每个学生小课题的研究目标。只有这样，课程实施才能有的放矢地慢慢落地。

对设定的课程四维目标和课程内容的框架设计理论层面的探讨和建议多，实践层面具体如何实施还有待检验。正是由于目前在学校实践层面具体落实的较少，学校层面比较成熟和可供借鉴的成果就更少了。

（3）对课程内容缺少在"主题"和"课题"层面的深入研究。

主题内容是课程资源的凝练表现。《纲要》中的"附录"部分提供 152 个中小学综合实践活动推荐主题，为我们高效开展此课程提供了主题参考。但因该课程更强调校本化实施，所以与学校实施层面紧密结合的主题筛选机制有待完善；主题间序列化的特点也还有待突出，且已有的主题选择方式中缺乏儿童本位的设计。

如何在研究主题的范围内确定不同学段的学生需要研究的具体问题：即如何由研究主题转化为研究的课题需要进一步的探索和实践。

（4）对课程实施的研究回避了实践难点，缺少聚焦突破。

实践难点主要有：

一是时间问题。如何统筹安排线上和线下课时，长时段研究和短时段研究。

二是融合问题。如何在考虑师生负担前提下智慧实现"五育融合"；如何将综合实践活动课程和学校已有课程融合。

三是师资问题。如何指导教师开展研究，以及如何分层设计教师培训方案，避免"眉毛胡子一把抓"的尴尬。

四是保障问题。如何发挥家长课程参与作用，形成家校协同课程实施氛围，挖掘社会课程资源，在人员、组织、经费和安全方面提供保障机制。

（5）缺乏对课程进行全面、系统评价的研究成果

已有的评价研究中宏观研究居多，具体实施层面的研究少且从课程整体实施的角度探讨课程评价的研究成果少，更多是从单一的角度开展研究。这对于学校层面开展该课程是非常不利的。实践层面迫切需要学生活动评价指标的建立以及指导教师评价机制的确立。

第二章　小学综合实践活动课程内容设计

第一节　小学综合实践活动课程内容设计的依据

综合实践活动课程作为当前中国新一轮基础教育课程改革中新的课程组织形态，它是以培养学生创新精神和实践能力为主要目标的课程。设计综合实践活动课程内容是该课程推进的首要任务，而课程内容体系的构建是首要任务中的关键。内容体系的构建是依据课程内容设计的指导标准和课程目标而定。

一、课程内容设计的指导标准

任何单一的学习内容都不能对学习者产生极其深远的影响，比如：思维方式、思考习惯、解决策略等，教育经验产生效果的过程是缓慢的、循序渐进的。为了使教育经验产生累积效果，就必须将这些教育经验组织起来，使之相互强化，这便是一门课程的设计。

课程内容设计要从两个角度沟通联系。一是从时间角度，设计二年级的课程内容要考虑一年级课程提供了哪些学习经验。二是从领域角度，设计一门新的课程要考虑其他课程提供了哪些学习经验。这两个角度内容的联系都很重要，彼此促进会互相强化，彼此冲突会互相抵消。如果它们之间没有明显的关联性：学生的学习经验就又回归了支离破碎。小学综合实践活动课程内容设计既要考虑学生一至六年级的时间跨度，也要考虑综合实践课程与学科课程之间的相互作用。

泰勒指出过："在编制一组有效组织起来的学习经验时，需要符合三大标准，即：连续性、顺序性和整合性。"首先，小学综合实践活动课程内容设计要考虑其连续性，"连续性是指主要课程要素的直线式重复"，例如，培养学生的实践能力，就要确保学生有机会重复地、不断地有实践可能，才能提高实践能力。其次，小学综合实践活动课程内容设计要考虑其顺序性，"顺序性牵涉到连续性，但又超越了连续性。要将每一后续经验都建立在先前经验的基础上，且必须更广泛、更深入地探究所涉及的事物。"[1]，例如，培养学生的实践能力，不能同一水平的实践任务一遍又一遍地被重复，高年级较低年级比，实践任务的广度、难度都要提高。"顺序性所强调的并非复制，而是对每一后续学习经验更高层次的处理。"[2] 最后，小学综合实践活动课程内容设计要考虑其整合性，"整合性是指课程经验的横向联系。"例如，培养学生的实践能力，要联系学生在语文、数学、科学、社会等课程中学到的知识和掌握的技能，这些学习经验都会作用于学生的实践过程，促使学生将这些要素统一起来，形成观点。相反的，学生实践能力的强弱世会作用于学生在语文、数学、科学、社会等课程的学习效果。"连续性、顺序性、整合性，是制订一套组织学习经验的有效方案的基本指导标准。"小学综合实践活动课程内容设计也应考虑这三个基本指导标准。

二、小学综合实践活动课程目标

课程目标是课程内容设计的出发点，也是最终落脚点。课程目标是一个系统，有总体目标，也有分层目标，是一个多层级的目标体系。

（一）课程总目标

不同课程形态具有不同教育教学目标，可以实现不同的教育目的。《北京市教育委员会关于加强中小学综合实践活动课程的实施意见（京教基【2007】16 号）》中指出综合实践活动课程的总目标是："通过密切学生与生

---

[1] 拉尔夫·泰勒著，罗康 张阅译 . 课程与教学的基本原理 [M]. 中国轻工业出版社，2016：89.
[2] 拉尔夫·泰勒著，罗康 张阅译 . 课程与教学的基本原理 [M]. 中国轻工业出版社，2016：90.

活的联系、与社会的联系，帮助学生获得亲身参与实践的积极体验和丰富经验，提高学生对自然、社会和自我之间内在联系的整体认识，发展学生的创新精神、实践能力，培养良好的个性品质及社会责任感。"

基于对此的理解，培新小学将小学综合实践活动课程总目标确定为：

1. 获得参与实践的亲身体验和经验。

2. 形成主动发现问题并主动解决问题的态度和方法。

3. 通过实践活动，发展学生的创新精神、实践能力。

4. 增进学生对自然的了解和认识，增强热爱自然、保护环境的意识。

5. 增进学生对社会的了解和认识，主动参与社会活动，积极了解社会，形成社会责任感。

6. 增进学生对自我的了解和认识，正视自己的优势和不足，养成主动交流、团结协作、拼搏进取和善于分享的优良品质，培养良好的个性品质。

（二）课程具体目标

针对小学 3—6 年级综合实践活动课程的具体目标，在《北京市义务教育阶段 3—9 年级学生综合实践活动课程实施要点》中指出：

1. 了解周围的社会环境，自觉遵守社会行为规范，增强人际沟通能力，养成初步的服务社会的意识和对社会责任的态度；

2. 了解基本的生活技能，形成生活自理的习惯，养成勤奋、积极的生活态度；

3. 发展人际交往，养成合作的品质，融入集体；

4. 保持和发展学生的好奇心和求知欲，养成实事求是的正确态度，初步了解科学的基本方法，发展探究问题的初步能力；

5. 亲近周围的自然环境，热爱自然，初步形成自觉保护周围自然环境的意识和能力。

这些具体目标与学科课程具体目标最大的区别就是没有知识点的掌握要求，教师已经习惯了思考课程目标从知识点出发，再以知识点为中心，思考应培养哪些技能，以及应培养哪些情感。为了帮助教师从学科课程目标来理解综合实践活动课程目标，培新小学基于上面北京市提出的针对小学 3—6 年级的具体目标，又将这些具体目标分为：认知目标、能力目标、情意性目标。

将具体目标分为认知目标、能力目标、情意性目标，除了考虑帮助教师从学科课程目标来理解综合实践活动课程目标之外，还有以下的思考。泰勒指出："在为一门课程制订组织方案时，有必要确定该课程中作为组织线索的要素。"例如，数学学科课程，组织要素通常是概念、技能和情感态度。数学学科课程目标，要确定有哪些重要的概念，把它作为达到连续性、顺序性和整合性标准的组织要素之一。同样地，数学学科课程目标，也要确定培养学生哪些技能，这种技能从低年级到高年级要逐渐达到更为广泛、更深入的程度。当然数学学科课程目标，还要确定培养学生哪些方面的情感态度，低年级时在较低水平上体验，随着年级升高逐渐慢慢加深体会。借鉴对学科课程具体目标的理解，考虑小学综合实践活动课程的具体目标，必须确定有哪些核心要素作为组织的线索。为了给综合实践活动课程的连续性、顺序性和整合性提供基础，培新小学确定了该课程的三个核心要素作为组织的线索，即：认知、能力、情意。制定该课程的具体目标时，这三个要素好像是用来编织的线，而综合实践活动课程则是编织好的精美地毯。每个要素不是单独的一个目标，教学会包括若干要素的综合。

培新小学制定的小学综合实践活动课程具体目标见下表（表 2）：

表 2　小学综合实践活动课程具体目标

一级目标	二级目标	三级目标
1. 认知目标	1.1 关于学生与其所处的自然环境	1.1.1 从时间角度，了解自然有其来龙去脉和发展变化的原因。 1.1.2 从空间角度，了解人类生活对自然的改变。了解自然资源对人类有深远影响。人类对自然资源的开发、利用和保护强烈影响着人类的生活和未来。

续表

一级目标	二级目标	三级目标
1. 认知目标	1.2 关于学生与其所处的社会环境	1.2.1 了解社会机构的建立是为了满足自身需要。 1.2.2 了解人类社会是相互依赖的。了解世界资源的分布、人类劳动分工、个体能力有限性、个体多方面需求等决定了人类的相互依赖性。 1.2.3 了解社会是以集体存在的，从而产生了风俗、文化和社会文明礼仪等。 1.2.4 了解社会的进步和发展会对人类的生活产生影响。 1.2.5 了解好的社会必须既能满足个体的需要，又是对个体有所制约的。 1.2.6 了解社会有不同的组织团体，行使各自不同的职能。 1.2.7 了解社会发展受历史文化的影响。
	1.3 关于学生与自我	1.3.1 了解人类有一些共同需要，但表达形式不同。 1.3.2 了解每个人都有自己做事的动机，这些动机会影响行动，行动后会对自己和他人有强烈的影响。 1.3.3 了解每个人很多言行出于无意识的动机。 1.3.4 了解人生有很多挫折，会对自身带来很大影响。 1.3.5 了解每个人有先天差异，也有很多重要的习惯和品质是后天习得的。 1.3.6 了解每个人都会因不断学习而变化。 1.3.7 了解每个人都应有自己的理想，理想会随着成长而变化。
2. 能力目标	2.1 认识能力	2.1.1 观察力 2.1.2 记忆力 2.1.3 分析力
	2.2 思考能力	2.2.1 抽象逻辑思维 2.2.2 直觉形象思维 2.2.3 聚合性思维 2.2.4 发散性思维 2.2.5 常规批判性思维
	2.3 创新能力	2.3.1 自我实现的创造能力 2.3.2 探求新知识、新方法和新经验的能力 2.3.3 提出新思路和新观点的能力
	2.4 学习能力	2.4.1 自主学习 2.4.2 独立思考和解决问题

续表

一级目标	二级目标	三级目标
2. 能力目标	2.5 交往能力	2.5.1 学会合作 2.5.2 学会互助 2.5.3 学会倾听 2.5.4 懂得尊重 2.5.5 懂得理解
	2.6 表现能力	2.6.1 将感觉和思考表现出来 2.6.2 利用机会展示自我
	2.7 领导能力	2.7.1 追求目标达成的能力 2.7.2 行为调整的能力
3. 情意性目标	3.1 体验性	3.1.1 了解、热爱、保护自然 3.1.2 有责任心、善于团结协作 3.1.3 认识自我、学会自立、关心帮助他人
	3.2 责任性	3.2.1 对国家、社会、家庭尽应尽的义务 3.2.2 敢于承担自身的责任
	3.3 效力感	3.3.1 对自我能力确信 3.3.2 对自我不足清晰
	3.4 合作意识	3.4.1 认同他人优点 3.4.2 能尊敬、理解与宽容他人
	3.5 好奇心	3.5.1 对新异事物有兴趣 3.5.2 主动为了解新异事物去获取信息
	3.6 感动心	3.6.1 能被有价值的事物感动 3.6.2 能用正确方法表达内心的情感
	3.7 自律心	3.7.1 有自我规范和约束的意识 3.7.2 能够自律

三、课程内容设计的步骤

有了课程设计的理念依据和课程目标依据之后，在设计之前还应定出具体的设计步骤。主要有以下步骤：课程目标的制定→进行学生情况分析→进行顶层设计，搭建课程内容理论体系→确立课程主题，进行具体内容设计→对课程内容进行可行性论证。

对一门课程的开发和设计，确定目标是首要任务。我们确定小学综合实践活动课程总体目标之后，依据总目标制定了上述具体目标，分成了认知目标、能力目标和情意性目标。然后，对学生情况进行细致的分析，比如对学生已有知识、个性特点、兴趣需求和生活经验等进行调查分析，为后续设计打好基础。接下来，最重要的步骤是构建内容体系框架，保证课程内容设计的系统性和完整性。再接下来，依据课程内容体系框架，同时根据学生情况和教学资源情况，教师来确定教学主题。最后，要进行课堂实践论证，通过试讲评课一是了解课程内容是否符合综合实践课程设计理念；二是了解课程内容设计是否符合综合实践课程目标；三是对课程教学过程进行评估，看是否符合"实践性"、关注学生"主体性"、注重"研究性学习"等。组织教师提出合理化建议，并不断修订和完善设计。

第二节　小学综合实践活动课程内容设计的阐述

一、内容体系框架

根据课程设计的理念和综合实践活动课程目标，笔者构建了培新小学综合实践活动课程内容体系框架 图如下（图7）。其中基础框架包括两个层次，有"维度"和"视点"，位于图的前两列。为了使小学综合实践活动课程内容体系图更完整，在框架图的后面增加了"主题"和"课题"两列，这是基于基础框架图之上，保障综合实践活动课程能够落地实施的具体内容体现。

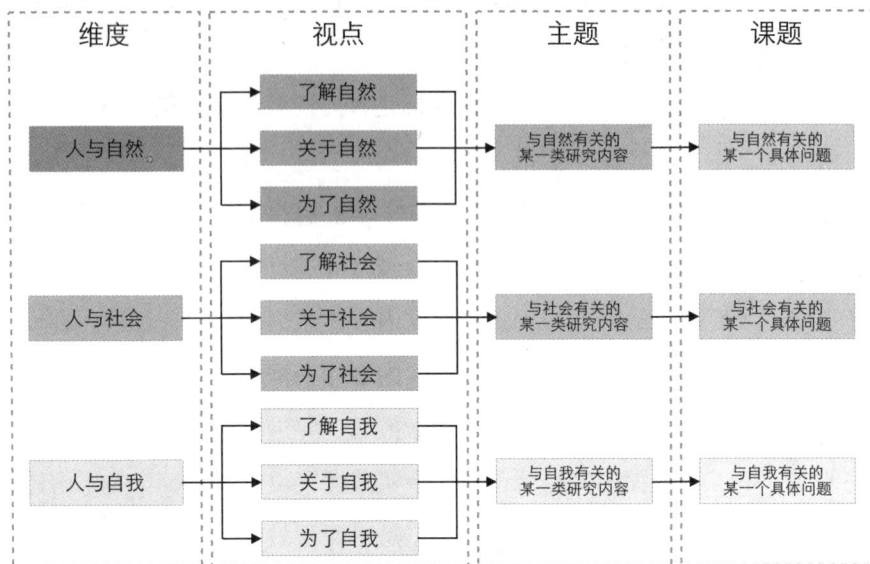

图7　小学综合实践活动课程内容设计体系框架图

二、内容具体阐述

（一）维度

"维度"指一种具有独立属性的范围。在此内容体系中的"维度"包括"人与自然、人与社会、人与自我"三个具有独立属性的范围。

1. 人与自然

就"人与自然"维度的内容而言，重在引导学生关注自然，培养学生对自然的丰富感受，发展学生对自然的热爱和理解，提高学生保护自然的实践能力。

人类生于自然、归于自然。自然首先应得到人类的认识，即"了解自然"。"自然"一词的主要含义是"本性""天然"，这里的规律是不容改变的，所以作为人类应了解其中的规律。自然其次应得到人类的尊重，即"理解自然"。一棵树、一朵花、一只鸟等等，都有其生命，需要人类的理解，这样人类才能充分得到各种自然物带来的享受。自然最后应得到人类的保护，即

"为了自然"。因为人类是自然的一部分，人类保护自然也是在保护自己，所以人类不是自然的主人，而是自然的看护者。

依据以上对"人与自然"之关系的理解，综合实践活动课程"人与自然"维度内容的开发力求让学生体会到人与自然的依存关系，了解大自然的一些变化规律，理解自然变化的一些原因，提升保护自然的实践能力。为了实现这些目标，内容开发围绕着三个视点进行探讨，包括"了解自然、理解自然和为了自然"。

2. 人与社会

就"人与社会"维度的内容而言，重在引导学生关注社会，培养学生对社会的丰富感受，促进学生对社会的理解，提高学生适应社会的实践能力。每个人都不可能是孤立存在的，都是社会的组成部分。首先，学生应认识社会，即"了解社会"。"社会"一词的主要含义是"人群""整体"，这里的关系一定错综复杂，所以学生要从小慢慢认识社会，懂得社会之间的一些关系，为以后走入社会做准备。其次，学生应关爱、尊重社会，即"理解社会"。

情感是做事的动力，任何情感都是属于个体的，如果个体情感中能将他人的情感拉入，懂得换位思考，学生在这样充满关爱与尊重的土壤里成长，以后才会去延展爱。最后，学生应保护社会，即"为了社会"。"有大家的存在才有小家的存在，才有个体的存在意义。"社会的规则需要大家共同建立并维护，社会的道德需要大家共同尊重并践行，社会健康发展，每个人才有健康发展。

依据以上对"人与社会"之关系的理解，综合实践活动课程"人与社会"维度内容的开发力求让学生体会到人与社会的依存关系，了解社会的一些基本关系，理解社会发展变化的一些原因，培养学会关爱与尊重、学会合作与共处的良好品质，发展学生的社会性。为了实现这些目标，内容开发围绕着三个视点进行探讨，包括"了解社会、理解社会和为了社会"。

3. 人与自我

就"人与自我"维度的内容而言，重在引导学生了解自我的存在意义，培养学生个性化的张扬和自主性的提升，提高学生思考、判断和选择的能力，提升学生负责意识，并促进学生在探究过程中不断完善和丰富自我。自我本身就是一个丰富世界，自我又是独特的，而这种独特性是在关系中形成和发展起来的。首先，学生应认识自己，即"了解自我"。"自我"一词的主要含义是"认知""意识"，这里无论是形成的认知，还是存在的意识，都是在关系中形成的。所以学生要从小认识自己的优点、缺点，认识自己的长处、劣处，了解自己的心理变化原因，了解自己与其他之间的关系，才能逐渐体会到自我存在的价值。其次，学生应学会思考和判断，即"理解自我"。自由是个体的，但最终是集体的。综合实践活动课程超越了学科界限，学生自主性体现的同时还要懂得约束自我，懂得自我不是孤立存在，为所欲为的，而是在整个关系中体现自我。最后，学生应懂得促进自己成长，即"为了自我"。"人怎样生活，就会成为怎样的人"。每个人在面对选择和应当负责面前，首先应面对的是自我。要问问自己"我要成为怎样的人？"，只有回答清楚这个问题，有回答的意识，才能做出恰当的选择。任何选择都会对自我产生影响意义，自我的思考也是下一次选择的基础。每个个体就在一次次的选择中成为自己心目中的自己。

依据以上对"人与自我"之关系的理解，综合实践活动课程"人与自我"维度内容的开发力求让学生体会到自我不是孤立存在的，了解自我与他人之间的存在关系，理解自我要成长为怎样的人，从而做出正确思考与判断，学会正确选择，促进学生感受到自我存在的价值，在各种活动中反思自我与他人的关系，并在关系中不断完善和丰富自我。为了实现这些目标，内容开发围绕了三个视点进行探讨，包括"了解自我、理解自我和为了自我"。

（二）视点

"视点"指观察思考的角度。"视点"是"维度"的下位概念，在此内容体系中的"视点"包括"了解自我、理解自我和为了自我"这三个观察思考的角度。"视点"是对"维度"的具体化，考虑学生生活的各个方面，也为了充分体现综合实践活动课程设计的完整性和系统性，第一个维度"人与自然"之下的"视点"包括了"了解自然、理解自然和为了自然"三个角度，这三个角度比较全面地涵盖了观察思考"自然"维度的内容。第二个维度"人与社会"之下的"视点"包括了"了解社会、理解社会和为了社会"三个角度，这三个角度比较全面地涵盖了观察思考"社会"维度的内容。第三个维度"人与自我"之下的"视点"包括了"了解自我、理解自我和为了自我"这三个角度。

1. "人与自然"维度之下的视点

"了解自然"这一试点意味着探究过程要让学生直面自然，与自然交融在一起，而不仅仅是了解一些关于自然的知识。"理解自然"这一试点意味着探究过程要让学生多角度、多层面整体建构对自然的理解，探索自然为人类提供的多重价值，感受到人类是自然的一部分。"为了自然"这一试点意味着探究过程要让学生在理解自然的基础上，鼓励学生大胆笃行自己提出的保护自然的方案，提高学生保护自然的能力。

2. "人与社会"维度之下的视点

"了解社会"这一试点意味着探究过程要让学生直面社会，近距离接触社会，关注社会现象，体验社会生活，而不仅仅是了解一些关于社会的书本知识。"理解社会"这一试点意味着探究过程要让学生多角度、多层面整体建构对社会的理解，在对社会问题的反思中理解社会关系，丰富社会体验。"为了社会"这一试点意味着探究过程要让学生在理解社会关系的基础上，鼓励学生大胆参与社会生活、融入社会生活，并通过自己的努力适应社会生活，提高学生适应社会的实践能力，增强社会责任意识。

3. "人与自我"维度之下的视点

"了解自我"这一试点意味着探究过程要让学生直面自己。任何一种选择必须经由自我的思考才能生成，自我也是进一步再次思考的基础。认识自我才能促进自我更好地思考，更好地成长。对自我的了解首先是了解自我的身体，其次是了解自我的心理，最重要的是了解自我独特的存在意义。"理解自我"这一试点意味着探究过程要让学生在每一项活动、每一次交往中，在多种关系中不断理解自我。学生的成长重要的不是结果，而是过程中自我的不断发展，其间自我所产生的思维碰撞、理智与情感的冲突、情感与情感的交融、行动的选择都是成长中的财富。"为了自我"这一试点意味着探究过程要让学生在理解自我与其他关系的基础上，不断反思和挑战自我内心，引导学生懂得珍惜、懂得坚持，坚守内心深处的真诚，提升自我的价值认同感，提高学生的社会适应能力。

（三）主题

"主题"指教师所定的某一类研究内容。"主题"是"视点"的下位概念，是对"视点"的具体化体现。这里必须强调的是"主题是教师定的"，只有这样才能保证综合实践活动课程研究内容的系统性。在生成主题的时候，教师首先应在"维度"和"视点"之下思考，其次在学生的讨论和启发之下，最终确定一个既在综合实践活动课程系统之中，又依据学生和实际需求现状而定的主题。因此，主题的确定需要教师完成，才能避免主题确定的随意。

1. 学生与自然的关系主题

学生与自然的关系主题，一方面学生要走进自然、了解自然，理解自然中的存在规律，理解人类是自然的一部分，探索大自然的奥秘，丰富对自然的认知和体验。另一方面，学生应保护自然，掌握一些保护自然的方法，认识到保护自然就是在保护人类。

2. 学生与社会的关系主题

学生与社会的关系主题，一方面学生要走进社会、了解社会，理解社会中的一些存在关系，理解自己是社会的一分子，研究一些感兴趣的社会问题，加深对社会的认知和体验，为今后步入社会做好准备。另一方面，学生应自觉维护社会稳定，掌握一些维护社会稳定的方法，认识到维护社会的稳定就是在保护自己，提高学生适应社会生存的能力。

3. 学生与自我的关系主题

学生与自我的关系主题，一方面学生要走进自我、了解自我，知道自己的长处、短处，懂得自己的存在价值，增强成长自信，学会对自己负责。另一方面，学生应有意识规划自我的发展，设计自我的成长，在选择中提高自己的判断和思考能力，为自己选择适合的有利于成长的道路。

（四）课题

"课题"指学生所定的某一具体的研究问题。"课题"是"主题"的下位概念，是"主题"聚焦的问题。这里必须强调的是"课题是学生定的"。"课题"是综合实践活动课程内容框架中最下位的概念，是学生自主提出并直接研究的内容。学生的"课题"提出是在教师提出的"主题"之下，这样避免随意，也发挥了学生的主动性，尊重了学生的认知、能力基础和研究兴趣。当然，学生选择研究课题时，有时也需要教师的引导和指导，应尽量利用学生研究实施，尽量兼顾不同的学习方式。一个阶段内，只适合研究一个主题。如果主题更换频繁，影响研究的深度；如果课题唯一，影响学生的研究热情。所以在某一时段内，只表现为一个主题，但研究课题可多样，课题研究的核心是研究性学习。这就为综合实践活动课程内容的课题制定提供了依据。

第三章　小学综合实践活动课程内容设计的分析

上述介绍了培新小学综合实践活动课程内容体系设计的依据，并围绕"是什么？"对所构建的培新小学综合实践活动课程内容体系框架图进行了阐述。下面则围绕"为什么？"对此内容体系框架图进行深入的理性分析。

第一节　内容体系的横向分析

培新小学综合实践活动课程内容体系框架图横向看，分成了四列，包括：维度、视点、主题、课题。它们之间的关系是相互包含关系，如图（图8）。为什么会有这样的设计？基于以下的几个思考：

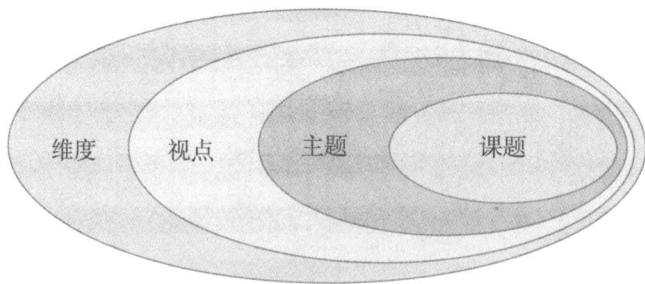

图8　小学综合实践活动课程内容设计四层级关系图

一、从课程内容设计的指导标准考虑

综合实践活动课程的内容对学生产生一定的影响，是需要过程的，这

个过程不是简单的重复，而是循序渐进的深入，所以设计课程内容首先要系统考虑内容体系结构，而不是只设计几节课、几个案例。连续性、顺序性、整合性，是小学综合实践活动课程内容设计应考虑的三个基本指导标准。

从连续性审视，为了使下一年级的课程是在上一年级课程的基础上，设计时考虑了一至六年级要有固定的领域内容，而不是每个年级一个内容，避免一个学习目标还没巩固好就更换内容，造成学生对哪个学习内容都不深入，一知半解。所以笔者设计了三个维度不变，能够持续性培养学生的能力。例如：培养学生热爱大自然，是在"人与自然"维度内容中持续培养的。

从顺序性审视，三个维度贯穿六个年级，循环滚动式让学生不断在这三个维度领域的内容里体验、研究和创造，实践任务的广度、难度都要提高，从而加深学生对每个领域内容的了解，确保学生有机会重复地、不断地提高学生解决每个领域问题的能力，培养学生在该领域内容中的实践能力和创新精神。例如：指导学生如何进行访谈？一年级学生对问题的理解能力不够，设计的访谈问题只能是表层问题，大多数的回答是"是或否""有或无""赞成或不赞成"等二元化答案。但随着年龄增长，设计的访谈问题要逐渐开放，并且慢慢学习对访谈结果进行梳理和分析。这个培养过程是漫长的，不可一蹴而就。

从整合性审视，综合实践活动课程要处理好与学科课程之间的关系。学科课程内容为综合实践活动课程提供知识基础和能力基础，如：数学学科课程里学习的计算、统计、测量、图形等知识，以及解决问题的思路、分析问题的策略等都是综合实践活动课程要运用到的。反之，学生在综合实践活动课程的学习效果若好，在很大程度上会促进学生在学科课程上的学习，如：综合实践活动课程培养学生解决问题的能力，遇到一个新问题能够主动地查找资料、寻找方法、利用资源、合作研究等，这些方面在学科课程中同样是重要的能力。为了使学生在综合实践活动课程中能够有效利用所有学科课程的学习经验，所以该课程不能像学科课程一样按照知识领域进行分类，否则会使领域之间缺少关联性，不易培养学生的综合能力。笔者分成三个维度，既保证了分类的清晰，也围绕着一个核心"人"展开，强化了课程与课程之间相互联系，才能共同促进学生的发展。

二、从小学综合实践活动课程目标考虑

有了"维度"概念，为什么还要设计下位概念"视点"呢？这是从综合实践活动课程的目标考虑的结果。为了给综合实践活动课程的连续性、顺序性和整合性提供基础，培新小学确定了该课程的三个核心要素作为组织的线索，即：认知、能力、情意，笔者将小学综合实践活动课程的具体目标分为了认知目标、能力目标、情意性目标。

其中认知目标的实现，一般采取的是体验参与性活动方式，这类活动易于组织和驾驭，对教师的专业挑战也不是很大，只要提前做好各种准备，活动时教师很省精力，学生自由参与体验即可。例如：实现了解秋天变化的目标，活动前教师针对要观察的主要事物：树叶、动物、温度、服装等编好调查表，带领学生走进秋天观察、体验、感受，就能实现此目标，设计比较简单，也无须教师过多的专业知识。而实现能力目标和情意性目标，一般采取的是研究性学习方式或创造性学习方式，这类活动不易组织和驾驭，对教师的专业挑战较大，活动时需要教师及时调控实施方案，灵活处理生成，适时给学生提供专业指导。例如：实现为校园设计环保实施方案的目标，这就要求教师先要对校园环境、存在的环保问题、相关的环保知识、必备的设施工具、学生的学科技能基础（测量、计算等）、方案的初步设计等等做好充分的思考和准备，才能带领学生开展活动，并且在学生活动过程之中还会产生很多新的问题需要解答和处理，这些无疑都是对教师的专业挑战，同时此类实践活动组织起来较难，每个同学都会彰显其个性差异，教师要能引导学生团结协作、相互学习、相互帮助。

在培新小学初期探索综合实践活动课程时，教师总在回避较难、有挑战

的内容，也由于精力的牵扯，认为体验层面的活动好组织、好实施。长久以来，学生的能力没有显著提高，总是停留在感受和体验层面，不能进一步深入探索，致使课程开展流于形式主义，只做表面文章。综合实践活动课程的重要目标是培养学生的实践能力和创新精神，这些只有真正开展研究性学习和创造性学习才能慢慢培养起来。为了避免实践中的问题，切实使课程内容设计实现课程目标，笔者在三个维度之下设计了九个试点。与"了解"有关的视点，是教师易于操作的内容，与"理解"和"为了"有关的视点，是教师不易操作、有挑战性的内容，但这些内容至关重要。九个试点在三个维度之下，相对更具体化，更大程度上保证了该课程推进的系统性和完整性，促进了课程目标的达成。

三、从内容组织结构考虑

有了"维度"概念使体系分类清晰，有了"视点"概念保证了体系的系统性和完整性，为什么又在"视点"之下设计新的下位概念"主题"？又在"主题"概念之下设计新的下位概念"课题"呢？这是基于对内容体系组织结构的考虑。

设计内容体系除了达成连续性、顺序性和整合性的标准之外，要使设计的课程内容将课程目标真正落地，还应进一步完善内容体系的组织结构。结构的完善应促使：扩大内容的广度、增加内容的深度。在"视点"之下究竟如何落地实现目标？笔者设计了"主题"和"课题"，"主题"是由教师定的，教师结合多方面实际情况，确定适合学生开展活动的主题，扩大了"视点"内容的广度。"课题"是由学生定的，学生根据自己的特长和喜好，在教师所定的"主题"之下选择自己要研究的"课题"，增加了"主题"内容的深度，也最终落于学生身上。

反过来看，最接近学生的层级是"课题"，也最单一存在，是最小的组织结构，它常常以一个课时或几个课时完成。其次接近学生的层级是"主题"，以单元存在，是仅大于"课题"的组织结构，它常常以一段时间完成。

然后接近学生的层级是"视点",是大于"主题"的组织结构,没有完成时间的规定,学生一般不考虑此层级。离学生最远的层级是"维度",也是最大的组织结构,没有完成时间的规定,学生根本不懂这个层级的表达内涵,也无须学生懂。可以看出,对内容体系组织结构的完善,也是对课程内容逐级具体化的体现。只有这样才能站在系统之上从宏观把握某一具体课例内容,而避免内容设计的片面和形式。

第二节　内容体系的纵向分析

培新小学综合实践活动课程内容体系框架图纵向看,第一列"维度"分成了"人与自然""人与社会"和"人与自我"。第二列"视点"分成了九个,"人与自然"维度之下分成了"了解自然""理解自然"和"为了自然";"人与社会"维度之下分成了"了解社会""理解社会"和"为了社会";"人与自我"维度之下分成了"了解自我""理解自我"和"为了自我"。第三列"主题"分成了"与自然有关的某一类研究内容""与社会有关的某一类研究内容""与自我有关的某一类研究内容"。第四列"课题"分成了"与自然有关的某一个研究问题""与社会有关的某一个研究问题""与自我有关的某一个研究问题"。为什么会有这样的设计? 基于以下的思考:

一、关于维度的分析

（一）对确定三个维度的考虑

培新小学在实践中尝试过以下几种搭建课程内容体系的分类,分别包括:按"指定领域"和"非指定领域"分类、按学习领域分类、按思维导图分类、按学习方式分类、按维度分类。实践中力求确定一种较好的分类,使内容体系更系统和完整,也更符合学校实际和学生发展需求。经过实践摸索和分析,最终确定了按照维度进行分类的方法。具体分析如下:

1. 对按"指定领域"和"非指定领域"分类实践后的体会

教师指出综合实践活动课程是国家规定的必修课程，分为指定领域与非指定领域。指定领域包括"学科实践活动、信息技术、劳技、研究性学习、社区服务和社会实践"五大部分；非指定领域包括"学校传统德育活动、少先队活动、班级活动、学生个体活动等"。教师认为这样的分类旨在让指定领域与非指定领域互为补充，共同为学生搭设丰富多彩的综合实践活动课程平台。

例如，北京市 2015 年 7 月 1 日出台的"北京市义务教育课程设置表"中对综合实践活动课程设置如下表（表3）。

表3　北京市综合实践活动课程设置表

科目		一	二	三	四	五	六	七	八	九
综合实践活动	学科实践活动	3	3	3	3	3	3	3	3	
	研究性学习、社区服务、社会实践、劳动技术、信息技术									

五大领域的核心实质是"研究性学习"，它是其他领域的学习方式，又应渗透于其他各个领域活动的全部内容之中。"研究性学习"是在教师指导下，基于学生的学习和生活问题，经历发现问题、提出问题、分析问题、解决问题的过程，提高学生主动获取知识、应用知识解决问题能力的一种学习活动。"学科实践活动"是基于学科知识的学习和应用，以提高学生综合运用知识能力、实践能力的一种学习活动。此类活动要避免用学科内容简单替代，强调突出实践性、探究性，尽量依托参观、调研、制作、实验等形式，逐步形成学科内综合以及跨学科多主题、多层次的系列学习活动。其主要学习方式就是研究性学习。"社区服务与社会实践"是基于社区服务、社会实践活动，促使学生了解社会，增强社会责任感，提高社会实践能力的学习活动。此类活动常常采用问卷调查、现场访问、亲身体验、实地考察现场观摩等研究性学习方式。"劳动技术"是基于参加体力劳动活动，促使学生良好

劳动习惯，获得积极劳动体验，提高劳动技能的学习活动。此类活动常常采用任务执行、亲身体验等研究性学习方式。"信息技术"是基于信息技术的学习和应用，促使学生良好信息素养形成，提高应用信息技术能力的学习活动。此类活动常常引导学生经历信息的收集、加工、处理等技术解决过程，从而得出结论，这也是研究性学习。

但教师明确指出这种按"指定领域"和"非指定领域"的划分，严格来说不是对综合实践活动课程内容的分类，只是强调了活动形式。因为我国对此课程的研究尚属起步阶段，这样的分类便于实施，利于推进。而培新小学开展综合实践活动课程已经跨越起步阶段，课程内容设计已经分不出"指定领域"和"非指定领域"。教师强烈感觉国家的设置分类就内容而言不够系统，只是便于推进。经过推进实施的初期阶段，当务之急还需将内容设计系统思考，才能使此课程的推进可持续发展。

2. 对按学习领域分类实践后的体会

通过文献查阅，可以看到大多数国家是通过领域划分进行综合实践活动课程内容构建的。美国各州都设计了具体的、不同类型的综合实践活动类的课程内容，可以归结为四类：自然与社会研究、设计学习、社会参与性学习和生活学习。日本中央教育审议会在 15 次会议的报告中提出，除了国际交流、信息、环境等领域外，还包括志愿者和接触大自然等领域方面的综合性学习。英国在"交叉课程"中设置经济产业理解、职业教育指导、健康教育、环境教育、公民教育活动领域。[1]

我国许多学校在依据国家综合实践活动课程分成了"指定领域"和"非指定领域"的基础上，又分别规定了各自学校实施的几大领域，融合"指定领域"和"非指定领域"内容，以期望让该课程内容的体系构建更清晰。这些学校是在实践中强烈感觉国家的设置分类就内容而言不够系统，只是便于推进。经过推进实施的初期阶段，当务之急还需将内容设计系统思考，才能

---

[1] 万伟. 从活动走向课程——试论综合实践活动课程的"内容架构"[J]. 教育理论与实践，2010（2）：19-21.

使此课程的推进可持续发展。

例如，镇江扬中外国语学校构建的综合实践活动课程内容体系为"GBR"，"G"代表绿色（green），指"绿色之友"课程，引导学生关注自然，开展与自然相关的系列实践活动。"B"代表蓝色（blue），指"家乡之爱"课程，引导学生关注社会，开展了解家乡风俗习惯方面的研究活动。"R"代表红色（red），指"青春之歌"课程，引导学生关注自我，开展训练生活技能，养成良好习惯品格方面的活动。

培新小学最初的课程内容分类是按照学习领域分类，分别是"情感之旅""探秘之旅""实践之旅""创新之旅"。每个领域的内容贯穿六年小学阶段，力求学生在每个年级的综合实践活动课程都能经历这"四旅"。"情感之旅"指以社会调查为基本形式的体验性学习活动；"探秘之旅"指以课题探究为基本形式的研究性学习活动；"创新之旅"指以实际应用为基本形式的设计性学习活动；"实践之旅"指以社会参与为基本形式的实践性学习活动。

实践过程中教师体会到，按领域分类是力求让内容体系清晰，是想宏观把握综合实践活动课程内容，但各个领域之间都有交叉和融合，分类依据不清晰，导致教师实践中思路混乱。另外，实践中教师越想系统分类实施，越发现该课程在很大程度上要依据学生实际、资源实际情况等灵活改变，才能体现该课程的开放、民主、自主精神，更避免不了领域之间的交叉。

3. 对按思维导图分类实践后的体会

按领域分类是想宏观把握综合实践活动课程内容，但学生实际开展情况和综合实践活动课程的目标实现要求教师必须从实际中生成研究问题，才能体现该课程的开放、民主、自主精神。实践中，学生的思维灵活，往往由一个点引发出很多研究问题，这就促使很多学校尝试"按思维导图"帮助学生生成研究主题。

思维导图分类通常将某一主题的有关概念置于核心位置，由此带领学生充分展开思维，将与核心概念相关的概念和问题一一罗列出来，画出图。

学生可在此基础上选择自己喜欢的问题展开研究。思维导图是由英国学者 Tony Buzan 在 20 世纪 70 年代初期所创，又称为脑图（Mind Map）或概念图（Concept Map），是用来组织和表征知识的工具，是一种将放射性思考、发散性思维具体化的方法。

例如，教师曾运用思维导图分析"走进秋天"主题，学生提出很多有价值的研究主题（图 9）。

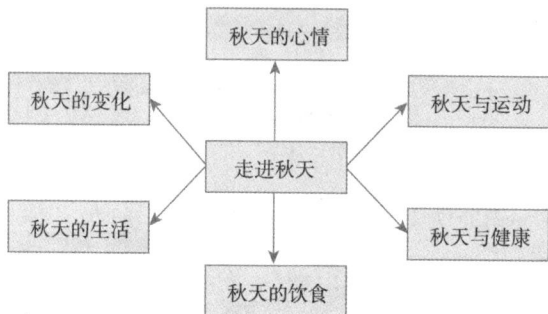

图9 "走进秋天"思维导图

而在这些主题下，运用思维导图学生又可以发散出许多小的主题，比如说，"秋天的饮食"这一主题可以生发出"秋天饮食习惯""秋天饮食风俗""秋天饮食营养""秋天饮食品种""秋天饮食安全"等若干小主题，而在每一个小主题之下，学生思维灵活，往往又会生发出更多、更小的主题，最终找到自己想要研究的主题。

实践活动中教师感觉，完全按思维导图分类，的确尊重了学生，但显得杂乱无章，漫无头绪，缺少系统性和目标性。

4. 对按学习方式分类实践后的体会

按领域分类有其无法把握生成的弊端，按思维导图分类有其缺少系统性和目标性的弊端。我们可以这样理解，此课程既不能按"计划经济"的思维方式设计，也不能按"市场经济"的思维方式设计。因此，有些学校在进行综合实践活动课程的内容设计时，回避这两方面的问题，主要采用从不同的学习方式来进行分类。

（1）调查分析式。学生根据自己喜欢的研究主题，在教师的指导下设计一些相关联的调查问题，选取合适的调查人群进行调查，可以是纸质问卷调查，也可以是现场访谈调查，并对调查结果进行统计、整理和分析，了解研究的背景情况，从而归纳提炼出自己的观点。

（2）搜集资料式。学生根据自己喜欢的研究主题，在教师的指导下广泛搜集与研究主题相关的资料，并对这些搜集到的资料进行汇总、统计、整理、分类，再进行分析得出结论，最后教师组织学生进行观点交流，达到观点碰撞、资源共享的目标。

（3）参观考察式。教师根据学生提出的研究主题，组织学生进行现场参观考察，亲身体验，最后教师组织学生将参观考察后的感受或获得进行交流，开阔学生视野，促使学生社会性发展。

（4）设计方案式。学生根据自己喜欢的研究主题，针对某一方面的改变，在教师的指导下，充分展开合理想象，设计出自己想要的方案。最后教师组织学生将各自的方案进行交流展示，分享经验，彼此学习欣赏，促进智慧碰撞。

（5）学习技艺式。教师根据学生提出的研究主题，组织并指导学生参加某项劳动，从而在劳动中学习技能，培养良好劳动习惯，获得积极劳动体验。

（6）活动体验式。教师根据学生提出的研究主题，帮助并指导学生设计相关的体验活动，亲身参与，最后教师组织学生将活动后的感受或获得进行交流，提高学生实践能力，促使学生社会性发展。实践中教师体会，这种按学习方式分类的系统性也不是很强，各个方式之间仍然存在交叉和融合，而且这种分类侧重于培养学生某方面的实践能力，并没有清晰的分类依据，随着课程的发展，可能会继续产生新的学习方式，也应该有目前两种方式或几种方式并用的情况。

5. 对按维度分类实践后的体会

《北京市教育委员会关于加强中小学综合实践活动课程的实施意见（京

教基【2007】16 号）》中指出综合实践活动课程的总目标是："通过密切学生与生活的联系、与社会的联系，帮助学生获得亲身参与实践的积极体验和丰富经验，提高学生对自然、社会和自我之间内在联系的整体认识，发展学生的创新精神、实践能力，培养良好的个性品质及社会责任感。"依据此，按维度分类的方法是指将小学综合实践活动课程内容分成维度，每个维度就是一个具有独立属性的范围。维度包括：人与自然、人与社会、人与自我。

实践中，教师认为这种分类方法较好地体现了综合实践活动课程的设置目标，利于这门课程从随意走向系统，从单一走向多元，从散点走向结构。最重要的是，这种分类方法一方面利于学校和教师宏观把握、系统思考、整体推进综合实践活动课程，另一方面它也具有足够的开放性和选择性，利于学生主动性发挥和课程的丰富性体现，利于满足不同学校的实际需求和不同学生的个性发展需求，保证学生获得全面发展。

（二）对三个维度间区别的考虑

《北京市义务教育阶段 3—9 年级学生综合实践活动课程实施要点（试行）》中指出"要围绕人与自然、人与社会、人与自我的关系来设计主题"[1]。培新小学依据此把"人与自然、人与社会、人与自我"定为三大维度，并把这三大维度作为了进行综合实践活动课程内容设计的最基础的结构框架。

1. 内容来源上的区别

学生与自然的关系、与社会的关系、与自我的关系是综合实践活动课程开发的三个维度，也是对课程内容进行选择和组织的三条思路。

"人与自然"维度的内容来源主要是"自然"，自然中的现象、自然中的问题、自然带给人类的惊奇、自然的多重价值、自然的存在规律、保护自然的方案等等。

"人与社会"维度的内容来源主要是"社会"，社会中的现象、社会中

---

[1]　北京市教育委员会文件京教基【2007】16 号

的问题、社会对人类的要求、社会与个体的关系、社会的道德、社会的规则、社会生活、维护社会稳定的行动方案等等。

"人与自我"维度的内容来源主要是"自我"，自我的身体、自我的心理、自我的价值、自我与他人的关系、自我的改变、自我的完善、自我的调整等等。

2. 面向对象上的区别

自然、社会、自我是综合实践活动课程开发的三个维度。综合实践活动课程试图让学生在与自然、与社会、与自我的深度接触中发展良好的个性品质，提高综合实践能力。三个维度内容来源的不同决定了它们所面向的对象也会有不同。

"人与自然"维度的内容所面向的对象总的来说是学生集体，注重学生的集体参与体验，让学生在集体中获得发展。

"人与社会"维度的内容所面向的对象总的来说也是学生集体，但随着学生年龄的增加，面向学生个体的活动会逐渐增加。这也与学生社会性发展的规律相关。

"人与自我"维度的内容所面向的对象总的来说是学生个体，但也会在集体活动中实施。这部门内容的活动主要为发展学生的个性。

3. 活动方式上的区别

综合实践活动课程倡导学生的自主探究，让学生在自主探究中关注人与自然、人与社会、人与自我的关系。三个维度内容面对对象的不同也决定了活动方式上的不同。

"人与自然"维度内容主要面向集体，因此活动方式多采用集体体验参与活动，集中汇报交流分享、问题解决小组合作探究等方式。突出个体在集体的影响下而成长。

"人与社会"维度内容面向集体，也面向个体，因此活动方式有集体参观考察体验性活动，集中汇报交流分享活动，问题解决小组合作探究活动之外，也会随着年龄增加而增加个体问题解决探究、个体尝试体验、个体汇报等方式。

"人与自我"维度内容主要面向个体,因此活动方式以个体问题解决探究、个体尝试体验、个体汇报等方式为主,也有通过集体活动强调如何培养集体中个体的方式。

(三)对三个维度间联系的考虑

小学综合实践活动课程三个维度"人与自然""人与社会"和"人与自我",由于各自内容来源不同、面向的主要对象不同、主要的活动方式不同,因而三者之间具有相对的独立性和。但是,三者之间并非相互割裂、相互排斥的,之间又存在相互联系、相互补充的关系,在实现各自目标的前提下,最终发展学生的综合实践能力,培养良好品质。具体来讲,存在以下一定的关联性。

1. 目标的关联

在每一个维度内容中培养的学生的自主性和综合实践能力,能够在其他维度的综合实践活动课程中得到进一步的应用和发展,促使学生整体综合实践能力在更大范围内培养。另一方面,不管哪个维度内容,其课程实施的总目标是一致统一的。

2. 方式的关联

三个维度的活动方式有一定的关联性。无论是哪个维度中的活动方式,都会体现一定的共性和相似性,如:体验性、实践性、探究性。基本都要采用调查、观察、参观、讨论、访谈、实验等活动,也都会引导学生经历问题解决探究的整个过程。

3. 资源的关联

综合实践活动课程的资源依托于校内外的自然环境、社会环境、人际环境等,无论哪个维度内容的实施,都离不开这些资源的利用,同一资源内可根据目标的不同选择不同维度的内容,促使学生在不同方面得到发展。

二、关于视点的分析

内容体系框架设计中如果只有"维度",没有"视点",会造成课程内容的片面。因为在实践中,教师开展的综合实践活动课程大多停留在引导学生体验和感受的层面,也就是"了解"层面的内容,缺少"理解"层面的探究性活动内容,也缺少"为了"层面的培养学生创新精神的创造性内容,一方面由于"了解"层面的内容更易于实施,另一方面此课程很挑战教师的综合专业能力,因此教师回避更深层次的"理解"和"为了"层面的课程内容。为了保证课程推进的完整和系统,也为了更好地实现综合实践活动课程的目标,培养学生的实践能力和创新精神,在内容体系最基础框架"维度"之下设计了"了解""理解"和"为了"三个"视点"。三个维度下位概念中的九个视点,从活动的目标、过程、内容和方法方面存在着各自的特征:

(一)与"了解"相关视点的主要特征

1. 体验性

体验性是综合实践活动课程基本的学习与活动方式,它是区别于以间接学习为特点的学科课程的重要特征。在综合实践活动课程学习过程中,学生在谋求与自然、社会、自我的和谐发展中,通过自然体验活动、社会体验活动、自我体验活动,全方位、全角度的运用五官和直接经验,产生主观性的感觉、情感、态度、意识、认知,培养学生的综合实践能力。

2. 生成性

生成性是综合实践活动课程的基本特征。学生伴随着综合实践活动的深入体验,会不断产生新问题,找到新策略,发现新困惑,形成新认识,而学生的综合实践能力就在这个过程中逐渐提高。

(二)与"理解"相关视点的主要特征

1. 探究性

探究性是综合实践活动课程的基本特征。因为研究性学习是综合实践活动课程的核心,通过开展丰富多彩的探究活动,引导学生经历发现问题、提出问题、分析问题、解决问题的全过程，过程比结果更重要，过程中培养学生多角度思考、正确判断、逻辑分析等多种解决问题的能力。

2. 开放性

开放性是综合实践活动课程的基本特征。首先环境资源就是开放的，不限于课内、校内，课外、社区、社会都是课堂，广泛的资源就在身边，课堂可以换，老师也可以换位家长、学生、社会专业人员等。其次学习过程是开放的，不限于唯一结论，每种策略、每个方案、每个角度都允许，学生是课堂的主人，是自己的主人。

（三）与"为了"相关视点的主要特征

1. 自主性

开放性是综合实践活动课程的基本特征。在活动过程中，学生在教师的指导下，主要采取观察、实验、体验、参观、调查、讨论等问题解决方式，过程是自主的，无论针对保护自然、维护社会稳定，还是完善丰富自我，方案的选择权和决定权都是学生。

2. 创造性

创造性是综合实践活动课程的最高表现特征。在活动过程中，学生发挥自己的创造性，自主提出问题，自主设计解决问题的方案，使学生的创新精神得以培养。

三、关于主题的分析

（一）主题确定的依据

主题的确定是有一定依据的。为了使综合实践活动课程的内容有系统，"主题"概念之上是九个"视点"，"视点"概念之上是"维度"概念。为了使主题的确定不是随意拼凑，体现出整体设计的系统性，就必须在"维度"概念之下设计，就必须从九个"视点"去思考。围绕学生与自然的关系、学生与社会的关系、学生与自我的关系进行设计。这三方面的依据彼此并不割裂，其内涵有融合，确定主题是可以有所侧重，但不能完全排斥。

（二）主题确定的原则

主题的确定很重要，设计时就一定会遵循一定的原则：综合性指主题的确定不能单一指向某一课题，而是某一领域。因为"主题"概念之下还有下位的"课题"概念，"主题"综合性体现，才能为学生提供丰富的、可选择的空间，否则全部选择一个课题研究，其课程目标就无法实现了。

自主性指主题的确定要考虑实施的主体是学生，而不是教师。因为"主题"概念之下还有下位的"课题"概念，"主题"自主性体现，才能实现学生的自主选择，才能以学生的兴趣为探究的出发点。主题确定要尽可能生动、有趣，符合学生的年龄特点，能激发学生探究的欲望。

可操作性指主题的确定要考虑学生的实际情况，而不是停留在形式和口号。因为"主题"概念之下还有下位的"课题"概念，"主题"可操作性体现，才能让学生的研究真正走向落地，才能让综合实践活动课程的目标实现成为可能。主题确定要尽可能贴近学生的生活实际，考虑现阶段的资源情况、学生认知水平、能力状况、自然条件等，避免形式主义。

以上原则都是围绕课程目标的落实而强调。具体来分析，主题的设计要心中有学生。学生是课程的主人，课程的设计是为了促进学生成长。往往实施过程中教师容易从"师"出发，而忽视了初衷是从"生"出发。有时教师为了求全求完美，而缩短或简化研究过程，甚至抛弃某些过程，这是不可取的。这个年龄段的学生，研究问题的结果一般不会特别高深，但经历完整的研究过程至关重要，为创新精神的培养埋下一颗好种子，掌握基本研究方法，懂得基本研究思路，遵守基本研究规则。作为教师，始终要思考学生需要什么？缺少什么？培养什么？喜欢什么？等等，做到心中始终有学生。综合实践活动课程强调开放，课程就会处于变化之中，它是动态的、开放的、发展的。随着时代的快速变化，综合实践活动课程的内容必须与时俱进，这样才能保证紧随时代步伐，保证课程实施有价值。确定好的主题或者确定好的实施方案，也会遇见资源的变化、时间的变化、条件的变化、对象的变化等等，需要师生灵活根据目标，及时调整方案，以适应变化，保证课程质量。教师站在起点上很好理解课程的目标，但实施中一遇到困难，为了尽快完成方案或不愿再挑战困难，教师往往选择上就回到了封闭和不民主。整个研究过程，教师应充分考虑综合实践活动课程的本质，充分体现开放和民主，留给学生足够的时间和空间，尊重学生个体的差异。

（三）主题确定的途径

综合主题是综合实践活动课程目标实现的主要内容，主题的设计质量直接影响综合实践活动课程目标的达成。从主题的设计看，是由学校和年级教师共同完成。笔者根据培新小学的现实情况，将探索主题设计的途径分成了学科综合实践活动课程、基地综合实践活动课程、班会综合实践活动课程、节日综合实践活动课程四条（图10）

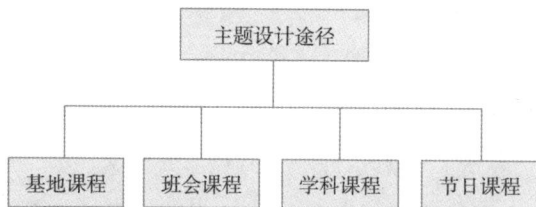

图10　小学综合实践活动课程主题设计途径

基地综合实践活动课程，是笔者根据综合实践活动课程的目标，同时根据培新小学一校三址的现状，避免学生经常性校外活动带来的安全隐患，而因地制宜设计的三个综合实践活动课程基地。学生可以根据基地的主题，选择喜欢的课题进行研究。三个基地包括：科技基地、艺术基地和体育基地。科技教育告诉学生什么是可行的，培养学生的逻辑思维；艺术教育告诉学生什么是美的，培养学生的形象思维；体育基地告诉学生什么是成长的基础，培养学生的健康意识和锻炼技能。身体是基础，再插上"科技"和"艺术"两个翅膀，学生今后才能展翅高飞。

培新小学根据学校教室资源，将科技基地打造了六个与科技相关的工作坊，包括：宇宙环境工作坊、创意构建工作坊、科普动漫工作坊、科技制作工作坊、神奇数学工作坊、绿色种植工作坊。科普动漫工作坊课程内容主要引导学生研究与信息发展紧密联系的内容，包括一些动漫制作，利用网络资源解决问题等。创意构建工作坊课程内容主要引导学生借助各种插片，发挥想象，创意设计出有个性的作品。神奇数学工作坊课程内容中学生可以研究与数学相关的课题，包括七巧板、鲁班锁、莫比乌斯带、怪坡原理、勾股定理、五巧板等。科技制作工作坊课程内容是让学生利用一些制作零件，拼装、组装一些成品，从中掌握一些简单的物理知识，包括力学、电学、光学、机械学等知识。绿色种植工作坊课程内容是让学生利用一些绿植的栽种和培养，掌握一些有关植物的常识，培养劳动技能，关爱生命，保护环境。宇宙环境工作坊课程内容是通过互动软件学习和了解宇宙知识，解决一些与宇宙相关的简单问题。

培新小学根据学校教室资源，将艺术基地打造了五个与艺术相关的工作坊，包括：体艺坊、墨艺坊、工艺坊、演艺坊、陶艺坊。体艺坊课程内容是让学生体验形体训练、舞蹈训练和武术训练。墨艺坊课程内容是让学生感受中国传统墨文化，学习习字与书画的基本内容。工艺坊课程内容是让学生拥有创造的舞台，用一些零件经过加工、编织、设计等，感受创造的乐趣，学会欣赏美。演艺坊课程内容是让学生学习传统京剧，感受中国戏曲文化，同时自编自演课本剧目、科普剧目。陶艺坊课程内容是让学生用彩绘、陶泥、踩泥能类材料创造生活中的形象，感受美并创造美。

培新小学根据学校场地资源，将体育基地打造了两个与体育相关的拓展基地，包括：足球拓展、篮球拓展。足球拓展课程内容是让学生了解足球文化，熟悉足球球性，掌握基本的足球技能，懂得足球比赛规则。篮球拓展课程内容是让学生了解篮球文化，熟悉篮球球性，掌握基本的篮球技能，懂得篮球比赛规则。

班会综合实践活动课程，是笔者根据综合实践活动课程的目标，同时根据学校实际课时安排情况，以及学生发展需求，而因时制宜设计的一类内容。班主任需要经常性地对学生进行德育教育，实施正面教育引导，而教育需要鲜活的活动载体，不能枯燥乏味，这正符合综合实践活动课程的目标。

因此，学校结合一部分班会内容，用综合实践活动课程理念进行设计，既实施了教育，又在活动中培养了学生的综合实践能力。

节日综合实践活动课程，是笔者根据综合实践活动课程的目标，同时根据学校德育传统项目，以及学生发展需求，而因原有基础设计的一类内容。分别包括：九月份的开学节、十月份的收获节、十一月份的科技节、十二月份的艺术节、三月份的竹娃节、四月份的读书节、五月份的体育节、六月份的社团节。学生在各月里，可根据节日主题选择自己喜欢的课题开展活动或者进行研究，教师联合实施指导。

学科综合实践活动课程，是笔者根据综合实践活动课程的目标，同时根据市区精神，以及学生发展需求，而安排进入课程表中有固定课时的一类内容。任课教师结合自己所教科目内容，运用综合实践活动课程理念进行设计，将课堂的主动权还给学生，提供学生充分的空间和自由，旨在培养学科核心素养，提高学生综合实践能力。

（四）主题确定的注意事项

1. 各主题确定的课程观念要到位。

首先，心中要有学生。学生是课程的主人，课程的设计是为了促进学生成长。往往实施过程中教师容易从"师"出发，而忽视了初衷是从"生"出发。有时教师为了求全求完美，而缩短或简化研究过程，甚至抛弃某些过程，这是不可取的。这个年龄段的学生，研究问题的结果一般不会特别高深，但经历完整的研究过程至关重要，为创新精神的培养埋下一颗好种子，掌握基本研究方法，懂得基本研究思路，遵守基本研究规则。作为教师，始终要思考学生需要什么？缺少什么？培养什么？喜欢什么？等等，做到心中始终有学生。

其次，清楚课程处于变化之中。信息时代让我们处于变化之中，可谓瞬息万变。综合实践活动课程强调开放，课程就会处于变化之中，它是动态的、开放的、发展的。学生的生活就是变化多端的，随着时代的快速变化，综合实践活动课程的内容必须与时俱进，这样才能保证紧随时代步伐，保证课程实施有价值。确定好的主题或者确定好的实施方案，也会遇见资源的变化、时间的变化、条件的变化、对象的变化等等，需要师生灵活根据目标，及时调整方案，以适应变化，保证课程质量。

最后，课程体现开放和民主。综合实践活动课程的实施强调"开放"和"民主"，教师站在起点上很理解课程的目标，但实施中一遇到困难，为了尽快完成方案或不愿再挑战困难，教师往往选择上就回到了封闭和不民主。整个研究过程，教师应充分考虑综合实践活动课程的本质，充分体现开放和民主，留给学生足够的时间和空间，尊重学生个体的差异。

2. 各主题都要以实践活动为载体

综合实践活动课程最大的特征是以实践为载体，它是基于实践的学习。传统课程是强调学习前人的知识，综合实践活动课程是注重于亲自体验和实践。在进行综合实践课程内容设计时要注重课程内容的实践性特征。

学生学习方式的变革，是综合实践活动课程一个明显特征。它引导学生以"自主探究学习"为核心，注重"研究性学习"。实践活动是研究性学习最基本的表现形态，可以改造学生的学习方式，超越了单一的"接受性学习"，倡导研究性和实践性学习，这种学习的基本模式是"实践—体验—感悟—再实践"，是以实践活动为主线的学习活动，在指导学生进行自主、探究、合作的学习过程中，积极引导学生的情感体验，推动学生的全面发展。

总而言之，注重实践，是综合实践活动课程的本质，综合实践活动课程主题的设计要强调学生乐于探究、积极参与和勇于实践，应为学生设计多种性质的学习空间，注重学生真实感受和体验，要求学生超越单一的接受学习，应该充分利用综合实践活动提供的有利条件，鼓励并训练学生更多地运用合作学习的方式，实现学习方式的多元化，使具有不同智力倾向学生通过交流和合作互相启发，取长补短，全面发展学生的创新精神和实践能力。

3. 各主题制定都要基于学生生活

综合实践课程的开发和设计要本着克服当前有些基础教育课程"脱离"学生自身生活和社会生活之倾向，要面向学生的完整生活领域，关注学生现实生活和未来发展的需求，从宏观上把握课程的内容，课程结构和层次，努力为学生创造健康、和谐发展的开放的发展空间。

综合实践活动课程主题的开发和设计，应该注意和加强课程内容的生活化和发展性，应该通过校内外、课堂内外组织较为广泛、灵活、形式多样的实践活动，主张在"人与自然、人与社会、人与自我"这样三个维度之下和九个视点之下来开发和设计综合实践活动课程，来作用于学生的完整未来生活领域。

在设计综合实践活动课程时，要满足到学生的现实生活的需要，更要关注学生的未来发展。将现实生活的需要和社会发展有机整合，进行课程内容的设计和选择，因地制宜、因人而异，进行各种资源利用，形成"资源包"，提倡不同学科的渗透，鼓励文理交融，体现学生、自然和社会的整合。

四、关于课题的分析

"课题"都是学生定的，除了分别与"自然"有关、与"社会"有关、与"自我"有关之外，课题确定也有其依据、原则等要注意的。

（一）课题确定的依据

《3—6年级综合实践活动指导纲要》中倡导综合实践活动课程的实施应体现综合性，应力图以综合主题的方式，将研究性学习渗透于社区服务与社会实践、劳动与技术教育、信息技术教育，或由社会实践与社区服务统摄研究性学习、劳动与技术教育、信息技术教育，亦可从劳动与技术教育、信息技术教育领域切入研究性学习、社区服务与社会实践，实现四大领域课程内容的整合。

由此可见，综合实践活动课程的实施不是内容之间各自割裂实施，而是一个整体的实施。一个阶段内，只适合研究一个主题。如果主题更换频繁，影响研究的深度；如果主题唯一，研究问题单一，影响学生的研究热情。所以在某一时段内，只表现为一个主题，但研究课题可多样，课题研究的核心是研究性学习。这就为综合实践活动课程内容的课题制定提供了依据。

"维度"的下位概念是"视点","视点"的下位概念是"主题"。主题的确定由学校教师完成，它是课题确定的主要载体和依据，它确定的好坏直接影响课题确定的效果，影响学生综合实践能力提高的快慢。学校主题设计为避免上层统筹安排和忽略考虑年级特征的弊端，是由学校和年级组教师共同讨论设计的。年级组教师更了解本年级的学生生理、心理特点，更了解本年级教材内容的相关要求，结合学校的理念和传统活动，设计出的主题力求贯穿一个学期，保证主题的完整性；力求融合年级学科教学的相关内容，促进课程之间的相互利用；力求考虑年级相关的社会资源，促进课程实施效果更好；力求结合本学期学生的德育工作，将育人渗透于课程之中。

（二）课题确定的原则

1. 要突出学生主体性

突出学生课堂教学的主体地位，是我们教育教学过程中始终坚持的原则之一。在综合实践课程内容设计时，要以学生的直接经验或体验为基础把学生放在首位，充分尊重学生兴趣和需求，强调"自主选择、主动参与"，关注学生需要、动机和兴趣爱好，引导学生主动参与，已达到培养学生的创新精神和实践能力。

所以，在设计综合实践课程时，把学生放在首位，给学生足够空间和选择。教师要准确把握课堂教学时的角色，要努力做到从"教师"到"引导员"的转变，处理好学生的自主选择、主动实践与教师的有效指导的关系。

2. 要促进学生全面发展

综合实践活动课程不以掌握多少知识为目标，它是素质教育的切入点，是着眼于逐步完善学生的素质教育结构，秉持多元智能的理论，追求学生独具特色的全面发展。它为学生提供了与大自然、科学技术、社会环境等客观事物亲密接触的机会，丰富和优化了学生的认知结构和实践能力，从而促进了学生的全面发展。

（三）课题研究的步骤

根据主题的不同，综合实践活动课程课题内容也会有所侧重，可能侧重设计、可能侧重体验、可能侧重探究等等。但大体上的课题研究步骤是：课题确定——课题研究——课题展示。

课题是学生根据自己的兴趣、爱好，在教师的指导下选择要研究的问题。

如：主题是"我与动物""走进秋天""社区环保"等，学生可提出的课题是多样的，可以是探究类课题，也可以是体验类课题，还可以是设计类课题。如："小动物如何过冬""雾霾的形成""社区绿色方案设计""动物园的一天"等等。

学生确定自己或小组要研究的课题以后，在教师的指导下运用多种方法开展研究。要制定出课题实施方案。包括：课题名称、研究目标、研究准备、研究内容、研究方法、研究时间、成员分工等，如下表（表4）。

表4　研究计划表

第　　组		班级：		时间：
课题名称：			指导教师：	
目标：				
准备：				
方法：				
成员分工：				
过程记录：				
其他：				

研究方法是需要教师指导到位的，不同的课题，需要的主要方法不同。探究类课题，适合调查法、文献查阅法、访谈法、实验法等；体验类课题，适合参观法、考察法等；设计类课题，适合展示法、汇报法等。当然，一个方法也会在多种课题研究过程中使用，最重要是引导学生把方法融于解决问题之中，灵活变通，科学运用，过程严谨。

课题展示是学生通过口头或书面，以个人或集体的形式总结研究过程及结果。展示环节一方面是对知识的获得汇报，帮助更多的同学了解；另一方面是对自我价值认同的展示，帮助学生增强自信，锻炼表达、应变等综合能力。这个过程学生在对自我研究过程的总结中再次思考和提升，也是学生学习欣赏他人、悦纳他人的机会。

课题展示的形式多样，可以通过小报、照片、文本展示给同学，也可以通过PPT、现场交流、演讲、答辩、报告等形式立体地展示给同学。也可以两种形式结合使用，从而增强展示的效果。课题展示的范围可以在校级层面，也可以在年级层面或班级层面，为了更好地激发学生的研究热情，树立研究自信，也可以吸纳家长、社会专家来参与并给学生进行指导。

（四）课题研究的组织方式

组织方式指教师主要采取的方式。根据主题不同、规模不同、目标不同，教师主要采取的组织方式有：小组合作式、个别探究式、集体汇报式。

小组合作式指的是在教师的指导下，学生按照一定数量分组开展研究的教学组织形式。应注意以下几个问题：第一，适当分组。一般分组有自由组合、按照课题分组、指定分组或固定分组的情况。教师要根据研究需要，引导学生自主选择合适的分组方式，以使小组合作的质量最大化，也能促使小组内每个成员的作用发挥最大化，保护小组内成员的研究热情。第二，恰当分工。小组成员各自承担不同的责任，只有各尽其责，才能顺利有效开展研究。为了促进小组内成员实现真正意义上的合作，成员之间相互支持、相互信任，分工就显得尤为重要。一般分工包括组长、记录员、联络员、操作员等等，具体任务不同，分工安排也会有很大差异。分工要考虑成员的爱好和长处，以及成员的性格和特点，尽可能充分挖掘成员的潜力，发挥成员的长处，使研究有基本保障。切忌教师不可代替学生分组，这样学生会在包办之下或在不情愿之下开展研究，难以全情投入，而分工过程也是学生提高人际交往能力的过程。第三，明确目标。作为一个小组，不是机械的组合，而为了完成同一目标一起要去努力。分工之后要明确小组的任务目标，多少时间、做哪些事情、完成哪些任务、解决哪些问题、提出哪方面观点等等。这些目标都是小组的集体目标，不是个人研究目标。当然个人完成好各自的个体任务，才能共同实现小组的集体目标。第四，方案可行。小组明确任务目标之后，要有的放矢地制定行动实施方案。方案的设计不可依葫芦画瓢，更不可走形式主义，要考虑每一步的可行性，小组成员经过认真的研讨，保证每一步的实施都能落地，这样的方案才是切实可行的。第五，制度保障。小组的组长除了起到组织作用之外，更重要的就是管理作用。管理需要制度跟进，组长要明确对组员提出每个人的要求，提出每一步的要求，制定出相应的集合、监督、评价，甚至奖惩的制度，规范的管理不仅可以保障方案的顺利实施，也培养学生的规则意识，发展社会性。

个别探究式指的是在教师的指导下，学生个体自行确定课题，明确目标，制定方案，开展研究的教学组织形式。应注意以下几个问题：第一，教师及时指导。学生个别开展研究，可以提升学生的研究自信，实现自我的价值，但因为没有各种声音的碰撞和相互提醒，容易使研究走弯路或者导致研究失败，这就需要教师针对学生的研究过程，经常性了解，发现问题及时给予点拨和指导，促进学生的个体探究顺利实施。第二，选择合适的研究问题。学生个体开展研究，是培养创新人才的良好途径，促进学生严谨的思维养成，提高学生的研究能力。但选择的问题要适合学生的认知水平和年龄特点，如果课题涉及范围过大或过难，将会影响学生研究热情的维持，很可能半途而废。

集体汇报式指的是在教师的指导下，学生以集体为单位（一般以班级为单位）进行交流、展示，提高个体认识，促进个体思考的教学组织形式。应注意以下几个问题：第一，汇报的同时关注评价。学生一般在交流汇报时，都愿意关注于自己的展示，而不注意倾听，这样对汇报者来说很不尊重，也没有达到交流碰撞的目标。教师要引导学生对积极参与研究，认真完成研究任务，有自己研究思考的同学及时提出表扬，适当给予奖励，鼓励学生的研究热情能带入到下一个研究课题当中。学生集体交流的同时，也会出现一些问题或者不恰当、不合理的地方，教师要在保护学生研究积极性的基础上，适当带领学生共同提出合理化建议，以帮助汇报者更加完善研究，提高研究能力。第二，大交流和小交流可结合。一般的集体交流是大交流，一个人或一个组在前面汇报，其他同学认真倾听思考。但这样的交流会受到时间的局限，往往一节课交流不了几个组的成果。根据研究的课题，也可灵活采用小交流的方式，让学生的一定小范围内交流，可以使交流的频率增加，交流的范围扩大。大交流易于教师组织和及时指导汇报的成果。小交流不便于教师指导，但增加交流的机会。

（五）课题研究的学习方式

学习方式指学生主要采取的方式。根据综合实践活动课程的目标，突出的学习方式有两种：体验式学习和探究式学习。

体验式学习是指学生通过直接参与和亲身体验，进行学习的一种方式。体验式学习的基本过程如下图。（图11）

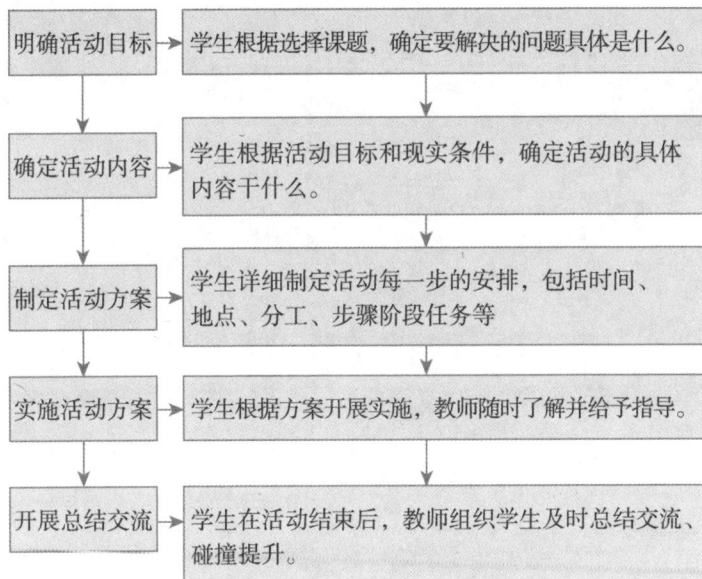

明确活动目标	→	学生根据选择课题，确定要解决的问题具体是什么。
确定活动内容	→	学生根据活动目标和现实条件，确定活动的具体内容干什么。
制定活动方案	→	学生详细制定活动每一步的安排，包括时间、地点、分工、步骤阶段任务等
实施活动方案	→	学生根据方案开展实施，教师随时了解并给予指导。
开展总结交流	→	学生在活动结束后，教师组织学生及时总结交流、碰撞提升。

图11　体验式学习过程

探究式学习是指学生针对某一问题解决，进行学习的一种方式。探究式学习的基本过程如下图（图12）。

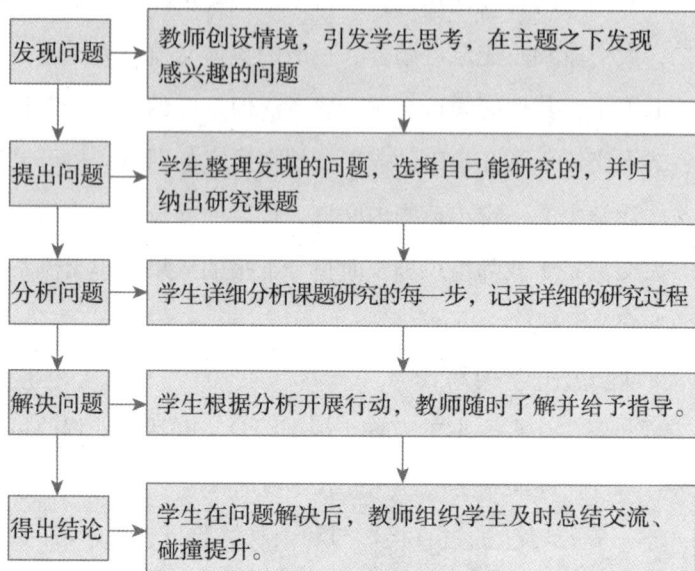

发现问题	教师创设情境，引发学生思考，在主题之下发现感兴趣的问题
提出问题	学生整理发现的问题，选择自己能研究的，并归纳出研究课题
分析问题	学生详细分析课题研究的每一步，记录详细的研究过程
解决问题	学生根据分析开展行动，教师随时了解并给予指导。
得出结论	学生在问题解决后，教师组织学生及时总结交流、碰撞提升。

图12 探究式学习过程

第四章　小学综合实践活动课程内容设计的反思

反思的过程，就是判断所设计的课程内容在多大程度上实现了课程目标的过程。笔者分别针对学生、教师和专家进行了访谈，找到了本研究的优点、问题和后期的改进方向。

第一节　内容设计的优点

一、课程内容设计实现了课程目标

培新小学将小学综合实践活动课程总目标确定为：获得参与实践的亲身体验和经验；形成主动发现问题并主动解决问题的态度和方法；通过实践活动，发展学生的创新精神、实践能力；增进学生对自然的了解和认识，增强热爱自然、保护环境的意识；增进学生对社会的了解和认识，主动参与社会活动，积极了解社会，形成社会责任感；增进学生对自我的了解和认识，正视自己的优势和不足，养成主动交流、团结协作、拼搏进取和善于分享的优良品质，培养良好的个性品质。

究竟课程目标实现的如何，无疑首先要看学生行为的改变。经过一段时间的研究与实践，我们在学生层面进行了访谈，访谈结果如下。

访谈题目：

1. 选择你对综合实践活动课程的真实感受（表5）。

表5　学生对综合实践课程感受认可度的调查表

访谈问题	感受程度		
喜欢综合实践课程吗？	A. 喜欢	B. 比较喜欢	C. 不喜欢
课程内容新鲜吗？	A. 新鲜	B. 比较新鲜	C. 不新鲜
课堂气氛好吗？	A. 好	B. 较好	C. 不好
动手操作多吗？	A. 多	B. 较多	C. 不多
能感受自己是课堂的主人吗？	A. 能	B. 较难	C. 不能
能学到多种方法吗？	A. 能	B. 较难	C. 不能
课堂时间过的快吗？	A. 快	B. 较快	C. 不快
能否有自己的创意体现？	A. 能	B. 较难	C. 不能

2. 通过综合实践活动课的学习，请你谈谈其他感受？

3. 通过学习，你有哪些收获？

访谈对象：培新小学五、六年级 30 名学生

访谈结果：

（1）将访谈中选择 A 或 B 的情况定为认可综合实践活动课程设计的内容，结果整理如下。

表6　学生对综合实践课程感受认可度的调查结果统计表

访谈题目	认可比例
喜欢综合实践课程吗？	100%
课程内容新鲜吗？	98%
课堂气氛好吗？	100%
动手操作多吗？	100%
能感受自己是课堂的主人吗？	96%
能学到多种方法吗？	95%
课堂时间过得快吗？	99%
能否有自己的创意体现？	95%

（2）将学生对综合实践活动课程设计内容的其他感受归纳整理如下。

感受1：综合实践活动课让我们感觉到很自由，很开心。

感受2：每次都感觉综合实践活动课的时间过得很快，还想继续上。

感受3：综合实践活动课的内容很新鲜，但都时间匆匆。

感受4：我们动手比较多，老师讲的少，我比较喜欢

感受5：课上我们当老师的机会多多。

感受6：课后我们自己的创作成果能让我们带回家里，很开心。

感受7：综合实践课上老师反复告诉我们"没有对不对，只有敢不敢"，让我在课上很放松。

感受8：在综合实践活动课上，我们可以学到很多书本上没有的内容。比如：关于自然和社会的知识，也让我们更多了解了自己的优点和缺点。

（3）通过学习，你有哪些收获？

感受1：通过综合实践课程的学习，我认为学习过程比结果更重要。

感受2：我认为我们在学习过程中，可以回顾学习的过程，找到合理的方法。如果忘记公式，也可以再次推导出公式。

感受3：这样的课让我懂得了一个道理：没有做不到的事情，只是我们不敢做。

感受4：这样的课开拓了我们的思路，学习了很多方法。

感受5：这样的课培养了我们的合作能力，锻炼了我们的解决问题能力。

感受6：课上学习的很多知识和方法，我在生活中也经常会用到。

在学生访谈中，学生对综合实践活动课程都表现出极大的兴趣，95%以上的学生认为课程内容新鲜，课堂气氛好、比较自由；认为动手操作的多，教师讲授较少等等，99%学生认为提高了自己的实践能力。95%学生认为自己在课上会有创意。96%的学生能通过课程体会到过程比结果重要。96%学生认为自己在综合实践活动课程中能成为学习的主人。95%学生认为自己在课上会很自由，等等。这些数据都是对综合实践活动课程目标的落实体现。学生都是全身心的投入课堂中，感觉时间过得快，意犹未尽。

以下是对培新小学骨干老师的访谈记录：

访谈题目：您认为作者所设计的课程内容是否实现了课程目标？

A 老师：作者对综合实践活动课程内容的设计很具有课程领导力，是提升课程领导力的典范，符合当前课程改革的趋势，较好地实现了该课程的目标。课程内容体系分为了三个维度，课程内容维度选择较为开放和动态，弥补了学科课程相对静态的不足；从学生角度出发进行综合实践活动课程内容的设计，一切为了学生的发展，力求重新构建培新小学课程体系：从单一学科性知识向跨学科知识转变，从传授内容性知识向传授方法性知识的转变，通过实践和体验，让学生从自然、社会和自我中不仅获得实践性和体验性知识。

B 老师：从课堂上，我们可以看到学生极其投入，能够充分表达、选择、展示、评价、操作、创造，学生真正成为课堂主体，师生平等交流、讨论，通过综合实践活动课程的开设，学生明显的动手操作能力提高，创新意识有所增强，思考问题的角度多了，解决问题的方法多了，并且在很大程度上推进了其他学科课程的学习，读书涉猎更广泛，在与自然、社会、自我的接触中学生知识面拓宽了，能力提高明显。

杜威倡导体验学习，他指出体验学习的意义及其价值在于利用学生的经验并将其整合到课程中。学生是课程内容设计合理有效与否最直接的、最权威的评价者，从学生的亲身感受和教师的体会中我们不难看出综合实践活动课程的内容设计实现了课程目标。课程内容对学生思维能力的提高和学习方式的优化，无论是从思考能力，还是从实践能力方面，可以发现学生在综合实践活动课程中获得很大进步。

二、课程内容设计依据明确

任何一门课程内容都要依据课程内容设计的指导标准和课程目标来设计，使不同教育经验组织起来，促使教育经验产生累计效果，使之相互强化。课程内容设计的指导标准有三个：连续性、顺序性、整合性。课程目标是课程内容设计的出发点，也是最终落脚点。课程目标是一个系统，有总体目标，也有分层目标，是一个多层级的目标体系。以下是对北京市中小学综合实践活动研究会专家的访谈记录：

访谈题目：您认为培新小学综合实践活动课程内容设计依据是否明确？

A专家：在对综合实践活动课程内容进行设计时，作者多次和我进行沟通，在交流的过程中，我能深刻地感觉到该设计是学习了很多相关专著和前人研究文献基础上进行的，研究对课程内容设计的依据把握很准确。比如，本课程内容设计依据是在前人的基础上提出了自己的观点来指导综合实践活动课程内容的设计：一是课程内容设计要从纵向和横向两个角度沟通联系；二是在编制一组有效组织起来的学习经验时，需要符合三大标准，即：连续性、顺序性和整合性，这也是制订一套组织学习经验的有效方案的基本指导标准。我比较认同这一指导标准，毋庸置疑，小学综合实践活动课程内容设计也应考虑这三个基本指导标准。

访谈题目：您认为培新小学综合实践活动课程目标制定是否明确和具体？

B专家：北京市教委对综合实践活动课程的总目标是从宏观角度对本课程的目标进行了分析阐述，相对抽象。作者在此基础上确定了符合本校实际的总目标和具体目标；为了帮助教师从学科课程目标来理解综合实践活动课程目标，作者基于北京市提出的针对小学3至6年级的具体目标，又将这些具体目标分为：认知目标、能力目标、情意性目标，这些具体目标的制定，为教师进行综合实践活动课程内容的设计提供了清晰而明确的目标依据，有利于课程内容的开发和设计。此外，也丰富了北京市小学综合实践活动课程目标体系，具有一定的参考价值。

C专家：本研究正是因为有清晰的内容设计依据，依据了课程设计基本指导标准和小学综合实践活动课程总目标、具体目标，才设计出了较好的内容。研究对小学综合实践活动课程内容设计分为三个"维度"："人与自然、人与社会、人与自我"，三个"维度"下还有"视点"，它是对"维度"的具体化，包括"了解、理解和为了"三个角度。就"人与自然"维度的内容而言，重在引导学生走出相对"封闭"的校园和教室，接近自然，培养学生对自然的丰富感受，发展学生对自然的热爱和理解，提高学生保护自然的实践能力。就"人与社会"维度的内容而言，重在引导学生只学习"内容性知识"转变为关注社会，促进学生对社会的理解，提高学生适应社会的实践能力。就"人与自我"维度的内容而言，重在引导学生加强人际沟通，学会理解他人，学会展现自我，提高学生沟通自我与他人关系的能力。对综合实践活动课程内容三个"维度"的设计，始终关注使学生从相对静态和封闭的校园学习，走向开放和动态的自然和社会，促使学生从只掌握单一性学科知识向体验性、综合性和方法性知识转变。

弗鲁姆认为，一种激励因素（或目标）的激励作用大小，受它的效价和期望概率两方面因素制约，笔者设计内容均考虑了两方面因素。专家访谈充分肯定了笔者所依据的课程内容设计的指导标准和课程目标，这是本研究很重要的一个成果，也是后续研究设计的重要基础。

三、课程内容体系构建清晰

根据课程设计的理念和综合实践活动课程目标，笔者构建了培新小学综合实践活动课程内容体系框架图，基础框架包括两个层次，分别是"维度"和"视点"，位于图的前两列，为了使小学综合实践活动课程内容体系图更加完整和清晰，在框架图的后面增加了"主题"和"课题"两列，这是基于基础框架图之上，保障综合实践活动课程能够落地实施的具体内容体现。以下是对专家和培新小学骨干老师的访谈记录：

访谈题目：您认为作者设计的课程内容体系构建是否清晰合理？

D 专家：本研究走在北京市小学的前列。研究对小学综合实践活动课程内容设计从纵向和横向两个角度沟通联系。纵向是从时间角度，横向是从领域角度，纵向和横向两个角度内容的联系很重要，一是解决了设计新一年级课程内容是要考虑前一年级的课程基础。二是要考虑其他课程提供的学习经验。本研究设计的内容体系框架图能很清晰地看出：横向分成了四列，包括：维度、视点、主题、课题。它们之间的关系是相互包含关系；纵向看，能很清楚看出各"维度""视点"的内容和关系。并且据我了解，作者在"主题"的设计中也提出了基地课程、班会课程、节日课程、学科课程的想法，这些都是重要的宝贵经验，值得推广。我比较认同作者对小学综合实践活动课程内容体系的构建，具有很强的示范性和榜样作用，为以后小学综合实践活动课程的开展具有参考价值。

C 老师：本研究帮助我们梳理了选择综合实践活动课程的主题不是盲目的，要在三个维度和九个试点概念之下思考。有了清晰的思路，主题设计我们会兼顾自然、社会和自我三个维度，也会考虑年级学生前面的基础和后续的安排，使主题设计有的放矢，避免了无计划和无系统性。

D 老师：本研究从主题的设计看，是由学校和年级教师共同完成。作者根据培新小学的现实情况，将探索主题设计的途径分成了学科综合实践活动课程、基地综合实践活动课程、班会综合实践活动课程、节日综合实践活动课程四条。这些都是整个内容体系中的一部分，内容丰富且系统性很强。

根据归因理论提出的归因有 4 个因素：能力、努力、任务难度和运气。本内容设计站在教师立场考虑了每个因素，依据教师的能力和努力空间，对主题设计任务难度把握到位。专家和教师都肯定了本研究所设计的内容体系构建清晰，既帮助了教师打开思路，又保证了课程的系统推进。特别是教师设计主题的思路能够清晰明确，综合主题是综合实践活动课程目标实现的主要内容，主题的设计质量直接影响综合实践活动课程目标的达成。

第二节　内容设计存在的问题

一、综合实践活动课程具体目标不够全面

课程目标是课程内容设计的出发点，也是最终的落脚点，它是审视教学过程和教学各环节的准绳，也是最后评价教学效果好坏的依据。课程目标的

系统性、层次性和可操作性对课程内容的有效设计具有很强的导向作用。本研究对小学综合实践活动课程目标进行了分层研究，确定了培新小学综合实践活动课程总目标，依据总目标和北京市提出了针对小学 3 至 6 年的具体目标，我们将具体目标分为了三个层级，即一级目标有认知目标、能力目标和情意性目标，并对一级目标进行了具体化的目标表述，但是这些目标的表述大多停留在描述性目标，比较抽象，缺乏对不同学段综合实践活动课程目标的制定，在课程实践的过程中，不同年级、不同学段的任课教师对教学目标制定不清晰和不准确，以至于影响到综合实践活动课程的整体设计。

二、课程内容体系中"主题"内容的设计不够丰富

根据课程设计的理念和综合实践活动课程目标，笔者构建了培新小学综合实践活动课程内容体系框架图，从横向看，有四个部分，包括：维度、视点、主题、课题。"主题"是"视点"的下位概念，指教师所定的某一类研究内容，是对"视点"的具体化体现。主题是教师在"维度"和"视点"之下思考后制定的。

对综合实践活动课程专家和学校骨干教师进行访谈结果如下：

访谈题目 1：您认为内容体系的设计不足有哪些？

A 专家：培新小学对小学综合实践活动课程内容体系中的四个部分设计得很合理，并对每一个部分都有阐述和说明，有很强的借鉴作用。对"主题"内容的设计也进行了一定的研究，但是缺乏对具体内容的设计和确定，也缺乏对"主题"内容设计的连续性和顺序性的研究，这样不利于以后实施综合实践活动课程。

B 老师：因为综合实践活动课程对我们来说还比较陌生，它没有固定的教材，也没有可以参考的内容，作者对小学综合实践活动课程的内容框架图和各个内容的设计为我们一线教师提供很好的参考和理论依据。我们可以依据课程内容的三个维度和各个维度之下的三个视点设计"主题"内容。在实践中，我们发现对"主题"内容的设计没有想象中简单，会出现很多问题和

困难。比如：在"理解自然"视点下设计"主题"时，会出现与"了解自然"视点下的"主题"内容重复等类似问题；在设计不同年级同一"视点"下"主题"内容时，对课程内容的选择会出现困惑。

希望作者对"主题"内容的设计更加具体，具有连续性，能为我们提供更明确的引导和参考。

本文对主题的确定进行了一定的研究，为课程内容体系中"主题"内容设计提供了理论参考。但是，对"主题"的具体内容没有进行明确的研究，且缺乏连续性和顺序性；连续性是指主要课程要素的直线式重复，"主题"内容设计缺乏连续性，主要表现在缺乏对学生重复的实践主题内容的设计。顺序性是要将每一后续经验都建立在先前经验的基础上，且必须更广泛、更深入地探究所涉及的事物，"主题"内容设计缺乏顺序性，主要表现在缺乏对不同学段的"主题"内容进行设计。

三、课程内容体系中"课题"内容缺乏整合性

"课题"是"主题"的下位概念，也是综合实践活动课程内容框架中最下位的概念，它是指学生所定的某一具体的研究问题。课题是学生在教师提出的"主题"的引导和教师的指导下来选择课题内容。本研究对课题确定进行了一定研究，但在教学实践中，学生自主制定课题时会出现"不完整"现象，主要表现在以下三个方面：一是课题内容确立不准确，脱离了教师确定的主题；二是课题研究的学习方式不明确。最重要的问题是学生在制定课题内容和学习方式比较单一，缺乏对"课题"内容、学习方式的整合。这种问题且随着主题的深入，课题设计的问题越突出。比如学生在确定"为了"视点下的课题时，常出现问题。

案例一

六年级 1 班"课题"设计任务书：请同学们根据主题"促进和谐社会"设计课题研究内容。

表7　课题研究计划表

第1组		班级：四.1		时间：2015年6月
课题名称：《雾霾的形成》			指导教师：xxx	
目标：1. 认识雾霾；2. 控制雾霾的方法；3. 为了环境和社会的持续发展				
准备：搜集资料，自主学习，请教家长和同学等				
方法：运用访谈和查阅资料				
成员分工：张三负责搜集资料；李四负责请教家长，王五负责撰写研究计划等				
过程记录：				
其他：				

从案例一六 1 班学生"课题"研究计划表中可以看出，课题的确定为《雾霾的形成》，与教师确定的主题"促进和谐社会"有一定出入，且学习方式的选择较单一。

为了解学生制定"课题"时的问题和困惑，对全校学生进行了抽样访谈，访谈结果如下：

访谈题目：同学们，你认为在制定课题时有哪些问题？

A 同学：老师给我们"主题"内容后，我们有时候不知道设计哪些"课题"，因为主题内容范围比较大，设计出来的课题不太符合主题内容要求，很多时候我们会请教老师和家长。

B 同学："了解、理解"类主题内容相对好制定"课题"，但是"为了"类主题不太好制定"课题"内容。

C 同学：我们在制定课题时，我经常用体验式学习方式来研究课题内容，对探究式学习方式运用较少，且很少会在同一课题内容研究中同时运用多种学习方式。

D 同学：我们制定了一个课题后，有时不知道运用哪种方式来开展和研究课题，有时研究过程容易混乱，不知道如何为不同课题选择运用合适的学习方式，不清楚怎么将课题内容、学习方式和组织方式整合在一起。

第三节 内容设计改进的对策

一、完善小学综合实践活动课程具体目标

制定出具体的，具有连续性和顺序性的综合实践活动课程目标，特别是制定出不同年级具体课程目标是完善小学综合实践活动课程目标体系的首要任务。主要从以下几个方面来完善课程目标：

（一）制定同一"维度"内容不同年级的课程目标任何同一课程在不同年级的课程目标都各有不同，综合实践活动课程目标亦是如此。不同"维度"和"视点"在不同年级的课程目标是有区别的，所以，要针对不同年级学生制定出针对性强且具体的课程目标。

（二）注重"能力目标"制定的"可操作性"小学综合实践活动课程中，培养学生的动手和创新能力是课程的主要目标。所以，能力目标的制定很重要，但实践中，能力目标的较认知和情意性目标更难制定。比如"发展学生的实践和创新能力"，这类目标内容在课程内容设计中较为常见，也比较笼统。我们应该将这一类目标拆分为具体的、可操作性强的若干个子目标，用具体而容易变现出来的行为来制定课程的"能力目标"，并且要注意不同年级目标的不同。

二、丰富课程内容体系中"主题"和"课题" 内容

完善和丰富小学综合实践活动课程体系中"主题"内容，主要应该从"主题"的具体内容的制定和内容的连续性和顺序性着手；制定出各个年级的主题，研究出各主题中的优秀课题案例，既为教师提供主题设计参考，也为学生提供课题设计参考。教师和学生才能站在此基础上，有的放矢的开展实践，也才能不断在实践中创新。

完善和丰富小学综合实践活动课程体系中"课题"内容，在关注课题内

容的连续性和顺序性的同时，更要关注课题的整合性。从整合性审视，我们要关注让学生怎么运用综合知识来发现、理解、解决问题的思维和能力。学生在制定和选择课题时，要处理好与学科课程之间的关系。

"主题"的设计要强调学生乐于探究、积极参与和勇于实践，应为学生设计多种性质的学习空间，注重学生真实感受和体验，要求学生超越单一的接受学习。

"主题"的设计要本着克服当前有些基础教育课程"脱离"学生自身生活和社会生活之倾向，要面向学生的完整生活领域，关注学生现实生活和未来发展的需求。

"课题"的设计要突出学生课堂教学的主体地位，充分尊重学生兴趣和需求，强调"自主选择、主动参与"，关注学生需要、动机和兴趣爱好，引导学生主动参与，已达到培养学生的创新精神和实践能力。"课题"的设计不以掌握多少知识为目标，是着眼于丰富和优化学生的认知结构和实践能力，促进学生的全面发展。

第一章　小学综合实践活动课程设计案例

第一节　"学科+"综合实践活动课程设计

寻找游戏中的秘密

一、选题背景

综合与实践是《义务教育课程标准（2011 年版）》在教学内容中设置的四个部分之一，它是新课程改革的一大亮点。《义务教育课程标准（2011 年版）》指出："综合与实践是一类以问题为载体、以学生自主参与为主的学习活动。在学习活动中，学生将综合运用'数与代数''图形与几何''统计与概率'等知识和方法解决问题。"让学生在综合运用知识并亲身实践的过程中学数学、做数学、理解数学，不仅为发展学生的动口、动手能力，培养学生学习数学兴趣，增强学生学习数学的信心搭建平台，也为学生自主参与、全程参与，了解数学与社会生活的密切联系，积累活动经验创设有利条件；更有助于培养学生的创新精神和与他人合作的能力。

我们知道儿童的天性是热忠于游戏和提问，基于尊重儿童天性的原则，所以游戏成了我们重要的教育教学资源。喜欢玩游戏是孩子们的天性，如果在课堂中，能从他们的兴趣、认知特点和生活经验出发，为其创造良好的学习条件和环境，激发并保护他们探索科学的兴趣与热忱，让他们在熟悉的生活情景中体验科学的魅力和乐趣。我相信，孩子就能逐渐养成主动探究和学习的良好习惯。

因此，我确定了《寻找游戏中的秘密》这个主题，由学生生活中的游戏工具——骰子引入。游戏规则：同时掷 2 个骰子，和可能是 2、3、4、5、6、7、8、9、10、11、12 这 11 个数，把它们分成两组，甲组：2、3、4、10、11、12；乙组：5、6、7、8、9，各掷 10 次，哪方的"和"掷出的次数多，哪方就获胜。通过掷骰子比赛，学生发现这个游戏规则的不公平性，进而想到为什么和是 6 个数赢的可能性会少于和是 5 个数的？学起于思，思源于疑。综合与实践活动是一个发现和提出，分析和解决问题的过程，也是一个不断猜想和验证的过程。所以，自主思考能力，质疑精神是学生在活动过程中不断成长的能力。正因为这一过程符合孩子的求知欲，激发了他们的学习兴趣，于是提出了一些大胆的猜想……猜想中有真有伪，要想知道真相，就需要进一步的实验并有数学理论的支持，这里涉及了"统计与概率""数与代数"这两部分知识。

二、活动目标

（一）创设游戏情景，通过实践活动与理论的分析，运用数的组成和统计、可能性等有关知识，列举事件发生的所有可能性，并探讨发生可能性的大小，从而体验事件的确定性和不确定性。

（二）通过掷骰子的游戏，初步培养学生发现问题、提出问题、分析问题并解决问题的能力，经历问题解决的全过程。

（三）通过小组合作，培养学生与他人合作、交流的能力和团体协作的精神，积累数学活动经验和生活经验，提高综合能力，增强探索数学的兴趣和意识。

三、活动过程

（一）活动实施

1. 活动中发现

首先老师创设了一个不公平的问题情境：同时掷两个色子把它们的和分成两组，甲组：2、3、4、10、11、12；乙组：5、6、7、8、9，各掷 10 次，哪方的"和"掷出的次数多，哪方就获胜。在游戏的过程中，诱发出孩子不服输的心态，在数据面前发现了问题：为什么赢得都是乙组，他们组只有 5 个数，而我的 6 个数的组却输了？这一问题的发现，调动了学生要主动探究原因的积极性，变要我学为我要知道。因为好奇心是人们希望自己能知道或了解更多事物的不满足心态，是认知与情感相互作用的产物，它驱动个体主动接近当前的新奇事物或条件，积极思考与探究，从而达到了激发学生学习兴趣的目的，使学生真正成为学习的主人的目的。

2. 初步感知

游戏比赛结束后，全班进行交流，统计结果，通过个别孩子的提示，部分学生意识到这个游戏的不公平性，也很想知道原因，进而大胆猜测：与色子的大小与关？与数的组成有关？与扔的方法有关？与幸运程度有关等种种推测……

3. 交流数据

有了不同的猜想就需要再次实验，于是第二次实验开始。点阵笔的运用使统计的数据真实、迅速地呈现在学生面前，学生亲身参与统计的全过程，感受到统计的实际应用价值，尊重事实，挖掘数据背后的内涵，也是在培养学生的数据意识，感受数据的魅力，建立数据分析观念。面对像金字塔形状的统计结果，孩子们有所悟：掷 7 的可能性最多，因为它的组成有 6 种，$7=1+6=6+1=2+5=5+2=3+4=4+3$，而两端 $2=1+1$、$12=6+6$ 它们的可能性只有一种，所以甲组赢得概率小。

4. 对比体验

通过两次比赛结果的对比，学生体验到游戏规则确实存在不公平性。

5. 分析原因

实践出真知，虽然学生对掷的结果有了初步的感知，但要想科学严谨的证明这一理论，还要运用我们学过的数学知识解决问题。这是本节课的核心内容，既是重点也是难点。，那么小组合作体现了它的优势，让每个孩子都参与想一想、说一说、写一写、算一算，都有发表自己想法的机会，既让他们始终保持积极的探究热情，为后面的进一步思考打下基础，也能在有限的时间内完成学习任务。这正是合作学习的目的。例如：有的组发现：利用表格一来分析，2 的组成有 1 种（1+1）、3 的组成有 2 种（1+2、2+1）、4 的组成有 3 种（1+3、2+2、3+1）、以此类推：5 的组成有 4 种、6 的组成有 5 种、7 的组成 6 种、8 的组成有 5 种、9 的组成有 4 种、10 的组成有 3 种、11 的组成有 2 种、12 的组成有 1 种。这样算出来甲组的可能性就是 12 种，乙组的可能性就是 24，所以游戏就不公平了；也有的组利用数的分解和枚举等方法验证游戏的不公平性。

6. 解决问题

（1）学生们以小组讨论的形式解决：怎样让游戏更公平这一问题，比如：如果去掉 7，两边就能平均分了，所以乙组是 8、9、10、11、12；甲组是 2、3、4、5、6，各有 15 种可能性，就公平了。又如：把 3、6、7、8、分为一组；2、4、5、9、10、11、12 分为一组，因为根据上面的研究结果 3、6、7、8 这组有 18 种可能性，2、4、5、9、10、11、12 这组也是 18 种可能性，18 种 =18 种，就公平了。

（2）制定好计划再比一次，全班统计获胜结果，判断公平性。

（二）成果展示交流

1. 修改不公平游戏规则，方法不唯一，阐述理由。

2. 重新进行比赛（同学、家长）。

3. 谈谈本节课自己的收获。

四、教学反思

反思本次活动，有以下几方面优点：

（一）分工、合作——提高效率

合作学习是一种有效的学习方式，综合与实践更是凸显合作学习的优越性。但有时由于活动内容的性质不同，例如：玩游戏（掷骰子），学生的自我控制能力就显得弱了一些，手里总是不停地摆弄着色子玩，对于要完成的研究任务有些漠然。因此，要提高合作学习的实效，成员分工尤其重要，只有各成员明确自己的职责，既有分工又有合作，方可显现合作学习的高效。当然这不是一朝一夕之功，要靠教师日常教学中循序渐进的引导。本节课有两次小组合作，第一次是理论验证游戏的公平性，这一环节学生能按要求先确定选哪种方法证明，再合作填写，有的组为了提高速度甚至两名学生同时写，而后一起计算甲、乙两组的数据，可谓分工合理。而在第二次 4 人组合作，制定游戏新规则时，比较混乱。一组中的 4 个人有的在用色子做实验，有的无所事事，有的一人霸着表格自己算，没起到合作的真正目的。游戏新规则的制定答案并不唯一，因为数据比较多，计算起来有一定的难度。所以如果 4 个人先有整体构思，再合理分工（每 2 个人算一组），就会提高效率，又能确保计算的准确性。

（二）交流、评价——提升素养

《课程标准（2011 年版）》强调"评价既要关注学生学习的结果，也要重视学习的过程""应建立多元、方法多样的评价体系""要重视学生在数学活动中所表现出来的情感与态度"。"综合与实践"课堂的评价要更加侧重过程性评价、充分发挥多元评价的功能，在教师的引导下通过"讲一讲、评一评、议一议，展现思考过程，在答疑解惑中理解、巩固知识，交流收获与体会。因为综合与实践活动的综合性体现在团队合作上；实践性则体现在发现、提出、分析和解决问题的过程中。这两项结合在一起，正是一个自主表达、相互沟通协调的过程。因此，自主交流表达和团队协作能力的提升，是活动锻炼学生综合素质的价值所在。

例如：在小组合作完成制定新游戏规则后，进行交流。

学生1组汇报：因为我们刚才发现实验的统计图像个金字塔，中间的7是多的，如果去掉7，两边就能平均分了，所以乙组是8、9、10、11、12；甲组是2、3、4、5、6、各有15种可能性，就公平了。

学生2：我有问题——那你的7怎么办？

学生1组：如果是7就不算，重新来。

学生2：明白了谢谢。

在这一活动过程中，学生1组有条理地讲明了本组的思考过程和结果，而倾听者也在虚心学习的同时发现了问题，并勇敢地提出了自己的质疑，又经过1组的解释，使问题得以解决。通过交流、分享收获、答疑解惑，学生收获的不仅仅是活动经验的积累，语言表达能力的提高，更多的是与他人交流的能力，提高的是综合素养。

此外，数学实践活动重视活动经验的累积，它是一种缄默知识，包含了对数学的情感、态度、价值观和对数学美的体验，也囊括了渗透于活动行为中的数学思考、数学观念、数学精神等，因此在综合实践课的实施时对学生个体或群体解决问题的路径、质量、效果、自信心等进行反思评价至关重要，它会使学生在综合与实践活动中学会数学式思考，促成数学素养的形成和实践智慧的生成。

例如：在第一次《掷骰子》游戏比赛结束后，敢于提出自己的见解——这个游戏规则不公平；在利用点阵笔统计数据后，学生根据现场生成的数据，能阐述自己的发现和观点；在用理论证明游戏不公平后能给予分析讲解，阐述其中的道理；在完成游戏新规则后，能给予讲解说明；在全课小结中谈自己的收获。学生自我评价，同伴互评，师生互评，可以说收获，可以说困惑，可以说学习的方法……学生踊跃发言，互相交流，思维的火花不断地得到碰撞，这样使学生的数学活动经验不断地提升，不断地转化，达到学习的佳境，为以后的学习提供更好的借鉴。

（三）实践、探究——提高能力

小学数学综合实践活动的根本目标是培养学生的综合实践能力、探究与创新精神以及社会责任感，并为学生确立正确的价值观，形成良好的情感和态度奠定基础。小学数学综合实践活动真正体现了学生是教育和自我发展的主体，最大限度地调动了学生的积极性和创造性，让学生真正成了知识的主人。在综合与实践活动中，我们首先要明确师生关系的变化，明确"学生主体观"，要不断学习，不断思考，不迷信自己的权威，明确教育是学生讨论的活动。其次，我们教师要为学生创设情境，提供条件，给予恰当的评价，使学生感到自己积极参与的价值。再次，我们应该让学生懂得学习是自己的事，与自己的努力息息相关。学生在创设的适宜情境中，能够主动地、创造性地学习，便能自然而然地树立自我主体意识；而自我主体意识一旦确立，便成为学生内在的一种需求和习惯。

例如：本节课从游戏导入——学生发现问题（游戏规则不公平）——大胆猜测原因（想法不一）——主动提出再次试验（真实生成）——分析数据——理论验证（方法多样）——解决问题（答案不一），每个环节中教师只是倾听者，课堂中学生在一步一步遵循着：发现问题、提出问题、分析问题、解决问题地学习。充分体现了学生的主体意识，使学生摆脱学习中的依赖思想和单纯的模仿。

思考：

综合实践活动课程对教师专业性的挑战。综合实践课虽然是以学生为主体，但教师要做到心中有数：每个环节的目的、作用，学生的生成、可能会出现的问题……这些都会影响教学效果。例如：点阵笔的使用过程中，有的学生故意胡点、第一次掷骰子比赛时不守游戏规则，记录的不是真实数据，这都会影响后面的分析，因此必要的课前训练和说明还是需要的，让学生知道科学的严谨性、真实性。

总之，我们在上综合实践活动课时，一定要依托《数学课程标准》，不断探索、不断研究、不断改进、逐步完善我们的教学策略，创造最优的课堂结构，培养学生的问题意识、应用意识和创新意识，累积学生的活动经验，从而达到综合实践活动课的目的：让学生自主发展、合作创新、终身学习，以提高科学素养，因为它是适应社会发展的必备品德和关键能力。

设计者：何珺（北京市东城区培新小学）

在实践活动中培养数感
——教学案例《一亿有多大》

一、选题背景

"综合与实践"是一类以问题为载体，以学生自主参与为主的学习活动，目的在于培养学生的问题意识、应用意识和创新意识，积累活动经验。核心素养指引下的"综合与实践"既要在"综合"中夯实学生的文化基础，又要在"实践"中鼓励学生的自主发展和社会参与。"一亿有多大"的教学使学生经历猜想、实验、推理等活动，让学生在自主探究中学会合作，学会学习，培养学生的核心素养。

在人教版小学数学四年级第七册教材中涉及了万、亿以上的大数目，但是很多孩子仅仅局限于认识、会读、会写这些大数，我们不清楚这些大数给了孩子多深的感受、多大的冲击，事实上很多孩子的体验是不够深刻的，甚至是空洞的。因此，在有限的课堂中给孩子提供一些切实可行的体验活动，增强孩子对大数目的感知，也是培养学生数感的巧妙途径。下面以笔者的《一亿有多大》这课为例谈谈如何巧借数学活动培养学生对大数目的感知。

二、活动目标

（一）通过汇报交流的活动，学生借助对具体数量的感知，利用可想象的素材感受 1 亿的大小，发展数感。

（二）通过实际的体验探究活动，学生经历明确研究内容、制定计划、实验和对比的过程，了解探究数学问题的一般过程和方法。

（三）在师生的交流中，经历与他人合作的过程，积累数学活动经验和生活经验，提高综合能力，增强探索数学的兴趣和意识。

三、活动过程

（一）提出问题，明确主题。

引入：我们的生活中离不开纸，有些同学平时是怎样使用纸的呢，我们来看一个视频。视频主要内容：学生使用作业纸写草稿，写了两个竖式草稿后将纸揉成团扔进垃圾桶。

（1）看了视频你有什么想法？学生：太浪费了。

（2）如果每人每天浪费 1 张纸，全班同学 1 天将浪费多少张？据统计，北京市小学生的人口大约是 100 万，北京市小学生 1 天将浪费多少张纸？照这样计算，100 天小学生将浪费多少张纸？

（3）一亿有多大啊！看到这 100000000 张纸，你能提出什么数学问题？

如：一亿张纸有多厚。一亿张纸有多重。一亿张纸的面积是多少。一亿张纸与大树有什么关系。

（4）我们来围绕这些问题开展研究，感受"一亿有多大"。每个小组选择一个题目，确定研究内容。

（二）制定计划，修改完善。

（1）集体讨论：要研究"一亿张纸的厚度是多少"真的要找来一亿张纸测量它们的厚度吗？

（2）学生以小组为单位，制定初步的计划。老师给大家准备的纸有 1 张、10 张和 100 张。请小组内讨论如何开展研究，填写记录单中研究内容、需要的工具和研究计划。

（3）全班交流研究计划，师生一起针对研究计划提出问题和建议。主要考虑研究计划的目标是否明确，步骤是否具体。通过教师指导，学生对方案初稿进一步修改，使研究计划计划更完善。如修改参照物的数量，并说明修改的原因。

（三）实践活动，增强感受。

（1）按照研究计划各组开展实践活动，教师参与到各小组中观察、了解，适时指导，提高研究的效果。

（2）展示研究成果。各小组展示研究记录和结论，教师把各组的研究结论进行整理，方便观察与比较。

（四）引导对比，培养数感。

（1）根据各小组推算的数据信息，如面积、质量、高度，与参考信息对比，谈一谈你的感受。

（2）参与《一亿有多大》的研究活动，谈谈你有什么感受。如：在研究中遇到困难不能放弃，要大家一起想办法去解决。为了测量更准确，可以多测量几次。测量纸的厚度要把一沓纸捏住了，从零刻度开始量，尺子不能歪。要节约资源，保护环境。

四、教学反思

（一）制定并修改计划，保障研究活动顺利开展。

制定一个好的研究计划是综合与实践活动顺利、有效开展的前提，研究计划质量的高低直接决定着综合与实践活动的效果。组织学生设计研究计划时，教师先让各组自主设计，制定初步的活动方案，再指导学生交流、论证，最终在教师的指导下形成适合学生操作的、合理的研究计划。

在开始的尝试中，教师发现有些学生不会制定计划，或者还没制定计划就开始着手测量、计算了，学生不知道怎么制定计划。学生的问题引发教师的思考：到底为什么要制定计划？教师如何有效指导学生制定计划？通过与各科教师的交流及查阅资料，我明确，通过综合与实践活动"学生应能探索分析和解决问题的有效方法，了解解决问题方法的多样性"。学生是学习的主人，制定计划能帮助学生领悟研究问题的一般方法。教师是学习的指导者，通过"放手"制定计划，提高学生的主体参与程度，让学生合作尝试着去解决一些问题。这也会暴露出许多问题，但正是这些问题，才能引起学生的思考，产生进一步的交流、调整、反思的需要，进而凸显研究计划以外的价值。

本节课教师的指导方法有以下几点：一是提供研究计划的第一步参考方案，学生选择认为恰当、合理的方案，对于制定计划无思绪的小组提供实际支持；二是在小组汇报交流后，引导学生讨论计划的条理性、可操作性，对研究计划提出明确要求，即目标明确、步骤清晰；三是解决推算中的困难，组织学生讨论"测量出 10 张纸的质量后，如何计算能知道一亿张纸的厚度"。

教师通过改进指导方法，每个小组、每个学生在交流中分享自己的想法和观点，完善研究计划，使研究计划具有更强的条理性、操作性和科学性，每个学生也能获取自己所需要的知识与方法。

（二）在实践活动中积累数学活动经验，培养数感。

通过研究主题，让学生把学习的数学整合起来，测量、计算、调整计划、单位换算、对比再增强感受，学生在解决问题的过程中体会数学，比较完整地理解数学。如学生测量 10 张纸质量时，发现纸张的边缘超出了电子秤的边缘，有的小组想出将纸折叠的方法，有的小组用皮筋将纸捆上，记录质量时还注意到要把皮筋的质量减去。有些小组测量 100 张纸的厚度时，经过反复测量，组员之间互相检查的方法确保数据的准确，还能做出"要把 100 张纸捏紧，尺子零刻度对齐起点，尺子不能歪"的提示。正是学生亲自尝试、体验、感悟了数学的价值，同时也培养了学生严谨做事的习惯。

（三）有待深入讨论"一亿张纸有多厚"，7000 米与 10000 米。

教材中的信息说明"一亿张纸摞起来大约 10000 米高"，有学生质疑"我们测量计算的结果是 7000 米，书上应该不会错啊！"问题出在哪呢？原始测量标准都是 100 张纸，为什么计算结果不一样？其实纸也有区别：教师准备的材料是信纸，100 张信纸的厚度约 0.7 厘米，教材中选用的是打印用的 A4 纸，100 张 A4 纸的厚度约 1 厘米。这样的对比可以帮助学生感悟研究材料的选择在综合与实践活动中的重要性，在反思中学生可以进一步了解、提升对数学的认识，培养做事严谨的品质。鉴于课堂教学时间的有限，可以将其与课后延伸的综合实践活动结合，进一步回顾研究过程，总结研究方法以及探讨研究中遇到的问题和解决方法。

总之，数学综合实践活动通过丰富的学习体会与实践探究，引领师生认识数学，学习数学，启发学生数学思维，重建教师教学模式。教师仍要不断提高自身素质，陪伴学生的学习探究发展之路。

设计者：刘佳颖（北京市东城区培新小学）

一亿有多大

一、选题背景

在此之前，学生已经认识了亿以内和亿以上数，所以本节课我将放手让孩子自主探索，由于一亿这个数太大，他们很难结合具体的量获得直观的感受。所以设计动手活动，让学生在学中玩，玩中学，化大为小，以小见大，从中感受、理解知识的产生和发展的过程，体会到数学的乐趣。

二、活动目标

（一）通过探究活动，借助对具体数量的感知，利用可想象的素材感受一亿的大小，发展数感，感受数学与现实生活的密切联系。

（二）学生经历猜想、实验、推理和对比的过程，了解探究数学问题的一般过程和方法。初步渗透选用小基数类推解决问题的数学思想。

（三）鼓励学生能发现问题，解决问题。通过小组讨论，经历与他人合作的过程，动手操作，积累数学活动经验，化大为小，进一步感受一亿有多大，体会数学的乐趣。乐学、善学。增强学好数学、以及用好数学的信心。

三、活动过程

（一）活动实施

1. 激趣引探，初感数感

课堂伊始，老师通过一段视频，让学生发现浪费纸张的现象，然后以小见大，从一个人，到一个班，最后到全北京市小学生一天将浪费 1000000（一百万）张纸，引发质疑，那 100 天呢？初步感受一亿是一个特别大的数。这样教学，不尽让学生感受到数学与现实生活的密切联系，也进行了一定的德育教育，发展了学生的数感。

2. 提出问题，确定内容

在这个环节里我充分调动学生学习的积极性，让学生大胆想象，提出各种有关一亿的问题。一亿张纸的面积是多少？一亿张纸的厚度是多少？一亿张纸的质量是多少？一亿张纸的长度是多少？等等。此时教师只需要做一个倾听者和记录者。根据学生提的问题，小组讨论，确定本组要研究哪个问题。

3. 自助探究，解决问题

确定好研究的问题后，学生开始第一次小组讨论，第一次讨论是要根据本组的研究内容，确定研究工具以及大致的研究步骤。然后进行小组汇报，在倾听同学发言的同时，学生也在思考他们研究步骤是否可行，一起集思广益，完善研究步骤。在第一次讨论的环节中，学生发现一亿张纸太多，不方便进行研究，于是他们就化大为小，以小见大。研究一亿张纸有多重的小组，在研究工具上，出现了分歧，有的小组认为测量 10 张纸的重量就可以，有的小组认为测量 100 张纸的重量更准确。教师肯定两种方法，并鼓励他们一会在测量环节中，都尝试下，再来体会哪种方法更巧妙。紧接着就是第二次小组讨论，这次他们要借鉴别人的好点子，修改本组的研究步骤，使本组的研究步骤，更加清晰，明确。实践活动课程，离不开动手操作，让学生根据需求，选自助选择所需要的工具，按照制定的步骤，进行操作并记录。

（二）成果展示交流

1. 活动完成后，教师选取几个研究问题不同的小组上台汇报，此时的教师，又把舞台留给孩子，让学生有一个生生互动的时间。

2. 通过天坛面积的大小，珠穆朗玛峰的高度，非洲成年大象的体重，让学生对一亿产生了更深层次的联想。最后，学生进行归纳总结，不仅明白了化大为小，以小见大的数学思想，还培养了小组团队合作精神。取得了良好的教学效果。

四、教学反思

允许学生大胆猜想。在猜想一亿有多大的时候，学生根据不同的知识基础和生活经验，可能会结合不同的量进行猜想。教师适时进行指导。不要急于否定学生的想法，重要的是要引导学生思考如何验证自己的猜想，探索研究的方法。在设计具体的实验步骤的时候，教师可以指导学生观察：选择不同基数的物品进行测量，对实验的精确度会有影响。最后，教师应提供一些学生比较熟悉的素材，帮助学生与实验结果进行对照，直观感受实验结果的大小，进而体会一亿有多大。

《一亿有多大》这节课很好地落实了让学生"做数学"，关键在"实"，形式要"活"，一定要"动"，而活要有本（以教材为依托），"活"而不乱，"活"中增智，"活"中求实。力求"动"而有序，"动"而有导，"动"而有得。让学生亲自参与到活动当中去，很好的凸显综合实践课的实践性、自主性、趣味性、开放性、合作性原则。

设计者：高婕（北京市东城区培新小学）

游戏中的学问

一、选题背景

综合实践活动课程更强调综合——多学科、多目标、多角度；实践则强调——走出教室、走近自然、走进社会；活动强调——动手、动口、动脑。这是学生非常喜欢的课程，也承载着培养学生各种能力的重要使命。本节课是人教版数学五年级上册教材中的"掷一掷"内容，属于数学综合实践课程。因此教师要引导学生广泛参与实践，这就需要过程的充分，形式的多样以及充分的交流。

本节课一是要放手让学生自主参与游戏活动，学生自由度高，创造性就会多；二是要关注学生参与游戏的积极性和参与的程度，对不同的学生给予有针对性的指导；三是要鼓励学生在游戏过程中独立思考，在探索与解决问题的过程中加深对相关数学知识的理解和整体性认识。

由此将人教版数学五年级上册教材中的"掷一掷"内容调整为"游戏中的学问"。目的是让游戏贯穿整堂课始终，鼓励学生在游戏中发现问题并提出问题。

为了更好地了解学生对游戏化课程的感受。针对培新小学五年级的 40 位学生进行了问卷调查：

问题：你喜欢在游戏中学习吗？（1）喜欢（2）不喜欢

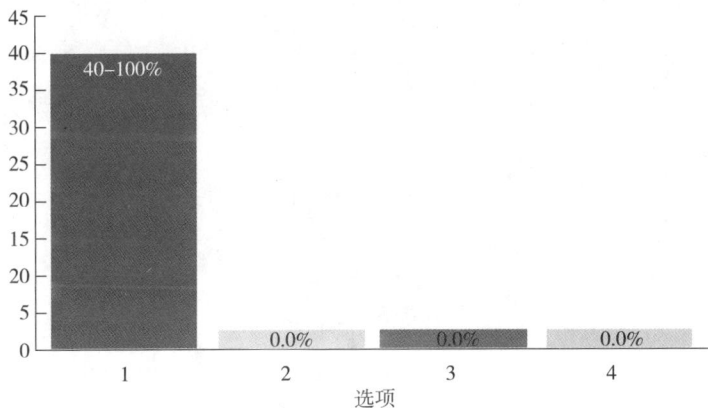

分析：高年级段的学生正处于形象思维到抽象思维过渡的重要阶段，如何在高年级段的数学学习中激发学生的学习兴趣、调动学生学习数学的积极性并鼓励他们在课堂中主动发现并提出问题呢？数学教学的过程中采用游戏教学的方式，能够有效加强学生对于知识的理解和记忆，并通过游戏掌握数学知识的应用、学会创新，提高数学学习兴趣。

二、活动目标

（一）通过掷骰子游戏，运用数的组成和统计、可能性等有关知识，列举事件发生的所有可能性，并探讨发生可能性的大小，从而体验事件的确定性和不确定性。

（二）学生通过游戏经历观察、猜测、实验、统计、分析、交流、验证等数学学习过程，初步培养学生发现问题、解决问题的能力。

（三）在数学活动的过程中培养学生与他人合作、交流的能力和团体协作的精神。

三、活动过程

（一）活动框架

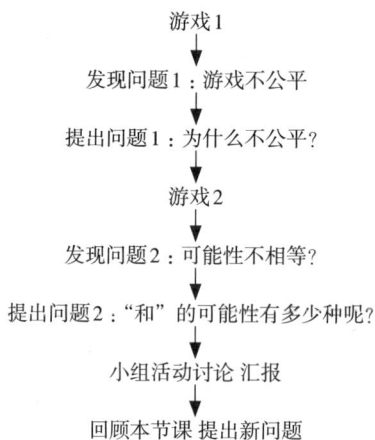

游戏1
↓
发现问题1：游戏不公平
↓
提出问题1：为什么不公平？
↓
游戏2
↓
发现问题2：可能性不相等？
↓
提出问题2："和"的可能性有多少种呢？
↓
小组活动讨论 汇报
↓
回顾本节课 提出新问题

1. 游戏准备

请学生根据生活经验介绍骰子：骰子长什么样子？为什么很多游戏都会用到骰子？今天咱们用两个骰子来玩游戏。

玩之前咱们先来热一下身：若同时掷出两个骰子，他们的和可能是几？

和	2、3、4、5、6、7、8、9、10、11、12

质疑：可能是 1 吗？ 13 呢？

2. 尝试游戏

（1）介绍游戏规则：同时掷两个骰子，并将两个点数相加。会出现 11 种情况。将 11 种和的情况分成两组分别命名为甲组、乙组。

甲组：和为——2、3、4、10、11、12

乙组：和为——5、6、7、8、9

（2）全班试玩、发现问题

请男女生各一人，其中男生代表甲组、女生代表乙组。上台试玩游戏 15 次。

根据游戏结果学生发现问题：游戏不公平。

提出问题：为什么甲组"和"的情况有 6 种比乙组"和"的情况多，但是赢得可能性却小呢？一次实验有没有偶然性呢？

（3）小组游戏、提出问题

请同学们小组为单位同时掷两个骰子共掷 15 次，哪组掷出和的次数多，哪组赢。游戏后，思考游戏结果并提出问题。

提出问题：这个游戏真的不公平么？为什么？

3. 探究奥秘

（1）学生以小组为单位，再掷 10 次骰子并且选用自己喜欢的方式记录掷出的两个骰子的情况。

发现问题："和"的可能性不相等？

提出问题："和"的可能性有多少种呢？

（3）小组为单位探究所有"和"的可能性并进行全班汇报。

和	2	3	4	5	6	7	8	9	10	11	12
	1+1	1+2 2+1	1+3 2+2 3+1	1+4 2+3 3+2 4+1	1+5 2+4 3+3 4+2 5+1	1+6 2+5 3+4 4+3 5+2 6+1	2+6 3+5 4+4 5+3 6+2	3+6 4+5 5+4 6+3	4+6 5+5 6+4	5+6 6+5	6+6
	1	2	3	4	5	6	5	4	3	2	1

4．回顾反思

大家在游戏过程中不断地发现并提出问题，利用数学知识去分析从而解决一个个难题，找到了游戏中的秘密！

四、教学反思

本节课属于综合实践课程，而综合实践课程最重要的是让学生经历做数学的过程，拥有学习数学的兴趣，有发现数学问题并大胆提出来的勇气。所以本节课最大的特点是设计了多层游戏，鼓励学生乐玩乐问、善玩善问。

（一）乐玩乐问

本节课都是以学生参与游戏过程中提出的问题作为引子，不断推进本节课。其实学生发现和提出问题的能力比解决问题更重要。老师在本节课的角色是陪伴学生一起游戏，在游戏过程中一起思考、探究，是学生的合作者而不是指导者。

（二）善玩善问

学生不仅体会到游戏好玩，还能在游戏中不断思考并与同伴共同合作解决问题，体会到团队协作的重要性。希望学生在今后各种游戏过程中多问：为什么、怎么办等问题。同时在解决重点内容时给学生充分的空间和时间，学生以小组为单位进行活动和讨论，互相质疑和补充，在生生互动中层层发现游戏中蕴藏的秘密。

设计者：李璐（北京市东城区培新小学）

你会玩汉诺塔吗？

一、选题背景

培新小学开展的主题综合实践活动课程在丰富了学校的课程的同时，也潜移默化地改变着教师的教学观和课程观。课程的内容来源于身边的所有，而非仅仅是书本，于是数学学科开展了一系列的古典游戏与数学课相结合的学科＋综合实践活动。孩子们在游戏的过程中观察、思考、交流、验证，对培养孩子创新能力和合作能力这两大核心素养有独特的作用。

二、活动目标

（一）认知目标：在自主学习认识汉诺塔的过程中，通过提问、观察、思考、交流、尝试、验证等活动，使学生初步了解汉诺塔并掌握基本玩法，知道基本规律。

（二）能力目标：通过探究汉诺塔游戏玩法的过程中，培养学生的提出问题能力、观察能力和逻辑推理能力。

（三）情意性目标：在游戏中让学生感受数学的有趣，体会数学思维的魅力。对培养孩子创新能力和合作能力这两大核心素养有独特的作用。

三、活动过程

环节一：创设情境——认识汉诺塔

（一）激起质疑，引起好奇。

师：看这节课的教具和学具，有没有好奇？想问点什么？

（二）明确课题，引起回忆。

师：今天的数综课玩一款数学游戏——汉诺塔，出示课题：你会玩汉诺塔吗？还记得上学期咱们玩过什么数学游戏吗？

师：实践证明，人的思维是可以培养的。第一次上数学游戏数综课时咱就说过这条信息，再来读读：据英国皇家科学院研究发现，经常玩益智玩具的人，比不玩的人平均智商高 11 分左右，大脑开放性思维能力较强。

【设计意图】

激起质疑，引起好奇。明确课题，引起回忆。

环节二：提出问题——了解汉诺塔

（一）迁移质疑，引起思考。

师：有何数学问题？你认为这节课我们会研究与汉诺塔有关的哪些问题？

根据学生质疑整理板书：

> 提问：起源？
>
> 规则？
>
> 方法？ 规律？
>
> 好处？

（二）自主学习，回应思考。

师：仔细读读包装盒上的文字，看看你能获取哪些信息，来回应我们刚才提出的问题。

1. 了解汉诺塔游戏的好处。

师：玩汉诺塔游戏有什么好处啊？你在包装盒上看到了吗？

2. 了解汉诺塔游戏的起源故事。

师：汉诺塔游戏的起源有个故事，你知道了吗？谁来读读？

师：有什么感受？

师：汉诺塔还有两个名字，一个叫"梵天塔"，另一个名字又称河内塔。还有英文名字 Hanoi Tower。

3. 了解汉诺塔的游戏规则。

师：游戏规则是什么？谁来介绍一下？

师：你能举例解释一下这个游戏规则吗？先从最简单的 2 个圆盘来解释。

一共需要几步完成呢?

还有问题吗? 这两个圆盘到底是从哪儿搬到哪儿?

4. 了解汉诺塔的规律。

师: 汉诺塔游戏有规律吗? 从包装上你还了解了什么? 谁来介绍一下?

板书: 个数　　　步数

　　　3　　　　　7

　　　4　　　　15

　　　5　　　　31

　　　6　　　　63

　　　7　　　　127

　　　8　　　　255

　　　……

　　　n　　　　2^n-1

师: 这里的 n 是谁?

7 等于什么? 15 等于什么? 31 呢?

接着呢?

板书: $7=2^3-1$

　　　$15=2^4-1$

　　　$31=2^5-1$

　　　$63=2^6-1$

　　　$127=2^7-1$

　　　$255=2^8-1$

【设计意图】

迁移质疑, 引起思考。自主学习, 回应思考。

环节三、解决问题——探究汉诺塔

(一)困惑质疑, 引起挑战。

师: 有了初步的尝试和认识, 接下来有没有新的数学问题?

（二）合作探究，回应挑战。

1. 借游戏活动验证理解

师：现在最想干什么？

师：咱们就一边动手玩，一边验证是不是这些步？找到方法是玩好这个游戏的关键。

师：你能理解 3 个圆盘，为什么是 7 步完成吗？取出盒子里的汉诺塔试一试。有什么问题？

2. 借游戏活动表达说理

用 4 个圆盘试一试，15 步能否成功？谁能解释 15 步和 7 步的关系？

3. 借游戏活动感悟策略

用 5 个圆盘是不是 31 步呢？尝试。

31 步和 15 步的关系？

【设计意图】

困惑质疑，引起挑战。合作探究，回应挑战。

环节四、应用问题——拓展汉诺塔

（一）反思质疑，引起兴趣。

师：现在又有什么想挑战的问题呢？

师：有没有找到一点方法？

当挪动偶数个圆盘，或者挪动奇数个圆盘时，你发现什么？

（二）拓展应用，引起联系。

【设计意图】

反思质疑，引起兴趣。拓展应用，引起联系。

四、教学反思

汉诺塔这个游戏的游戏方法很容易解释，可以清晰地看到孩子们思考的过程，看清楚他们每一步尝试解决问题的策略。对利于培养孩子任务规划、完成规划和修改规划的能力。游戏的递归特性及可变性，还能引出一些非常有趣的数学问题，进而衍生出有价值的数学思考。课上注重学生的探究和合作，不断的激发学生的好奇心，同时营造独立思考、自由探索的课堂氛围，对培养孩子创新能力和合作能力这两大核心素养有独特的作用。

设计者：张燕（北京市东城区培新小学）

巧用信息技术　帮助你我他

一、选题背景

2016 年 9 月，《中国学生发展核心素养》研究成果在京发布。其中"核心素养 – 自主发展 – 学会学习 – 乐学善学"是培新小学使核心素养落地的有效抓手。"乐用善用"促"乐学善学"是我校信息技术学科走在实践活动探索路上的研究方向。

2017 年 9 月，教育部出台《中小学综合实践活动课程指导纲要》。其中"小学阶段具体目标 – 创意物化"中指出"运用常见、简单的信息技术解决实际问题，服务于学习和生活。"

我们今天的课堂使学生在真实的问题情境中，调动学习的积极性，以乐用为出发点，以善用为目标，感受信息技术在为其他学科学习解决问题的过程中起到的作用，进而持续激发乐学的动力系统，更梳理思路、方法，以达到善学的技术思维的层次。

正因为如此，我们要为学生创设更多的、适合学生年龄阶段的解决问题的实践内容，由此，"巧用信息技术 帮助你我他"的活动主题应运而生。

二、活动目标

（一）在亲身实践解决问题的过程中，体悟到用信息技术为其他课程学习、实践过程提供必要的支持，把信息技术作为支持终身学习和合作学习的手段，为适应信息社会的学习、工作和生活打下必要的基础。

（二）在尝试运用知识技能解决问题的过程中，具有主动、乐于探索的精神和能力，在帮助他人解决问题情境中，形成主动、乐于帮助他人的美好心态与能力。在小组活动中，形成尊重、互助、合作的良好意识。

（三）在问题解决的过程中，培养运用信息技术的兴趣和意识，感受信息技术的发展及其应用对人类日常生活的深刻影响。选用适合的信息技术方法解决问题，为学习、生活服务。

（四）运用信息技术，如：电子小报、PPT 讲演稿、电脑绘画等途径，设计宣传内容及作品，并开展宣传，使更多师生知道信息技术服务学习生活的小妙招、对生产生活的深刻影响、自我增长信息技术能力的途径等。

三、活动过程

（一）活动实施

1. 了解真实需求

（1）学生在数学实践活动中，刚刚经历了"梳理'小方格'工具在六年数学学习中的功用"这一学习活动，知道了数学老师在准备学习材料中遇到了"信息技术困难"，产生了想帮助老师解决问题的愿望。

（2）数学、信息课代表、班干部组成小组，从数学老师处，访问、整理出三项需要解决的问题。

【问题一】想在电脑中绘制一幅 10cm×10cm 的方格图，其中每个小方格的大小都是 1cm×1cm。

【问题二】想出了一道题目，如下图照片，想把它绘制在电脑里，方便印出来。

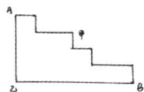

【问题三】在 PPT 的课件里，想呈现出 12 册数学书上"方格工具应用"的分类梳理。已经做好了所有内容的文本框 PPT 课件，希望 PPT 里的动画播放效果，是一点鼠标，这些文本框就自动跑到所属表格中。文本框有 28

个之多，不知道有什么快捷的动画制作方法？

2. 尝试独立解决

（1）每位同学根据自己所会的信息技术，尝试独立思考、动手实践解决三个问题，同时，可将自己也不会的，或产生的新问题记录下来。

（2）组长用 Pad 填写组员活动记录单，小结反馈。

活动一　组员活动记录单　　第_____组

	完成情况	解决问题一 （用的软件）	解决问题二 （用的软件）	实践中遇到困难？
组员 1	【问题一】【问题二】 【问题三】	【画图】【Word】 【PPT】【Excel】 【其他】	【画图】【Word】 【PPT】【Excel】 【其他】	【是】　　【否】
组员 2	【问题一】【问题二】 【问题三】	【画图】【Word】 【PPT】【Excel】 【其他】	【画图】【Word】 【PPT】【Excel】 【其他】	【是】　　【否】
组员 3	【问题一】【问题二】 【问题三】	【画图】【Word】 【PPT】【Excel】 【其他】	【画图】【Word】 【PPT】【Excel】 【其他】	【是】　　【否】
组员 4	【问题一】【问题二】 【问题三】	【画图】【Word】 【PPT】【Excel】 【其他】	【画图】【Word】 【PPT】【Excel】 【其他】	【是】　　【否】
	（完成地涂上颜色）	（用的软件涂上颜色）	（用的软件涂上颜色）	（根据实际情况涂色）

3. 同侪互助提升

（1）同学将自己解决问题的信息技术方法做全班展示，不同的同学解决同一问题的方法不同，集思广益，开拓他人思路，互助学习，提升技术思维。

（2）同学们再次动手实践，把掌握的新方法（从其他同学处学来的）加以运用，内化为自己的技术能力，同时也解决了自己独立实践中遇到的不会的或新产生的问题。

4. 思维共享成长

（1）教师引领纵深思考：信息技术能力自我提升促问题解决的途径。通过实践活动，同学帮助数学老师找到了解决问题的方法。在亲身实践的过程中，同学也遇到了不会或产生了新问题。那又是谁帮助了我们呀？（会的同学、老师），除此之外，还有其他什么方法能帮助我们？

（2）小组交流，寻找方法，组长用 Pad 填写记录单，小结反馈。

活动二　小组讨论记录单　　第_____组

序号	解决方法	方法提出者
第一种方法		
第二种方法		
第三种方法		
第四种方法		

（3）全班思维共享，发现几种帮助学生个体提升信息技术能力、解决问题的途径。之一，向老师、家长、同学请教；之二，翻阅信息技术工具书籍；之三，利用网络查找资料；之四，使用软件中的帮助功能。为支持其他学科的学习、生活服务提供支持。

（二）成果展示交流

1. 总结成果：学生将自己在活动中取得的收获，进行电子文本形式的总结。

2. 展示准备：选择自己擅长的信息技术手段，制作展示材料。如：电子小报、PPT 讲演稿、电脑绘画等。

3. 分享宣传：班干部统筹，以小组为单位，通过壁报宣传栏或走进其他班级，介绍信息技术服务学习生活的小妙招、对生产生活的深刻影响、自我增长信息技术能力的途径。

四、教学反思

（一）真实问题情境　滋养"乐用善用"是"提升解决问题能力"的基础

问题情境，以"疑"促"生成"。活动中利用真实问题情境的客观真实性、开放性，滋养学生"乐用善用"的意识、能力，进而提升学生解决问题的能力和培养创造性思维能力。

"真实问题情境"来源于生活，真实问题情境的合理解决为学生认知发展、能力提升搭建了一个理想的"平台"。这类真实的问题情境，学生参与活动的兴趣得以充分激发，可充分体现活动中学生的主体地位。一个人如果有做事情的兴趣，即使你不督促他，也会自然产生求知欲、好奇心，自然而然他就会去思考、尝试、改进等探究活动。

（二）综合运用所学 涵养"乐用善用"是"提升解决问题能力"的关键

"解决问题"是学生在教师适当的指导下，面对问题时，能把已有的知识、技能和经验，经过自己的思维加工、综合运用和转化，达到未知目标的过程，并在这一过程中通过培养学生综合运用知识的能力，以此来提高学生应用信息技术的意识和解决现实问题的能力，培养及提高学生的创造性思维能力。

解决问题要让学生学会从信息技术的角度提出问题、分析问题，并能综合运用所学的知识和技能解决问题，发展应用意识，逐渐形成解决问题的一些基本策略，体验解决问题策略的多样性，发展实践能力与创新精神。

活动中，学生根据对软件功能的了解，和操作的熟练程度，选择了不同软件或相同软件中的不同操作方法解决同一问题。这样自主的综合运用过程，是"提升解决问题能力"的关键。

（三）同伴交流互助 润养"乐学善学"是"提升解决问题能力"的佳径

同伴互助，是同伴之间在学业和活动中相互帮助、借鉴，也是同伴之间在情感上相互鼓励、支持、沟通，以此来达到彼此间的协调合作，经验分享，互相学习和共同成长。

课堂上，只要能解决实际问题的方法都会被认可，但不是所有的方法都合理，因为学生个体的技术操作方法、解决问题的思路总是相对单一的，因此，实践活动的各环节都通过伙伴间的经验分享、互助学习、小组共同体互动，即同伴交流互助使学生达成操作方法的优化，这是"提升解决问题的能力"的佳径。

（四）科技反馈手段 浸养"乐学善学"是"提升解决问题能力"的助力

"智慧教室"互动反馈系统，通过学生手中的反馈器作答，或小组平板电脑数据的上传，即时收集全班学生，或各个小组的活动情况，为实现活动中即时、真实、全面的反馈评价提供了数据保障，同时形成即时的活动资源，推动活动开展。另一方面，"智慧教室"互动反馈系统更提供给学生活动中的自我反馈结果、自我监督促进的机会，以及为同伴间分享与交流提供支持。这样不断创新的科技反馈手段，是"提升解决问题能力"的助力。

设计者：秦琼（北京市东城区培新小学）

语文综合实践活动方案
——博物馆中的大语文

一、活动背景

（一）基于博物馆的语文综合实践活动可以提高学生的语文素养

语文素养是指通过学习与实践，学生在语文方面表现出的比较稳定的、最基本的、适应时代发展要求的学识、能力、技艺和情感、态度、价值观。可见，语文综合实践是培养学生语文素养的主要方式之一。基于博物馆的语文综合实践活动的任务设置以听说读写为主，可以为学生提供较多的言语实践机会，学生不仅可以在活动中自己发现、体会、把握运用语文的规律，还可以在丰富的博物馆课程资源中，汲取精神食粮，获得归属感和文化自豪感。此外，博物馆课程资源具有广博性、互动性、情景性等特点，这与中小学学生的兴趣相契合，更易于激发学生学习语文的热情。因此，基于博物馆的语文综合实践活动，对学生语文素养的提高具有重要的作用。它将博物馆课程资源的优势和语文综合实践活动的优势结合起来，不仅为学生提供了充足的实践机会，还为学生提供了丰富的精神食粮，丰富其知识结构，拓宽其眼界，从而有效促进其语文素养的提高。

（二）培育语文综合素养成就学生们的自主探究学习能力

根据建构主义学习观，学生的学习过程是知识的建构过程，是学生将新的知识经验与已有知识结构进行组织、同化和顺应的过程。小学二年级的学生对很多知识都了解尚浅，并没有形成系统的知识结构，因此，教师的引导作用在整个主题活动中起着关键的作用，教师在活动中要尽量使得教学内容接近于学生的生活，使学生能在已有认知结构的基础上轻松地建构新知识。因此，教师对课程内容的选择应当充分考虑到学生的现有基础和发展的空间，才能更好地促进学生对科学概念知识的理解和建构。

学生是学习活动的主导者，学习活动的开展需要学生的学习兴趣作为动力，教师在教学中激发学生的学习兴趣是引导学生自主学习的首要环节，教师触发学生思维的兴奋状态，可以有效激活学生的思维，更加集中学生的注意力，学生在强烈的好奇心和兴趣的驱动下产生强烈的学习动机，而博物馆资源的生动性和直观性更加符合小学生的认知特点，更好地引发学生的兴趣，二者的吻合为博物馆科学课程资源开发提供了更好的着力点。教师和研究者应当充分利用这一优势，尽可能选学生感兴趣的内容，使学生乐于学习，积极探索。

（三）课程标准对学生语文综合素养提出明确要求

《义务教育语文课程标准》提出，"应拓宽语文学习和运用的领域，注重跨学科的学习……使学生在不同内容和方法的相互交叉、渗透和整合中开阔视野，提高学习效率，初步获得现代社会所需的语文实践能力。"要求教师"充分利用课外资源"服务于语文教学。

信息化时代的语文课堂，对教师的要求是全方位的，既要有哲学家的思想，又要有历史学家的渊博和文学家的风采；既要有演说家的口才，又要有诗人的情怀……当孩子对繁杂的社会充满好奇时，当他们的求知欲始料不及地出现时，当看到孩子们渴求知识的目光得不到满足而变得黯然无光时，作为一名语文老师，我们的语文课堂，需要向深层次发展，绝不是停留在课本上的教育，它需要丰富的教育资源和学习形式作支撑。

二、活动主题及研究框架

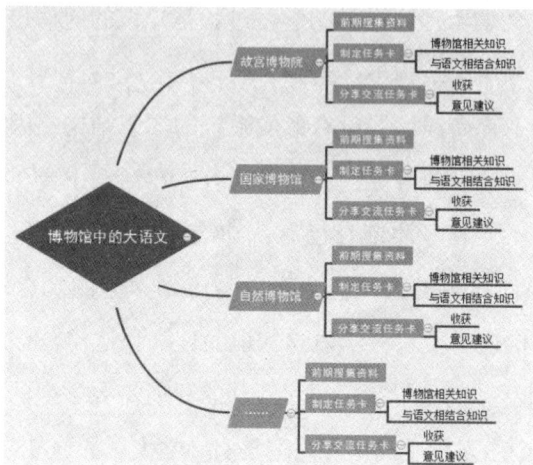

图13 语文综合实践活动主题研究框架图

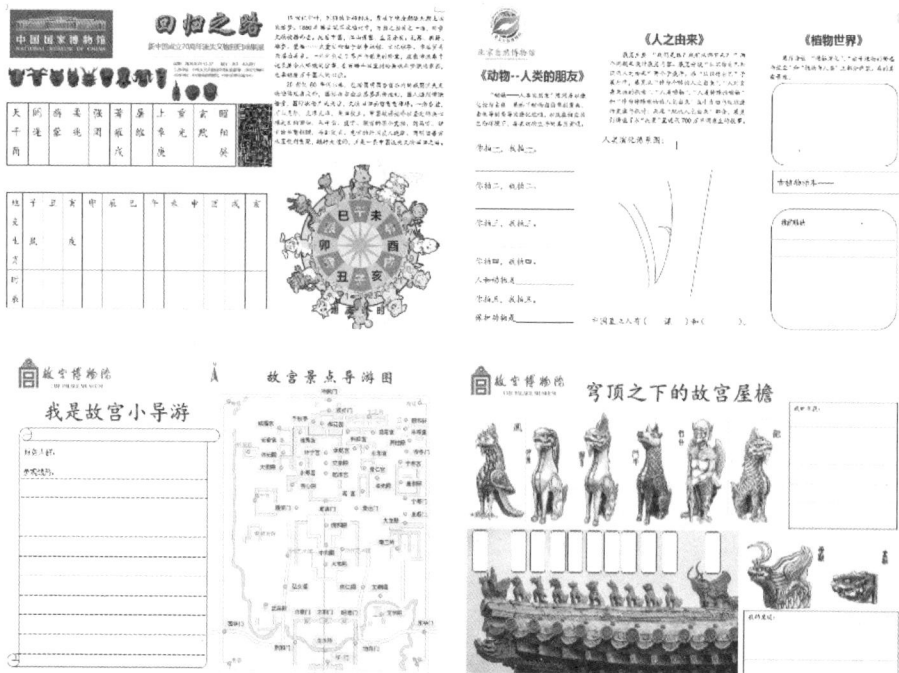

图14 博物馆任务卡

三、活动目标

表8 基于博物馆的语文综合实践活动小学培养目标

<table>
<tr><td rowspan="13">小学第二学段</td><td rowspan="3">情感目标</td><td>乐于学习语文</td><td>培养喜爱语言文字的情感，培养语文学习自信心，初步掌握语文学习的基本方法。</td></tr>
<tr><td>喜爱传统文化</td><td>了解丰富的中国传统文化；理解汉字的文化内涵，体会汉字优美的结构艺术；能够初步掌握一些传统文化。</td></tr>
<tr><td>服务社会</td><td>培养学生遵守社会行为规范的意识；乐于帮助他人；初步养成对社会负责的态度。</td></tr>
<tr><td rowspan="3">能力目标</td><td>语文综合能力</td><td>学会倾听，能够把握说话人的主要内容，能用普通话清楚明白地表达自己的想法。能联系上下文理解词句意思，把握文章的主要内容。能从活动中积累语文写作材料。学会观察周围世界，较流畅地写下自己的见闻、感受和想象。</td></tr>
<tr><td>团队合作能力</td><td>能在教师的帮助下，组建较小规模的小组；有团队意识和责任感，体会团队合作的意义，关怀团队的成员；掌握基本的合作技能，比较顺利地进行小组交流；能明确分工，努力并较有条理地完成自己的任务。</td></tr>
<tr><td>搜集信息能力</td><td>在教师指导下，能运用"请教""阅读""观察""上网"等基本方式搜集活动材料和信息。</td></tr>
<tr><td rowspan="3">方法目标</td><td>访谈法</td><td>能确定合适的访谈对象，围绕访谈主题，小组合作设计简单的访谈提纲；有礼貌地开展访谈活动，初步尝试整理访谈的信息。</td></tr>
<tr><td>自主探究法</td><td>能根据任务要求，自行安排自己的学习进度；能够通过观察思考发现问题；可以选择合适的方法来解决问题。</td></tr>
<tr><td>讨论法</td><td>能围绕讨论主题，较清楚流畅地表达自己观点；讨论过程中，能够抓住别人表达的中心意思；能够以合适的语气，语调等来表达观点。</td></tr>
</table>

四、活动时间及地点

2018 年 9 月 –2020 年 1 月

故宫博物院、国家博物馆、自然博物馆等。

（一）活动准备

1. 教师准备

（1）与有关资源单位提前联系沟通，说明实践目的，了解实践流程，确定时间地点等。

（2）与家长进行沟通，帮助家长了解流程和重点，并强化家长们的安全防护意识。

（3）与学生们进行沟通，帮助学生们掌握注意事项，提出思考问题要求。

（4）制作博物馆任务卡、小组计划单等，并提前发给学生们。

2．学生准备

（1）根据公布的博物馆实践活动主题及有关要求，组成研究小组，确定目标、确定小组名称等。

（2）自行思考任务卡所设计提出的问题。

（3）校服、队旗、有学校 Logo 的班旗等。

（二）活动内容

1．完成故宫博物院任务卡环节

六年级上册就有一篇《故宫博物院》的课文，因此，在设计中小队活动时，特意将故宫博物院作为一处必打卡的博物馆，并在设计任务卡时，贴合六年级的课后相关习题。

（1）我是小导游，为故宫设计一份游览线路，分小队，针对不同人群来设计，可以是外国游客，可以是中小学生，可以是建筑方面的爱好者，文物方面的专题，还可以是宫廷剧的发烧友……小队在充分了解故宫的基础上，针对不同需求的人群，进行游览线路设计，这个过程不就是探寻故宫百年宫廷之美的过程吗？

完成我是故宫小导游的任务卡。

（2）专门针对故宫的建筑，了解故宫各大殿屋檐上的神兽，探寻屋檐上、宫廷之美、建筑之美、文化之美。

完成穹顶之下的故宫屋檐任务卡。

（3）制作小报。根据参观的收获，每名学生自由发挥制作一张《我来了·故宫》。

2．完成国家博物馆任务卡环节

国家博物馆于 2019 年 9 月 17 日 – 11 月 27 日举办了名为"回归之

路——新中国成立 70 周年流失文物回归成果展"。70 年回溯，中华民族从屈辱危亡走向伟大复兴的历史脚步，成就了流失文物从颠沛散失到盛世重光的命运变迁。70 年回溯，中国共产党传承中华民族优秀传统文化的不变初心，各级人民政府保护祖国文化遗产免遭侵害的坚定决心，亿万中华儿女守护民族根脉的爱国之心，始终是推动流失文物回归的最根本力量。70 年回溯，流失文物从昔往今归、殊途同归到四海归心的回归之路，见证的，正是中华民族从站起来、富起来到走向强起来的伟大历程。谨以此展，献给中华人民共和国成立 70 周年。

借以这次难得的"回归之路"展，得以一次目睹圆明园十二兽首中的七个，进而通过任务卡了解中国传统文化中的天干地支，了解古代的生肖与时辰，感受文物所承载的历史与文化，更通过文物的回归，感受祖国的繁荣与昌盛。

文载于物，族髓附间。运脉牵连，兴者襄见。"文化是一个国家、一个民族的灵魂。文化兴国运兴，文化强民族强。"文物承载国运，牵连民心。一段文物流失史，经百年愤怒、无奈、悲凉的熔铸，已经融入中华儿女情感基因，激励国人时时警醒，砥砺前行。一条文物归来路，70 年筚路蓝缕，路转峰回，每一次回归，都在凝聚着民心，激昂着力量，重重擂响中华民族走向复兴的鼓点。

文物流失，渐成过去时。文物回归，正在进行时。红日初升，其道大光。中华民族创造了具有 5000 多年历史的灿烂文明，也一定能够创造出更加灿烂的明天。

这次各小队组织参观的"回归之路——新中国成立 70 周年流失文物回归成果展"，在文物的见证下，追寻祖国从屈辱走向富强的足迹，感受祖国富强起来的自豪感，感受文物之美，文化之美，历史之美，初步认识到自己肩上担负起的责任，并为之努力奋斗。

（1）学习基因相关知识。专业人士讲解、回归文物的相关知识，特别是圆明园十二生肖铜兽首。

（2）了解十二生肖铜兽首对应的天干地支，填写任务卡。

（3）总结得失，梳理感受，分享交流任务卡。

3．完成自然博物馆任务卡环节

自然博物馆有十个基本陈列馆，以生物进化为主线，展示了生物多样性以及与环境的关系，构筑起一个地球上生命发生发展的全景图。古生物陈列厅向我们展示了生物的起源和早期的演化进程，透过化石的印痕，人们似乎又看到了已经灭绝的生物。这些生物的遗迹，似乎带领人们穿越时空，聆听来自遥远太古代的声音；而植物陈列厅又似一部绿色的史诗，叙述着植物亿万年的演变。由水生到植物登陆，即使是一朵花的盛开，即使是一粒种子的传播，都蕴藏了无数的奥秘，留给我们无数的疑问；动物陈列厅，则向我们讲述了这些"人类的朋友"身上的奥秘，这里将世界上最具代表性的野生动物及其生态环境还原再现，生动地向我们展示了动物之美，动物界的神奇；人类陈列厅，让我们一睹人类由来的壮阔历史。由猿到人，历经万年，才有今日的容颜。一个人的诞生，看似平淡无奇，却展示了大自然的鬼斧神工。

二年级的课文中《拍手歌》的主题就是人和动物是朋友，在自然博物馆里了解动物，感受"人与动物是朋友"，是再好不过的了，同时，对于低年级的孩子们来说，人的起源、发展、变化是学生们好奇且感兴趣的，而自然博物馆的"人之由来"中，刚好可以为孩子们答疑解惑。因此，根据实际，制定了自然博物馆的任务卡，中队要集体参观的是"人和动物是朋友"和"人之由来"，剩下的主题六个小队每队自选一个主题，小队之间不能重复，每队每名队员都有一张相关展馆的任务卡，并将活动主题定位为一次找寻人与自然的和谐美。

通过这样的课外实践活动，学生在参观的过程中，用一双发现美的眼睛，找寻人与自然之美，并将找寻到的美记录下来。

4．总结分享交流环节

（1）组织班会畅谈实践感受。

（2）对部分任务卡进行品评，总结优秀的部分、改进不足的部分。

五、实施过程

准备阶段	校内班队会	1	动员。向活动参与学生介绍活动内容，激发学生兴趣，动员学生们做好准备。
		2	提出要求。针对不同主题，提出需要思考的问题，明确活动要求和安全要求。
具体实施阶段	校外语文实践活动	故宫博物院环节	1	参观。参观故宫博物院。
			2	讲解。专业人士讲解。
			3	操作。进行任务卡的填写。
			4	计划。小组/小队进行计划书记录。
			5	总结。学生们根据参观情况，回家制作小报。
		国家博物馆环节	1	参观。国家博物馆。
			2	讲解。文物回归之路的历史背景以及中途所发生的感人事迹。
			3	操作。学生们分组，完成任务卡。
			4	总结。汇报交流。
		自然博物馆环节	1	参观。参观自然博物馆。
			2	讲解。一是讲解人之由来。二是讲解动物-人类的朋友。
			3	操作。学生们分组，进行参观并完成任务卡的填写。
			4	总结。分享交流任务卡，以及参观的收获。
具体实施阶段	校内课程总结	1	组织班队会。以参观感受为主题，学生们畅谈在参观过程中的心得体会和不足之处，为下一次博物馆之旅做好准备。
		2	任务卡品评。对学生们的小报、任务卡进行点评，结合参观内容，突出优秀部分和不足之处，帮助学生们改进提高。

六、总结

随着 2017 年我国《义务教育小学科学课程标准》的正式实施。新的《小学科学教育标准》对小学科学课程设置、内容、教学实施及实施环境等都做了明确的要求，这必将为馆校结合下的科学教育的发展提供新的科学指导。但现今学校主体在馆校结合中，受种种限制，做的努力和尝试并不多，而馆、校结合中博物馆方面做了很多有益的尝试并取得一定的效果，但在设计开发符合学校课程内容需求的活动时，仍存在外表华丽，"为了动手而动手"的现象，博物馆参观部分与学校课程内容之间的衔接不大，并不能真正满足学校的需求，而学校本身在这方面的活动设计上优势更加明显。尤其是在中小队活动中，通过课外实践活动、主题班队会以及班级文化建设等多种途径，让学生走进博物馆，感受里面蕴藏着的大语文，同时，让大语文融进博物馆，从而激发学生的自主探究学习的潜在能力。

设计者：陈础（北京市东城区培新小学）

以剪纸活动为"壤"　育核心素养之"花"

一、选题背景

小学数学综合实践活动课程在关注学生持续性发展的同时，能让数学回归于生活、应用于生活、服务于生活，一定程度上拓宽了学生的知识视野，培养了学生的创新思维，体验了数学的应用价值，让数学学习充满生命的活力，使学生在数学综合实践活动中具备终身学习和发展的能力，从而进一步培养学生的核心素养。本节《轴对称图形》是九年义务教育人教版二年级下册第三单元的教学内容，属于"图形与几何"领域的教学，是培养学生空间观念的主要途径，而空间观念是"图形与几何"领域教学的"魂"。

基于此，本节课以综合实践活动课程为发展学生空间观念的有效载体，做到：在欣赏中看数学；在生活中想数学；在剪纸中用数学；在猜想中感受数学。这样的综合实践活动课程能够潜移默化的渗透数学文化、欣赏数学文化，从而加深对数学知识的认识，做到以"动"促"思"，让概念在指尖挥动间"自然"生成，从而促进空间观念及核心素养的持续发展。由此，特将人教版二年级下册教材中《轴对称图形》一课调整为以剪纸活动为"壤"育核心素养之"花"为题的综合实践活动课程。

为更好地了解学情，我们对本校50名学生进行随机调查，调查方式为前测和访谈两种。调查内容及结果如表15所示：

表9　50名学生对对称图形的理解程度

题目：下面哪些是对称图形，请在（　　）内画"√"。

图形				
正确率/%	92	78	12	86

　　分析：根据前测调研我们发现：学生对轴对称图形已经有一定的认知，对"标准图形"的判断正确率非常高；部分学生对"非标准图形"的认知不够明确，需要被关注；还有少数同学对旋转和对称的概念存在混淆；根据访谈调研我们发现：大部分学生对轴对称图形的认知停留在直观感知，即：停留且仅停留在左右两边一样，缺乏对其概念本质的理解。基于此，我们认为：教材中的素材与当前学生的认知水平存在一定不符。我们结合当前热点时事，精心为学生挑选大量生活的实例，使学生切实感受到数学来源于生活、应用于生活；多以动手操作的学习方式体验实践活动的丰富多样性，发展空间观念，在不同的数学活动过程中真正理解和掌握基本的数学知识与技能、数学思想和方法，同时获得广泛的活动经验。

二、活动目标

　　（一）通过观察、操作、想象初步认识轴对称现象，找到对称轴，判断一个图形是否是轴对称图形。

　　（二）经历操作、观察、想象、交流等活动，增强观察能力、想象能力和表达能力，发展空间观念。

　　（三）感受现实世界中普遍存在的对称现象，体验到生活中处处有数学，感受物体或图形的对称美，激发对数学学习的积极情感。

三、活动过程

（一）活动框架

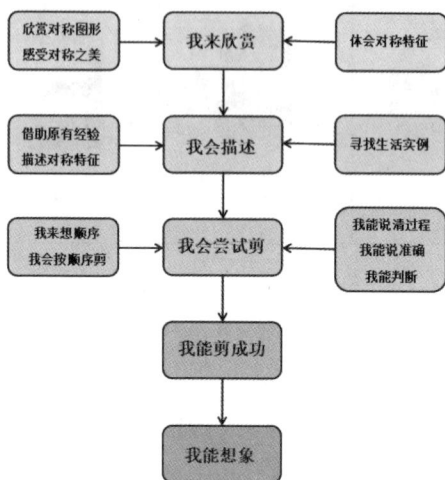

1. 欣赏对称之美

同学们，这个冬天在我们首都——北京举办了一场世界瞩目的盛会，你们知道是什么吗？看完这些照片，你们觉得美不美？为什么？

结合当前时事，感受生活中的对称美。初步感知对称：两边是一样的。

2. 寻找生活实例

其实在我们生活中也有很多对称现象，快找一找，哪儿有对称现象？

感受剪纸艺术的魅力，加深对对称含义的理解，体会左右两边相同、上下两边相同。

3．剪纸思考特征

你们能不能也剪出一个对称图形呢？动手前，先想想：怎么操作才能剪出对称的图形呢？第一步我们要做什么？然后呢？接下来呢？

质疑：关于刚才剪纸的过程你们有什么想问的吗？或者是要提示大家的。

提出问题：（1）为什么对折？为什么只画一半？画在哪儿？

（2）这些作品有什么共同的特征？

（3）如何验证一个图形是否为轴对称图形？

4．再剪巩固特征

通过再次创作剪纸加深对对称图形特征的应用。

提出问题：（1）猜一猜这是什么图形？为什么？

（2）它的对称轴在哪儿？

5. 应用特征想象

利用轴对称图形特征解决问题。

素材1：

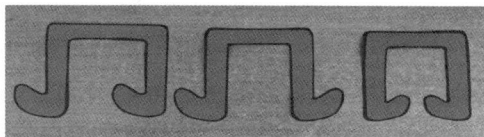

素材2：

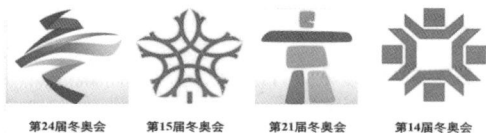

第24届冬奥会　　第15届冬奥会　　第21届冬奥会　　第14届冬奥会

素材3：

提出问题：（1）是不是轴对称图形？如何验证？

（2）对称轴在哪儿？

（3）猜一猜这是什么图形？如何验证？

在思考中想象：（1）轴对称图形中藏着哪种运动？

（2）图形还可以怎么运动？

用数学知识和技能分析解决问题，培养学生创新思维和实践能力，增强数学应用意识，引导学生从单元整体思考问题，使学生在综合实践活动课程中具备终身学习与发展的能力。

四、教学反思

本节课将一节传统的数学课重构成以欣赏－举例－剪纸－猜想为主线的综合实践活动课程。通过数学综合实践活动，使学生在数学学习中提升了审美水平，增强了民族自信，也落实了培育学生的实践能力、创新意识和应用数学的意识，强调了新课程改革下数学综合实践活动对于发展学生数学素养的重要性。本节课最突出的特点是为学生提供了丰富多彩的素材和足够的体验机会。

（一）丰富多彩的素材

课堂伊始便以当前热点时事——冬奥会引入，让学生在轻松且愉悦的氛围内开启学习之旅。课程主要围绕我国悠久的民间艺术——剪纸进行开展，将实践的操作、方法的讲述、概念的由来和理论的验证融入其中，营造出充满活力而未失智慧的课堂氛围，使学生在心理上获得安全感和满足感。剪纸艺术与数学知识的巧妙融合，既让学生深刻理解了"轴对称"的概念，发展空间想象能力，又让概念的教学不失风趣，是本节课想要达到的最终目标。

（二）足够的体验机会

学生在动手操作体验过程中所获得的直接经验和亲身体验是促进思维发展的重要途径。因此，让学生凭借已有的认知经验"剪一剪"便是开启新知探究的开端。严谨的数学概念始终围绕着有趣的剪纸活动展开，既帮助学生理解了"轴对称"的概念，又渗透了"数学文化"，使概念的教授更加生动有趣，也更加具备内涵。第二次剪一剪便充分发挥了学生的无限潜力，在想一想、猜一猜、剪一剪活动中巩固了轴对称图形的特征，同时培养了学生的空间想象能力。

设计者：许佟（北京市东城区培新小学）

我与成语

一、选题背景

随着信息化、全球化浪潮的激荡，全世界的联系变得越来越紧密，各国综合国力的竞争已由过去表层的生产力竞争，转化为深层的以人才为中心的竞争，《中国学生发展核心素养》于2016年正式颁布，对新时代学生的"必备品格"和"关键能力"，提出了新的时代要求。

虽然时代对学生的必备品格和能力提出了新的要求，但是中华民族的传统文化却不能遗忘。文化是一个国家、一个民族的灵魂。文化自信，是更基础、更广泛、更深厚的自信，是一个国家、一个民族发展中更基本、更深沉、更持久的力量。没有高度文化自信，就没有中华民族的伟大复兴，这份自信要从娃娃开始培植。"不忘本来才能开辟未来，善于继承才能更好创新。"

二、主题概述

	课题	学科 （相融合的学科）
1	成语电台的成立与研究	英语、音乐
2	分类成语词典的编创	劳技
3	成语绘本的绘制	美术
4	名胜古迹成语地图	道法、美术
5	成语故事课本剧的表演	音乐
6	击鼓传花成语比赛的编创	数学
7	成语积累小妙招集锦	美术、科学

学生在一年级时开展了"我与字"的综合实践活动，进入二年级，我们结合学生兴趣，基于如下考虑，开展了"我与成语"的综合实践的。

（一）有助于传承优秀传统文化

成语作为中华民族悠久历史和灿烂文化的一部分，更是中华文库的瑰宝。成语生动凝练、朗朗上口，具有丰富的内涵；成语故事则形象鲜明，具有诙谐性和伦理性，蕴藏着十分丰富的知识、道理和独特的中国智慧。学生在探究实践中，也能融会贯通地初步理解传统风俗、传统道德、传统美学等各个层面的传统文化,甚至一窥成语背后所反映的历史变迁和社会变革。

(二)有助于促进多学科巧妙融合

成语作为融进我们民族文化的一个基因,可以成为与数学、英语、道德与法治、科学等多学科进行巧妙融合的枢纽,以成语为探究主题,了解成语背后蕴含的丰富的文化与知识,比较有利于巧妙地将各学科进行有效融合。

(三)有助于促进"立德树人"的落位

"我与成语"的综合实践活动,不止有助于提升学生解决问题、发现问题的能力,还是对"双减""双升"教育改革的有效助力。

中华文化历史悠久、底蕴深厚、源远流长,而成语文化是其中的一部分。学生探究成语背后传统文化内涵,有助于激发学生对祖国传统文化的热爱,达成立德树人、提升学生核心素养的时代要求。

三、课程目标:

(一)价值体认:通过小队的实践活动,让孩子获得交流展示的平台,锻炼搜集资料、积累知识、表达运用的能力。学生透过成语感受到其背后的文化内涵,通过成语文化的感染、思想的熏陶、精神的提升,培养学生高尚的道德情操和健康的审美情趣,加快对学生语文核心素养的提升。

(二)责任担当:通过一系列的实践活动,在不断地输入和输出的过程中,对成语故事产生兴趣,愿意了解成语的文化意蕴,学习掌握运用成语表达自己的想法。提高学生的语文素养,丰富其文学视野,激发学生的民族自豪感和自信心,愿意传承与发扬中国传统文化。

(三)问题解决:通过老师的指导,可以自己查找、收集、积累成语,了解成语文化,提升学生的收集信息,自主获取知识的能力,有助于培养学生的语言表达能力,提高对成语内涵的理解,学会在生活中简单使用成语。

(四)创意物化:在实践活动中,知道如何调动各种感官,如看、听、说、写等学习成语,积累成语。能够运用多种方式如绘制成语画、诵读成语和成语归类等方法把自己对于成语的理解创意地展现出来。愿意积极参与校内与校外的各种成语亲子活动，并在成语竞赛上自信表达。

四、活动流程

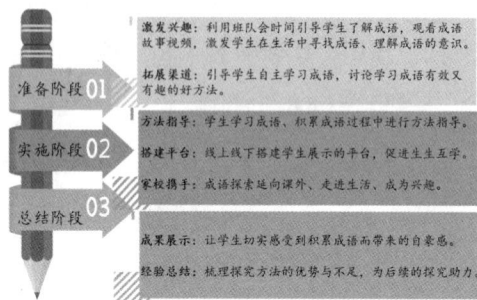

五、活动实施

（一）活动步骤

1. 制定目标

活动之初，我们二年级团队教师通过组务会，大家集思广益，一起制定了综合实践活动的课程目标。接着，各班围绕年级综合实践《我与成语》的主题与目标，制定出班级的小主题和实施计划。

2. 寻找联系

寻找学科之间的起点和学科之间的联系，以及语文学科和综合实践活动课程之间的联系。

3. 达成共识

在实践活动中鼓励学生自主提出问题，老师、家长和学生一起来解决问题。在这一年的成语综合实践活动中，各班学生都参与了丰富多彩的活动，教师们也注重激发兴趣、关注积累、寓学于乐。

（二）活动内容

1. 积累成语——多多益善

（1）抄写成语

活动初期，为了培养学生学习成语的热情，教师组织学生随意抄写自己喜欢的成语，内容不限，还精心地设计了不同主题的成语积累卡，借助竹娃币鼓励有能力的学生多积累，调动学生积累成语的热情。

（2）听成语故事

成语故事有其独特性，我们也抓住了二年级学生爱讲故事的特点，各班都开展了日常"成语故事会"活动，每个孩子介绍一则自己喜欢的成语，在不断提高学生表达能力的同时，很多孩子也通过同伴们绘声绘色的讲解，对成语产生了更加浓厚的兴趣，课间也会看到孩子们自发地拿着成语故事书来读。

2. 多种形式——玩转成语

（1）绘制成语旅游地图

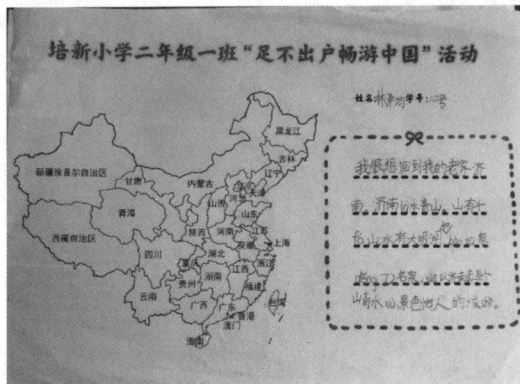

2021年暑假很多家庭制定了出行计划，但由于疫情的反复，没能出京，所以很多班级就开展了"足不出户畅游中国"的活动，一是让孩子积累成语，在展示的过程中学会运用成语，二是在学生头脑中绘制出一幅中国地图，深入了解自己的祖国。孩子根据自己去过的或者计划去的景点、地点的特点，积累一个相关的成语，并围绕这一特点和成语来展开文字性的叙述。

（2）成语贴画作业

10月份随处可见的落叶与成语碰撞出了火花，孩子们收集各种各样的树叶，拼贴出成语，十分漂亮。在活动过程中，老师们真是为孩子们的创意点赞。这一张张生动的树叶画，既让孩子在制作时将有趣的成语深深地烙印在了脑海中，又拉近了学生与成语的距离。

（3）趣味成语魔方

利用休息日，有的孩子在家里玩成语魔方，录制成语故事视频，得到了家长的支持，同学们在镜头前落落大方，把自己积累的成语故事诵说了出来。

3. 家长助力——走进生活

（1）亲子实践活动

①亲子成语诵读公众号，喜马拉雅

很多老师提出了可以以电台的形式让孩子们来讲成语故事。于是经过反复推敲和考量，正式成立了书声琅琅成语电台和"书声琅琅成语电台"的微信公众号。同学们通过在"书声琅琅成语电台"录制成语，大大提高了成语积累量，同时也提升了语言表达能力，同学们的参与热情十分高涨。

②外出亲子成语活动

好几个班在校外组织活动，家长组织孩子们在游玩的同时进行成语接龙活动比赛，增进了同学们之间的友谊，也使成语活动悄悄走入了孩子们的日常生活。

③排演成语课本剧

学校课本剧展演期间，家长主动请缨，组织同学们排演成语课本剧，多次组织学生排练，买服装，准备道具，背台词，直到演出，同学们和家长都十分的投入，把成语活动和生活紧密地联系在了一起。

（2）假期进行成语归类

活动进入中期，孩子们背诵的成语需要分门别类地梳理，才能更好地运用，于是同学们把书中的以及日常积累的成语进行分类整理。对成语的分类整理促进了孩子们对于成语意思的进一步探究，激发了学生成语探索上纵向的思考。

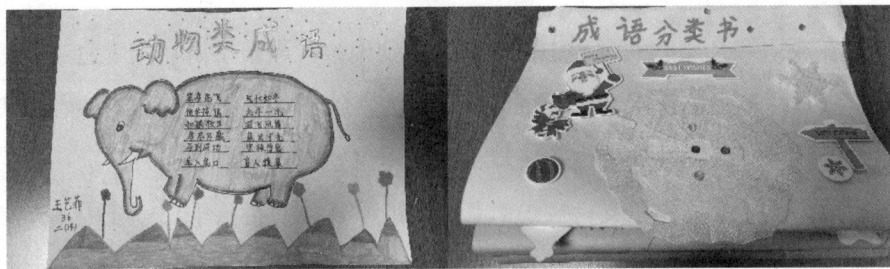

4. 成语比拼——大放光彩

在开展成语活动接近尾声，我们赶上了疫情居家隔离，二年级各班就在线上召开了有趣的成语竞赛活动。这样独特的活动，既缓解了居家隔离的焦虑，又让学生将自己的积累自豪地展现出来。学生们在线上抢答十分激烈，把本学期的成语活动推向高潮。

六、活动反思

二年级学生的认知发展水平主要处于儿童认知发展的具体运算阶段，这个阶段的儿童能凭借具体事物或从具体事物中获得的表象进行逻辑思维，但其认知活动必须与他们所熟悉的物体或场景相联系，还不能进行抽象思维。

（一）搭建具体实践场景

综合实践可以将学科课程知识融入具体的实践场景中，与学生熟悉的生活经验相联系，让学生通过实践活动更好地领会学科课程的内容，达到理解和掌握的水平。在此过程中，学生的核心素养得到提升与发展，尤其是资料搜集、信息解读与鉴别能力、交流表达能力与创新实践能力等得到了提升和发展。

（二）整合融入各学科知识

同时在"我爱成语"的实践活动中，年级组上下一心，整合融入了各种不同学科的知识，使学生能获得关于知识的综合的、整体的认知，从而培养发展完整的人。给学生提供了综合学习的机会，为学生提供了运用跨学科知识解决问题的能力。

（三）实践过程有坚守

在成语综合实践的过程中，难免会碰到困难，当孩子们在探索之路上遇到瓶颈时，教师的作用就恰恰显现了。作为实践活动的引导者与支持者，我们引导孩子捋清问题的关键，一步步突破障碍，在方案行不通时鼓励孩子另辟蹊径。这样的引导是支持孩子对于探究的坚守，使得孩子在坚守中不断突破自我、增长经验、培养能力。

（四）综实边界模糊化

综实边界的模糊化有两个方面，一是学科的模糊化，在整个实践过程中，我们一直关注多学科融合，调动学生的各方面知识和经验探索成语。二是角色的模糊化，教师、学生、家长在综合实践活动中变为了研究共同体。三方都可以是综合实践的主角，有各科教师的托举，有家校合作的助力，家长在各个行业的专业知识与能力，真正为孩子们的纪实探究拓宽了渠道，打开了视野，更推动了综合实践活动走向生活的重要一步。

通过一年的努力，也许不是所有同学都成了"成语专家"，但每一个孩子一定都从自己的角度更好地认识了成语，学习了成语，真正做到了"我爱成语"。相信这样的实现过程，也会为他们后续的学习打好基础，帮助他们更好地体会传统文化蕴含的无穷魅力，感受身为一个中国人的骄傲和自豪，日后在生活的大课堂中更加自主地学习。

设计者：李建丽　韩颖　张艺晨（北京市东城区培新小学）

第二节 "主题+"综合实践活动课程设计

争当环保小卫士——垃圾分类

一、选题背景

（一）关于教学内容

《垃圾分类》是一门综合实践活动课程。这一活动主题来自于平时的生活。孩子们在日常生活中，会制造出各类垃圾，孩子们知道垃圾要扔到垃圾箱中，却并不知道这里面还有许多门道。分类垃圾箱什么样？和我们常见的垃圾箱有什么不同？垃圾分类有什么好处？不进行垃圾分类有什么危害？垃圾如何分类？这些问题会在学生们的头脑中不断出现。学生在生活中发现了问题，产生了有疑问。在解决问题的过程中，不是通过教师单方面讲解知识，而是教会孩子们自主查找资料，了解垃圾分类的重要性，并通过阅读相关材料，自主学习垃圾分类的方法。最后，通过自己动手把常见垃圾摆一摆，分一分，遇到困难和分歧再讨论讨论，通过这一系列的学生自主学习，初步学会垃圾分类的标准和方法，使学生逐步具备学习能力。

（二）关于学生情况

为了更好地贴近学情，使课程设计真正符合学生的需要。提前进行了课前调查。调查从两方面入手：

1. 学生对于垃圾分类的概念、意义等的了解程度。

2. 学生对于垃圾分类的方法的掌握。

通过调查，我发现，孩子们对于垃圾分类的概念、意义等了解较多，能知道不进行垃圾分类会污染环境，占用资源。如果把垃圾进行分类，不仅能够节省例如土地等的一些资源，还能够使得很多资源能够回收再利用。而且很多学生已经关注到了自己生活中的垃圾分类，如：有的孩子能够注意到自己的家长把家里的废纸箱统一收集起来卖给回收站这样分类行为。

但是，通过问卷调查发现在垃圾分类的具体方法上，孩子们了解的就不多了，很多垃圾不知道该分为什么类型。

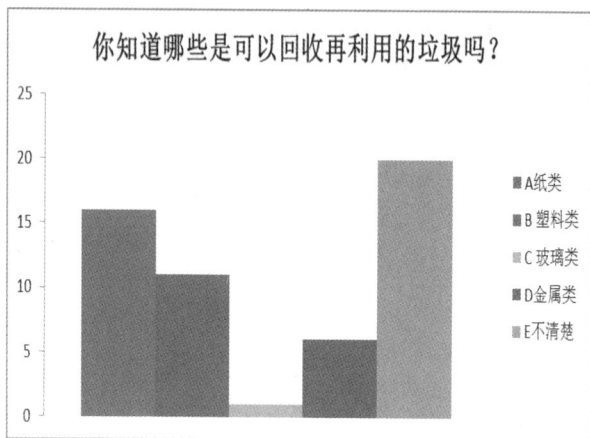

基于对教学内容和学生情况的分析，我把课程的教学重点设定为以学习垃圾分类的方法为主，了解垃圾分类的意义为辅。教学难点是对于一些模棱两可的物品如何分类。初步确定教学的重难点后，我继而开始思考教学的方式和手段。

由于这节课属于综合实践活动课程，一定要让孩子真正动起来，参与其中，通过自己发现问题，探究问题，最后解决问题。于是，我的课程设计中体现了老师讲解引入，学生自主学习的方式。

课程的重点是学会垃圾分类的方法，那么就要让学生自己亲自动手分一分，这样才能真正掌握方法。因此，我在学生的实践环节，让学生根据自学情况，以小组为单位，自己把生活中常见的垃圾分一分类，遇到有争议的进行全班讨论，在自主合作的探究中学会垃圾分类的方法。

二、活动目标

（一）价值体认：了解垃圾分类的重要性，认识到保护环境才能使得人类可持续发展；

（二）责任担当：具有宣传、践行垃圾分类的责任意识，能够运用自己所掌握的垃圾分类方法，指导更多的人进行垃圾分类，保护环境；

（三）问题解决：能够借助学习单等资料，进行方法的学习，并通过小组合作的实践方式，动手操作，正确进行垃圾分类。对于小组合作中出现问题，进行思考尝试。并能通过课后对于垃圾分类的践行方案的制定，设计宣传及实践活动，让更多的人认识到垃圾分类的重要性，并能够正确进行垃圾分类。

三、活动过程

（一）汇报导入，引出主题

1. 前段时间，我们班开展了一次"争当环保小卫士"的实践活动，很多同学都记录了他们平时在学校里、在家里、外出的时候所产生的垃圾，请同学们来汇报一下他们的记录情况，并说说平时这些垃圾如何处理？

2. 引导学生观察分类垃圾桶，说说在哪里见过？（马路上、小区里、学校里）发现了什么？（和普通的垃圾桶相比，数量多了、颜色不同、每个垃圾桶上面画着不同的图案、写着不同的字……）

3. 这就是分类垃圾桶。请学生仔细观察它们的图案标识，说说不同的图案都代表着什么种类的垃圾。

4. 学生汇报课前了解的有关垃圾分类的知识和意义，体会垃圾分类的重要性。

5. 学生汇报关于垃圾分类的问卷调查结果，提出结论：虽然很多同学听说过垃圾分类，但是对于它的具体怎么分类了解的并不多。引出本课主题——垃圾分类的方法。

（二）自学材料，分类练习

1. 教师从学生常见的垃圾中选取了一部分，学生试着给它们分类。

2. 一部分学生到黑板上分一分，分好后，其他同学判断是否正确。

3. 学生就一部分的垃圾类别产生了歧义，教师引导学生，当遇到不懂的问题时，可以通过查资料、问老师、问家长等方式解决。

4. 教师提供学习单，学生自学上面的内容，学完后对刚才的分类进行修正。

5. 学生小组合作，进一步对更多的常用垃圾进行分类。分类前，引导学生思考：分工合作能够有助于又快又好地完成任务。

6. 汇报讨论：选出最快的一组，说说如何分的，以及小组合作中的方法，为其他组提供方法参考。

（三）引入资料，升华意义，切身实践，效力环保

1. 引入日本垃圾分类的资料，引导学生发现垃圾分类对环境的重要性。

2. 引导学生思考，自己应该为保护环境做些什么呢？

3. 学生提出方案：在家中／学校中，开始垃圾分类放置；我给班级设计一个分类垃圾箱……

4. 课后同学们进行方案的设计，并进行实施。

5. 总结并号召：垃圾分类，从我做起。

四、教学反思

本节课以学生在生活中的发现为基础，由学生自己产生的疑问引导着进行探究，调动了学生的内驱力，充分体现出以学生为主体的育人理念。

本节课把垃圾分类的方法分为两个层次进行。第一次分类是学生在没有学习分类方法前，根据以往的认知经验，对一些简单的日常垃圾进行垃圾。在这个过程中必然会产生分歧和困惑，想要学会正确分类方法的意愿非常强烈。这时，给学生提供自学材料，学生就会犹如海绵一样，大口地吸收水分，把知识尽可能地记住。这之后，再让学生进行第二个层次的分类，这是，有了理论的支撑，学生们的分类就有据可依了。但第二次分类难度较大，并且教师精心设置了几处难点，需要学生对垃圾分类的标准有透彻的理解，对问题进行深入思考后才能解决。因此，在这个过程中，学生之间就出现了争论，但这正是教师希望看到的。于是，同学们经过一系列辩论，最终

明确了分类标准。通过这个过程，学生不仅学到了知识，还学会了自主探究的方法，对于他们日后的学习，有着深远的意义。

本节课还综合了多门学科的内容。如：对垃圾分类的方法，教师并没有讲解，而是通过学生自主阅读一篇文章来获取。锻炼了学生的阅读能力。在文章后，还有一道题目需要学生完成，又培养了学生从文中提取信息、梳理信息的能力。又如，学生在课前进行了问卷调查，课上以柱状图的形式向学生呈现了调查结果，并由参与的学生进行讲解。这样一来，学生能通过自己的实践活动，亲身体会到柱状图的用法和优点，当学生四年级的数学课中再出现这些内容时，学生就已经有了很好的知识构建了。

当然，这节课还存在一些不足，需要在未来的课程设计中注意。如，在学生进行第二次分类时，教师有意设计了一些有争议的物品，通过学生的探讨、辩论，意在培养他们透彻理解垃圾分类标准，以及深入分析问题的能力。但由于教师自身对于相关知识的了解还存在一定局限，因此这样的设计并不多，虽然在课上给了学生一定的启迪，但是没有足够的例子让学生充分强化这一环节。教师应该不断丰富自己的知识，设计出更多这样的内容。另外，在学生完成第二次分类并进行讨论和反馈后，应再给学生一定的时间进行修改，以及对所学知识的内化。

设计者：于未娟（北京市东城区培新小学）

辩论赛

一、选题背景

2012年，培新小学建校60周年之际，学校通过征集、评选、推出了培新小学文化形象吉祥物：竹娃。他代表着积极乐观、拼搏向上的精神。随后，培新小学开创了"竹娃成长奖励制度"，同学们通过自己一点一滴的努力和进步都能得到"竹娃币"，并在每月的"竹娃超市"中换取自己心仪的"竹娃文化产品"，留下自己成长进步的足迹。

近几年，随着此项奖励制度的推广，在形成正向激励作用的同时，也发生了一些"故事"。从这些事件出发，让广大未成年人在不断地谈、论、辩的过程中，把"学生间竹娃币借还是不借的利与弊"通过学生辩论的形式呈现在广大学生面前。引领同学们正确认识竹娃币的价值，形成积极乐观、阳光向上的心态，珍惜同学间和睦、友爱的相处。

二、活动目标

（一）通过搜集、整理辩题材料的过程及经历辩论的思辨过程，逐渐回顾、明晰竹娃形象精神，正确认识竹娃币激励、记录成长的价值，形成积极乐观、阳光向上的心态，珍惜同学间和睦、友爱的相处。

（二）通过参与活动，养成关注学校生活，积极参与学校文化建设的意愿，愿意且能够为校园生活出谋划策，初步形成对自我、学校负责任的态度和公德意识。

（三）通过参与或观摩辩论赛，学生会客观、辩证地分析辩题，流畅地表达观点，思维敏捷地反驳对手，形成对该辩题客观、辩证的认识，能指导自己的行为。

（四）总结活动过程、经验，形成对《竹娃币奖励制度》的修改建议，以及适合培新小学的辩论赛组织流程、模式，以红领巾提案的方式提交校少代会，建议修改完善成《竹娃币奖惩制度》，规范竹娃币的使用行为，同时建议在中高年级定期组织开展辩论赛活动。

三、活动过程

（一）活动实施

1. 发现、征集

（1）队会提出活动议题：同学间在"竹娃币"上发生过哪些问题（小故事）请大家以不记名的"故事信"的方式，一周内投入"中队信箱"。

（2）中队委员会整理"来信"，与中队辅导员共同讨论，筛选某一方面的小故事，作为此次议题的切入点。

2．确定辩题、辩手

（1）中队长就征集"来信"活动做小结，包含：收到信件的数量，故事反映出的问题归类，中队委员会提出以组织辩论赛的活动形式在中队内形成对问题的讨论，寻找解决问题的途径。

（2）中队辅导员做"故事信"活动点评、公布辩题。

此次辩题：同学间，借竹娃币，借还是不借？

正方观点：借　反方观点：不借

3．学习辩论流程

（1）带着老师提出的观察要求，观看提供的辩论赛视频。

（2）通过回答交流，掌握辩论赛基本流程、要求。

明确辩题，及正反双方论点，抽签确定正反方。

推选辩手，确定分工，辩论准备。

主席主持辩论赛，辩手按辩赛规则参与辩论。

（3）以中队投票的方式，推选出参与辩论的 8 位辩手（中队中思考力、表达力较强的队员，有代表性）。再以随机抽签组合的方式形成两队，确定正反方。

（4）辅导员提出要求：中队其他队员根据小队划分，也分成正反两方，参与论据的收集、论点的讨论，在辩论环节后，可向双方队员提问。

4．辩论准备

（1）参赛队员：组队、根据特点确认辩手顺序 / 分工、商讨论点、收集论据、资料汇通交流。

一辩：立论阐述；二辩：驳立论；三辩：置辩；四辩：总结陈词

（2）其他队员：根据所在小队的正反方观点，也参与资料收集、梳理思考，可提供给同一观点方的队员使用。

5．辩论赛

（1）主席介绍辩题、正反双方观点。

（2）主席介绍双方辩手、评判人员、辩论规则。

辩论赛规则：

①置辩规则

i 每个队员的发言应包括回答与提问两部分。回答简洁，提问明了（每次提问只限一个问题）。

ii 对方提出问题时，被问一方必须回答，不得回避，也不得反驳。

②自由辩论规则

i 自由辩论发言必须在两队之间交替进行，首先由正方一名队员发言，然后由反方一名队员发言，双方轮流，直到时间用完为止。

ii 各队耗时累计计算，当一方发言结束，即开始计算另一方用时。

iii 在总时间内，各队队员的发言次序、次数和用时不限。

iv 如果一队的时间已经用完，另一队可以放弃发言，也可以轮流发言，直到时间用完为止。放弃发言不影响打分。

③辩论中各方不得宣读事先准备的稿件或图表，但可以出示所引用的资料的摘要。

④比赛中，辩手不得离开座位，不得打扰对方或本方辩手发言。

（3）正反双方辩论环节

①立论阐述阶段 正方一辩发言（3分钟）反方一辩发言（3分钟）

②驳立论阶段 反方二辩发言（2分钟）正方二辩发言（2分钟）

③置辩阶段

正方三辩提问反方一、二、四辩各一个问题，反方辩手分别应答。每次提问时间不得超过15秒，三个问题累计回答时间为1分30秒。

反方三辩提问正方一、二、四辩各一个问题，正方辩手分别应答。每次提问时间不得超过15秒，三个问题累计回答时间为1分30秒。

正方三辩置辩小结，1分30秒。

反方三辩置辩小结，1分30秒。

④自由辩阶段 自由辩论阶段由正方首先发言，然后反方发言，正反方

依次轮流发言。（各4分钟）

⑤总结陈词阶段 正方四辩发言（3分钟）反方四辩发言（3分钟）

（4）观众提问、辩手回答时间/评判员讨论时间

（5）评判员公布结果、点评，观众投票评选正反双方各一名优秀辩手

（二）成果展示交流

1. 梳理活动成果：全体队员将自己在活动中的感受、收获，进行文本梳理，中队收集。

2. 中队委员会汇总、提炼形成2份红领巾提案：一份"关于修改完善《竹娃成长奖惩制度》的建议"，一份"中高年级组织开展辩论赛活动的建议"。

四、教学反思

（一）活动方式 激发性强

辩论赛的活动形式在小学阶段使用的较少，但依据学生语言表达、思辨能力、资料收集等方面的发展水平，在小学中高年级适时组织开展（可减少部分环节降低难度），特别有利于激发学生的参与热情，培养综合素质。

（二）活动主题 贴近学生生活

活动的育人功能是开展设计活动的关键，因此辩论的主题内容尤为重要。少先队活动充分发挥队员是校园小主人的作用，在中队委员会的组织带领下，从学生实际生活中发现、提炼问题，引领队员关注校园生活，建言献策。贴近学生生活的话题/问题，学生就有的说、爱思考、有方法，进而解决实际问题。

（三）成果重实效 提升实践价值

通过中队组织全链条的活动过程，学生不仅看到"竹娃币"使用中出现的问题，产生了要纠正行为的想法，不仅自己中队开展了"辩论赛"锻炼了能力，也更希望为全校的广大队员，为学校建言献策，养成关注学校生活，积极参与学校文化建设的意愿，红领巾提案的形成使活动的实践价值得以

提升。

设计者：秦琼（北京市东城区培新小学）

安全方案我设计

一、选课背景

组织学生进行校外综合实践活动，安全问题最为重要。它关系到社会安定、学校声誉、家庭的幸福、学生的生命，也是综合实践活动科学健康发展的关键，因此必须引起高度重视。

由于小学生活泼好动，校外综合实践活动区域广，学生分散，不安全因素增多。而高年级学生，由于生理上的变化和抽象思维能力的进一步发展，自我意识随之迅速发展起来，逐步依靠内化了的行为准则来监督、调节和控制自己的行为，因而比起"耳提面命"式的教育，让学生增强安全意识，深刻认识到安全问题的重要性，是尤为重要的。

因此，确定了《安全方案我设计》这个主题，通过资料引入，现场制定安全方案等形式，让学生意识到社会实践活动中"安全"的重要性。

二、教学目标

（一）通过引入资料、视频等，分析安全事故发生的原因，让学生意识到活动安全的重要性。

（二）通过小组合作，学生根据已有经验，制订针对活动的合理的安全方案，明确活动中的人员及其分工，明确自己的责任，增强安全意识。

（三）在教师的引导下，学生初步了解安全方案的设计过程。

三、教学过程

（一）观察分析

引入南京一小学秋游时发生踩踏事故的图片和视频，学生通过观察，分析这起事故发生的原因，表达自己的感受。学生能够从场地组织者，学校教师和学生三方面进行分析，注意到：组织不善，上电梯时的拥挤，发生事故后的混乱等。在分析的过程中，学生充分感受到"安全无小事"。

（二）明确职责

（1）教师带领学生回顾参加过的社会实践活动，创设情境，让学生为低年级同学，设计活动方案。

（2）学生交流后，明确场地工作人员，带队教师和学生这三方的职责。

工作人员：检查设备，安排人员，确保活动安全……

教师：协助管理，监督学生……

学生：遵守秩序，服从指挥……

（三）小组合作，细化做法

（1）明确了职责后，让学生通过小组合作的方式，选择其中一个角色，设计方案，细化具体做法。

（2）交流不同小组的想法，一起完善安全方案。

通过讨论，学生大致概括各角色的职责

工作人员：提前到位，检查设备；

安排人员，带领学生到不同地方体验，避免拥挤；

上下电梯协助管理；

讲解不同职业体验的安全须知。

教师：带队一前一后，负责任；

学生活动时，教师巡视监督；

学生有纠纷，及时进行教育；

疏散人员过多的区域。

学生：听指挥，不做危险之事；

场地较大，不要乱跑，遵守秩序；

体验时不要拥挤，懂得谦让；

有问题找老师或工作人员解决。

（四）总结收获

四、教学反思

这节课，教师引导学生自己制定实践活动的安全方案，让学生明白外出活动要听从指挥，牢记"安全无小事"。在教学中，有以下特点：

（一）教学内容的选择，贴近学生生活实际

学校每个学期都会有外出实践活动，作为高年级学生，对于实践活动并不陌生。而安全问题，又是学校和教师经常强调的，这个选题，贴合学生的生活实际。通过课堂上的活动，让学生认识安全问题的重要性，再让学生为低年级同学设计安全方案，给予学生一种使命感，充分调动学生的积极性。

（二）小组合作，解决问题

课堂上让学生通过小组合作，充分讨论在实践活动中组织方，教师和学生的责任，并在讨论过程中，逐步细化各角色的分工，并用简练的语句，概括出来。在交流中，各组在自己汇报的基础上，充分听取其他小组的建议，不断完善小组的成果，最终班级形成一份较为完整的"安全方案"。学生在讨论，倾听、汇报、交流的过程中，解决问题，提升能力。

当然在本次的教学中，还有很多的不足，比如：对于本次教学的后续延展互动，设计不充分；学生设计的安全方案，不够专业等等。

设计者：李丛（北京市东城区培新小学）

竹与生活的调查与研究

一、选题背景

竹子在中国是一种图腾崇拜，是一种精神。不少文人墨客都喜爱竹子。北宋苏轼的诗句："宁可食无肉，不可居无竹"，可见人们对竹子的喜爱程度。文人雅士颂竹、画竹，并不单单歌颂竹子的形态美，重要的是歌颂竹子"宁折不弯"的品格和"中通外直"的度量。如今，竹子已经渗透到人们生活的各个领域，"竹文化"成了年级实践活动的主题。

为了让学生更好地了解竹子的相关知识，发现竹之美，欣赏竹之韵，感悟竹之魂，触摸到"竹子"身上蕴含的文化内涵，感受到竹子顽强的生命力、谦虚谨慎的态度和坚韧不拔的精神，对学校的吉祥物"竹娃"，有更深刻的认识，班级围绕年级主题开展了"竹与生活"综合实践活动。

四年级时，班级学生围绕"学校竹娃产品的兑换情况"开展过综合实践活动，基本掌握了研究的步骤和方法，非常愿意参与综合实践活动，渴望走进社会、接触生活，增加对社会和生活的认识与理解、体验和感悟。中华"竹文化"源远流长，内涵丰富，博大精深，与我们的生活更是息息相关，本学期学生将视角从校内引到校外，在生活中寻找竹，发现竹，感受中国劳动人民在长期的生产实践和文化活动中蕴含的中华文化。

二、活动目标

（一）价值体认：通过本次研究活动，学会制定活动计划。通过考察探究、社会实践等方式，了解竹的特性和作用，得出初步结论，对问题进行初步解释。了解知识的同时，使学生更加热爱竹子、热爱竹文化。

（二）责任担当：通过此次研究活动，使学生明白通过自己的努力可以解决生活中的问题，从而养成热爱生活、热爱学习的态度，更加积极参与综合实践研究活动。

（三）问题解决：在"提出问题——制定计划——实践探究——分析思考——筛选整理——形成结论——成果分享"的活动过程中，发展学生发现问题、分析问题、解决问题的能力，养成探究学习的态度和习惯。

三、活动过程

（一）活动实施

1. 观察发现

（1）引导学生图片，使学生直观感受到竹与我们的生活息息相关，衣食住行都离不开它，有许多值得我们研究的问题。教师引导询问学生准备从哪些方面探究竹文化，老师适时指导探究的主题不仅要贴近我们的生活，还要小一些，操作性要强，每个小组讨论出 2 ~ 3 个感兴趣的问题后，写在问题卡片上，派代表到台前交流观点和理由。

老师根据学生回答，将内容相近的，归为一类，经过讨论，子课题初步定为：

（1）谈古说今话竹味

（2）毛笔是"万笔之祖"吗？

（3）为什么只有中国有竹桥？

（4）关于竹筷上小黑点的研究

（5）童年编织　编织童年

（6）竹纤维 VS 纯棉

2. 设计方案

教师引导学生思考、讨论设计一份切实可行的活动方案。提示填写方案时，留意填写过程中遇到的困难。

3. 各小组实地考察，调查研究

学生根据需要到餐馆、美术馆、竹编馆……等地参观调查，通过交流分享各自搜集、整理的资料及专业人员的访谈，完善文献查阅的方法及研究策略。

4. 交流数据

（1）将调查数据与同学进行交流，利用 Excel 表格统计调查结果。

（2）观察调查结果，在组内形成各自的研究结论。

（3）确定各小组汇报形式。

5. 成果整理

引导各组学生汇报本小组的活动成果，通过教师的引导，帮助学生明确成果整理的目的、意义。

对如何筛选、整理素材等，教师给予方法指导，指导学生分子课题小组把活动方案表、访谈提纲与记录、问卷调查与分析、实地考察记录、查阅到的文字、视频资料、照片等，分类整理；分别对照活动方案，对各项活动所得的材料（例如：文献资料、实地考察记录、问卷数据与分析、访谈记录、各类活动图片等）进行分析和整理（哪些达到了预设的目标，达到的程度和效果怎样，活动后的启发、感受）。

教师对成果表达的规范和要求予以方法指导，学生撰写小论文、结题报告、调查报告等，表达活动成果。

（二）成果展示交流

1. 各小组汇报：

在小组汇报展示中，要求其他组同学认真倾听学习，并根据他们的汇报交流作出评价

2. 组际交流

评价的标准是：体现研究过程、表达清楚明白、小组团结合作。评价其他小组时注意要先肯定、再提建议，最后针对小组活动的情况进行提问。

3. 畅谈收获

通过各个小组的汇报交流，畅谈本次综合实践活动的收获。引导学生反思自己的活动收获，将成功经验内化于心。在摸索与实践中，引导学生发现竹与我们的生活息息相关，让生活更美好！感受到竹文化的博大精深及作为一名中国人的无比自豪！

四、教学反思

反思本次活动，有以下几方面优点：

（一）采用多种形式参与实践活动

看：学生在家长的带领下，到菜市场了解不同的竹笋，会分辨春笋、冬笋、鞭笋……了解人们的食笋之风，体验竹笋的加工及烹饪。

查：学生到美术馆、图书馆阅读查阅有关"竹文化"的资料，了解竹的历史文化，学习竹的知识，感悟竹的品格。

听：请科学老师介绍去竹筷上小黑点的方法，请书法老师介绍竹制书写工具，教学生用毛笔书写竹字头，了解竹的应用、竹的历史与感悟博大精深的中国文化。

访：探访竹编传统文化手工艺者，让学生感受竹制工艺品从实用到审美的变化，亲自尝试体验竹编艺术。

（二）合作中培养学生解决问题的能力。

从学生的真实生活和发展需要出发，从熟悉的生活情境中发现问题，确定研究主题。学生根据探讨出的子课题，本着各自的兴趣，以及根据自身的特点、能力、家长资源等进行合理分组，在组长的带领下有条不紊地开展实践活动、研究性学习。活动中，当学生遇到问题时，采用同伴、师生交流的方法，互相吸取经验，探讨解决在实施过程中遇到的困难，随后各小组调整方案，继续研究。

总结交流时学生通过观看视频，既回顾各自小组的活动足迹，又了解了其他小组活动的开展情况，让学生感悟了课题研究的一般方法。本次综合实践活动学生学会了发现问题并通过小组合作探究自主解决问题，综合实践能力有所提升。

设计者：姜涛（北京市东城区培新小学）

寻访北京商业——制订研究方案

一、选题背景：

《中小学综合实践活动课程指导纲要》提出，考察探究是综合实践活动的主要方式之一。学生基于自身兴趣，在教师的指导下，从自然、社会和学生自身生活中选择和确定研究主题，开展研究性学习，在观察、记录和思考中，主动获取知识，分析并解决问题。

培新小学持续开展的主题综合实践活动课程在丰富了学校的课程的同时，也潜移默化地改变着教师的教学观和课程观。本学期，培新小学六年级的综合实践活动主题为"北京"。期望通过"小课题"式的实践活动,让学生在了解北京的传统文化的同时,还能够感受现代北京的变化与发展,为北京的发展提供建设性的意见,激发学生对北京的认同与热爱,树立"文化自信",践行社会主义核心价值观。

我们班在年级大主题之下,开展"寻访北京商业"综合实践活动课程,学生自选课题,自行制订研究方案,教师引导学生对初步方案进行评价、归纳总结、修改,使其方案更具可行性。这样的实践有利于学生养成深入思考的习惯,建立研究的思维,掌握研究方法,培养研究的兴趣。

二、活动目标:

(一)问题解决:关注现实生活,围绕"北京商业"能够发现并提出自己感兴趣的问题,并将问题转化成研究小课题,通过自主讨论、探究,了解研究的过程与方法,形成对问题的初步解释。

(二)价值体认:鼓励学生通过"探寻北京商业"的主题综合实践活动,关注北京的历史和发展,激发学生对北京的认同和热爱,树立"文化自信"。

三、活动过程:

前期活动过程:

在本节课之前,我首先进行了选题的指导,引导学生立足于自己的学习和生活,以独特的视角发现并选择问题,在研究中形成新颖且具有特色的观点。所以,学生在选题时,就借助资料和亲自的体验,选择了和生活相关的主题,一方面学生感兴趣,另一方面也能具有现实意义,使自己的研究更具有价值。

选定主题之后,就要开始进行方案的制订阶段。本阶段我分为三课时进行,第一课时和学生一起讨论确定一份研究方案都需要具备哪些要素,通过讨论和教师的引导,学生能够知道研究方案需要写清主题、选题缘由、研究目的和步骤等，如果研究中有活动，则需要再制订具体的活动方案。第一节课后，我和学生一起拟定了研究方案及活动方案的基本表格，并请学生根据自己确定的选题，制订初步的研究方案。

方法指导课过程：

（一）回顾前段学习内容，引出本课实践内容

1. 带领学生回顾选题过程，以及方案制订第一课时中学生通过实践所掌握的内容，为本课教学打好基础的同时，体现出综合实践活动课程鼓励学生从自身成长需要出发，选择活动主题，主动参与并亲身经历实践过程，体验并践行价值信念的基本理念。

前面几节课上，学生围绕着"北京的商业"这个方向，查阅了资料，利用思维导图的形式进行了发散，提出了自己感兴趣的问题。之后，通过讨论，学生发现，他们的选题有些比较浅显，缺乏现实意义。于是，在老师的指导下，他们又对自己的选题进行深入思考和修改，让自己的选题更具有研究价值。上节课，师生共同讨论确定了制订一份研究方案需要考虑的要素，每位同学都尝试着自己制订了一份研究方案。

2. 引出本课内容：展示同学们自己制订的有关北京商业的研究方案。

（二）学生展示初步方案，生生互动提出疑问

请一位同学展示自己的方案，其他同学认真倾听，提出方案的优点，并就该方案中不理解的地方进行提问，和方案制订者进行交流。通过同学的提问，使这名学生明确了修改的方向。更借此机会，初步感知制订研究方案的基本原则，从而利用集体的智慧帮助同学审视、完善自己的方案。这不仅是吸取大家的意见的过程，更是内省的过程。

（三）根据学生的方案，梳理可行性方案原则

1. 学生小组讨论：遵循什么样的原则，会使制订出的方案更具有可行性？

2. 通过学生方案的展示、评价，引导学生明确一份具有可行性的研究方案的原则。在这一过程中培养学生可行性方案的设计意识。符合综合实践

活动课程自主性、实践性、开放性的组织原则。

（四）依据要求修改方案，再次呈现研究方案

1. 根据刚才梳理出来的方法，修改自己的方案。通过学生的再次实践，让学生将前一环节中梳理出的原则落实在修改方案的过程中，使自己的方案更具可行性。学生通过实际活动的亲历和体验，对可行性方案的制订有更为清楚的认识，从而获得能力的提升。

2. 再次展示、评价，加深理解。

（五）课后组成活动小组，调整完善小组方案

1. 回顾本节课内容，布置课后任务；

2. 课后按照选题的不同角度进行结组，以小组为单位，在个人制订的方案基础上，制订小组的研究方案。

四、教学反思

本课教学具有以下两个特点：

（一）三课时连续实践，通过"个人初步制订方案——学生讨论修改方案——小组合作形成集体方案"这样三节课，学生不仅掌握了制订可行研究方案的方法，还对北京商业的历史和现状有了深入了解，激发了学生对北京的认同和热爱。

（二）突破时间、地点限制，鼓励学生就参与"课前查找资料——课中制订方案——课后实践体验"的完整探究过程，培养了学生善于观察生活、在实践中提出问题，并乐于去解决问题的意识和能力。

设计者：于未娟（北京市东城区培新小学）

《学时间管理　做时间小主人》少先队综合实践活动

一、选题背景

本次少先队活动课主题的确定，源于中队委员会和家长在日常的学习生

活中发现同学中普遍存在不会合理利用时间的问题，于是中队委员以队员合理利用、安排时间的情况为研究专题，设计调查问卷，发起调研活动。问卷显示：在队员中普遍存在注意力不集中；无法有效安排自己的学习时间；不会合理统筹任务以节约时间等问题。珍惜时间的格言警句没少背诵，但却是语言的巨人行动的矮子。

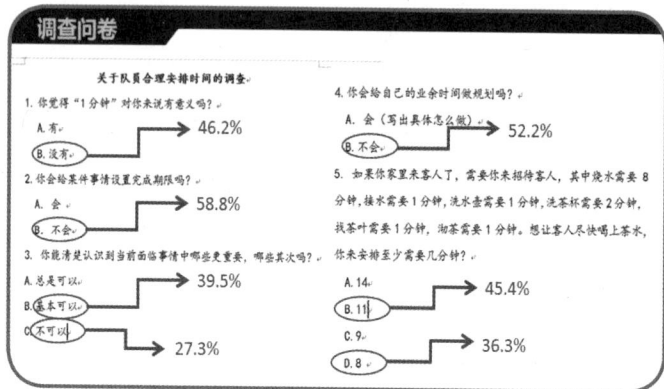

社会主义核心价值观提出："诚信"，是公民个人价值层面的准则。惜时、守时也是少先队员诚信的体现，是约束自身行为的规范和必要遵守的道德准则。中国学生发展核心素养指出，少先队员应具备能够适应终身发展和社会发展需要的必备品格和关键能力。其中自主发展素养中学会学习之"乐学善学"及健康生活之"自我管理"都涵盖了队员需要养成良好学习习惯和道德行为，知道珍惜时间，学会规划时间、合理运用时间并遵守时间的内容。《北京市少先队活动课实施细则》的第三版块"以集体主义为基础的道德品质和行为规范教育"及第五版块"积极向上、勇于创造的心理素质培养"两大内容，也包含了对少先队员提出的要求，珍惜时间、管理时间，遵守集体规则，响应集体号召，参加集体活动并为集体服务。善于规划和管理时间的队员，是自律性高的队员，是具备良好意志品质、有良好心理素质的队员。

二、活动目标

（一）在前期调查、汇报交流的活动中，发现同学们在时间管理上存在的问题，认识到不会合理、高效利用时间的危害。

（二）通过亲历体验探究活动，体会时间管理对个人的重要性，对集体的影响，同样也是国家建设者的必备。具有解决自己生活中实际问题的意愿，形成服务他人、服务社会、向社会进行宣传的意识，增强社会责任感。

（三）在教师的引导下，围绕时间管理的方式发现并提出自己感兴趣的问题、确定研究主题，通过调查、观察、体验等实践活动，了解学生中时间管理问题的种类，体会时间的珍贵和时间管理的好处，探究不能合理、高效利用时间的原因以及修正的科学方式。

三、活动过程

（一）活动实施

1. 发现问题

（1）通过对这些绘画作品的观察，大家发现了什么？——做事不专注，注意力不集中。

（2）分享交流：生活学习中你有这样的困惑吗？——虽然知道应该集中注意力做事情，但控制不住自己，无力改变。（文字呈现问题）

2. 解决问题：

（1）"左手画圆，右手画方，则两不成"——韩非子

①问题：一心二用，注意力不集中，做事不专一。

②方法：通过一种有趣的训练——"舒尔特格子训练法"，帮助大家了解自己的注意力水平，同时锻炼、提高自己的注意力水平。

③启示：做事的专注程度不仅影响着我们每一个人做事的效率，同时在我们集体合作完成一件事时，每一个人的表现都影响着小队合作的效率。

（2）"善于选择要点就意味着节约时间，而不得要领的瞎忙，却等于乱放空炮"——培根

①值日问题呈现：

观看值日的视频片段，发现问题：不得要领的瞎忙，对事情缺乏合理统

筹。思考做值日这件事的要点是什么呢？又该怎样才是最节约时间的安排呢？

②交流安排方式

③时间管理四象限图：

交代任务：六5中队的队员李澈同学就遇到了这样的问题，本周六，他将有四项待办事务：

①8：00中队集体出发昌平区千禾敬老院慰问，大概14：00返校；

②9：00—11：00英语课；

③首都图书馆借阅图书最后期限，须归还；

④邻居邀请去滑冰；

⑤独立思考安排方案；

⑥小队交流汇报；

⑦介绍"四象限法"：通过待办事项的轻重缓急程度将待办事项对应放到图中相应位置，从而给予队员们安排事情先后次序的指导。

3．感受时间：

（1）一分钟可以做什么？（抄写、口算、背单词……小结各自成果。）

（2）观看《中国一分钟》，体会这一分钟对于我们飞速发展的祖国的意义。

4．总结方法。

温故知新，重读名言，交流体会。

5．总结提升：今天，当我们重看这些名言警句时，它不再是一句简单的话语，他是前人的经验和总结，是一种可堪效仿的行为。恩格斯说，利用时间是一个极其高级的规律。希望大家把珍惜时间变成一种行动，做一个对自己负责，对集体负责，对国家负责的真正的接班人。

（二）成果展示交流

1．总结活动成果。以小队为单位，将自己在活动中取得的收获，进行文本或电子形式的总结。比如：调查的结果、不能合理高效利用时间的问题梳理、时间管理的方法以及拓展更多课上未涉及的时间管理方法等等。

2. 制定宣传计划。选择自己最喜欢的形式，如：电子报刊、展板、红领巾广播、警示语等等，制定宣传方案，做好宣传准备。

3. 实施宣传。按计划进行宣传活动，或走进各班教室，宣传针对不同类型的问题，讲解有效的时间管理的方法。

四、教学反思

反思本次活动，有以下几方面优点：

（一）活动主题选择体现小、实、近

本次活动主题的确定源于队员们学习生活中普遍存在的问题，有针对性，学生通过发现、体验、调查、实践等活动能够真正地进行研究、发现问题并解决问题。

（二）听先贤劝诫，习问题解决之法

为使队员们体会先贤们遗留的宝贵文化价值，培养队员对中国传统文化的朴素情感，活动中将熟悉的时间管理名言贯穿活动，指导队员时间管理的方法。

（三）注重体验，解决实际问题

活动中，让学生真正在体验中参与活动，利用调查发现同学们在时间管理方面存在的问题、对比实验、交流总结等方式，借助科学的时间管理方法解决平日的实际问题，如值日问题、统筹安排多件事情的问题等。

（四）成果显著，夯实实践价值

通过活动，孩子们不仅自己认识到浪费时间的危害，产生了时间管理的欲望，并亲身体验时间管理带来的好处，课后的宣传、拓展活动中，队员们根据现有的时间管理方法的研究成果，开展各种各样的交流、体验、宣传活动，真正使活动的实践价值得到了提升。

当然活动中还有很多的不足，比如：对科学时间管理的方法研究还不够深入，问题和解决方法都还有可拓展的空间，可以在中队中继续开展系列活动，让学生在实践中深入问题的研究，以更好地解决学习生活中的实际问题。

设计者：高楚楚（北京市东城区培新小学）

京味语言的研究与实践

一、选题背景

而今，随着城市化进程不断推进，城市人口规模不断扩张，老城区的改造以及普通话的进一步推广，京腔京韵日渐稀疏，京味文化日渐衰微。为了让京腔不绝于耳，更为了京味文化后继有人，作为地处大都汇北京中心城区——东城区的一所京城小学，我任职的单位与我本人，有着共同的责任和义务，为扶植北京方言尽一份绵薄之力。于是我们选择了"京味语言"作为研究方向，旨在帮助学生了解北京方言的历史变迁，认识到语言是历史文化的积淀；以多种方式呈现对于京味语言特点的研究成果，激发学生使用北京方言的兴趣；逐步养成实事求是、崇尚真知、不断探究的科学精神，培养学生爱北京、爱家乡、爱传统文化的情感，获得有积极意义的价值体验。

二、活动目标

（一）了解北京方言的历史变迁，认识到语言是历史文化的积淀。

（二）以多种活动方式呈现学生对于京味语言特点的研究成果，激发学生使用北京方言的兴趣。

（三）逐步养成实事求是、崇尚真知、不断探究的科学精神，培养学生爱北京、爱家乡、爱传统文化的情感，获得有积极意义的价值体验。

三、活动过程

（一）活动实施

1. 选题指导，确立子课题

"京味语言的研究与实践"是一个宏阔的文化背景下的研究专题，因为学生年龄的特点，在选择子课题时一定会出现困难——在这样的文化主题背景之下，选择定位一个自己感兴趣，又有研究价值的子课题，对于学生来讲是个难点。那么他们一定会去百度"北京方言的特点"，之后把他人的研究成果当作自己的研究专题，这样的研究就是在走过场而并非真研究。在前期准备阶段，针对学生现实情况进行选题指导，总结出三点方法：（1）微距选题：从近处着手，贴近生活；（2）芝麻开门：从小处入手，方便操作；（3）"趣"字当先：子课题本身有趣有价值，研究者本身对于该子课题有研究的兴趣。进而录制微课，便于学生随时观看调取。这样，我们用理性的逻辑思考带给学生"近""小""趣"，三个相对简洁的方法指导，首先降低学生选题难度。进而收集学生在生活中所经、所见，因北京方言的使用带来的小尴尬、小片段，在交流讲述中，梳理、获取有研究价值的北京方言的语言现象，确立如下四个子课题：北京话爱你在心口难开——不易学；听不懂的北京话——不易懂；会说不会写的北京话——不易写；北京方言中英文对照版——不易解。做到了选题从学生生活实际中来。

2. 在语用中发现规律

文献资料的查询，是实践研究中必不可少的环节，重在梳理、取舍、分类、整合。然而针对学生年龄特点，大面积阅读浩繁、艰深的文献资料，在从中提取相关信息进行整合是不切实际的。于是我们从生活入手，以学生实际能力为起点，引导他们关注听觉中的北京——在日常交流中留意倾听、总结出北京人说话"吐字吞音、三字经、张嘴就是歇后语；打比方、象声词、话里的零碎特别多。土语、变音让人愁"的特点。之后结合自己的研究成果，进行有针对性的文献查阅，用文献验证、修正自己的研究发现。这样文献的使用就不浮于表面，降低难度、提高效率、培养兴趣、使研究趋于严谨。同时学生倾听、琢磨、总结的过程也是一个京味语言实践的过程，研究京味语言就是为了更好的继承与运用，一味罗列资料并不等于真正的实践研究，也不会达到实践研究的真正目的。正所谓，"纸上得来终觉浅，绝知此事要躬行"。

3. 长线研究 兴趣驱动

"京味语言的研究"是一个长周期、大主题的实践活动，研究过程中很容易产生疲惫与懈怠，导致失去研究兴趣，成果半途而废。因此结合学生年龄尚小好奇心强的特点，以兴趣为起点，选择了以下几种研究方式：

（1）字典编写——北京方言中英文对照。

"京味语言"是一种非常写意的交流工具，表达方式幽默俏皮，语言内涵丰富深厚。

"在综合实践课实施的过程中，教师必须强调学生通过彼此之间的互动和人与物的相互作用来从事操作性的活动，从而达到手脑并用的效果"。"北京方言中英文对照"这个小组，从子课题的确定到研究方式的确立及至呈现形式的选择，都受到这句话的启发。

语言是文化的外衣，所以对于北京语言的学习，如果只停留在模仿而不深入研究理解内涵，那就只是隔靴搔痒难窥其本源。所以，要做到字正腔圆，还要先引导学生深入语言内部。于是，为了促使同学自主、深入探究京味语言的内涵，推动学生使用北京话的兴趣，我们将子课题修改为"北京方言的中英对照版"——为北京方言找到相对应的恰当的英文；为推广北京方言形成成果物化——搜集京味语言常用语编写北京方言中英对照小词典。中期阶段，课题组成员提出词典编写的修改意见——利用自己的绘画特长为词语添加图画注释。在本组实施研究的过程中，学生通过彼此之间、师生之间、与家长之间的互动，深入学习领会京味语言的含义，准确定位找到与之相对应的、恰当的英文注释，这种操作性的活动达到手脑并用的效果。

（2）京腔老祠堂——听不懂的北京话、会说不会写的北京话。

每一个子课题小组都是在同一专题的统摄之下展开研究的，但其研究的过程以及展示方式应该结合专题特点有所选择，使其各具特色，才能做到形式与内容的协调统一。

听不懂的北京话，和会说不会写的北京话，这两个子课题研究小组会不断产生阶段性成果，如果不及时推广就会造成成果的堆积。于是这两个小组便分阶段展示成果——"听不懂的北京话"组织了"京腔老祠堂"京味语言学习小课堂。会说不会写的北京话小组，用"微课录制"图文并茂的形式推广自己的研究成果。同学们边搜集边学习，边修改边总结。

4. 过程之中有惊喜。

同学们在这个研究过程中还有一个意外的收获。培新小学的校训——做自己想他人，做今天想明天，那是希望我们培新小学的学生都努力做个有担当、懂坚持、有远见的人。随着学生对京味语言研究的日渐深入，他们发现这句校训里有着大学问。这"做自己想他人，做今天想明天"符合我们北京人"为人仗义守规矩，做事可靠不耍赖的"的作风。北京方言中专门有两个词就是这么个意思——"局气、靠谱"！于是学生在研究过程中突发奇想，想为学校设计了一件文化衫，用京味语言重新诠释我们的校训，绘制到文化衫上，成为我们这所京城小学一道独特的风景。

（二）成果展示交流

1. 总结活动成果。将研究小组在活动中取得的成果，进行文字、图画、图表、音频、视频……等多种形式的总结汇集。

2. 选择展示方式。思考、选择与各自子课题研究内容契合的方式进行成果展示的设计。

3. 课堂展示。按计划进行研究成果的展示活动，做到有趣味有意义。

四、教学反思

反思本次活动，有以下几方面优点：

（一）选题体现近、小、趣

本次活动围绕北京话展开，具有文化价值，主题相对宏阔，对学生的研究造成了一定的困难。在实施研究的过程中能考虑到以上问题，选择小组研究子课题时，能针对"近、小、趣"三原则，缩小研究范围，降低研究难度，触发研究兴趣。学生通过对语言的体验、调查、实践活动，进行真思考、真研究、发现问题总结方法、解决问题，提升综合能力。

（二）研究方向多向度

为了帮助学生做到真实践真研究，从北京方言的听、说、读、写、用，作为切入点设置子课题，形成研究小组。以行动研究的方式引导学生基于文化背景了解语言现象，突破北京方言不易学、不易懂、不易写、不易解的根本原因，发现京味语言的独树一帜之处。

（三）研究过程重体验

语言是人类进行沟通交流的表达方式，针对语言的研究虽然有一定难度，但也不能仅仅凭借对资料的翻检查询来定义研究。在本次实践活动设计中基于体验和实践，让学生在体验与活动中对语言进行具身感知，感受京味语言特殊的魅力，自主发现京味语言的有趣规律，进而形成子课题，带着自己的发现进行深入研究，边研究语言边学习表达与运用，既活化了语言的学习，又避免了过程中的枯燥。

（四）研究成果有声化

本次京味语言研究与实践的成果展示同时也是学生对京味语言的学习运用成果的展示。学生操着京味语言展示对于京味语言的研究成果，不仅仅在效果上凸显了趣味性，而且做到形式与内容的紧密联系高度统一。

（五）过程之中有惊喜

真正的研究兼容坎坷与惊喜，在我们这次的研究过程中，学生用京味语言诠释了培新小学的校训，这不能不说是一个不小的收获，这样的收获基于对北京方言的深入理解之后，基于对于学校文化以及北京文化发自内心的兴趣热爱。这是综合实践真正的意义所在。

设计者：陈炜（北京市东城区培新小学）

天坛公园树木寻踪

一、选题背景：

位于东城区的天坛公园，是明清两朝帝王祭天、祈谷和祈雨的场所，是现存中国古代规模最大、伦理等级最高的祭祀建筑群。它先后被评为第一批全国重点文物保护单位和世界文化遗产，是古都北京的象征，也是中国文明的象征。天坛的古建筑很有名，而天坛中的树木尤其是古树名气更大。在公园内遍布的苍松翠柏不仅有历史价值，也是优美的景观，更为现代城市居民提供了难得的天然氧吧。

作为五年级学生，都知道天坛是明清两朝帝王祭天、祈谷和祈雨的场所，对天坛中的建筑都不陌生，而对天坛中的树木却关注得不多。在问卷调查的基础上，针对学生对于天坛公园已有的了解，本次活动课程的主题设立为"天坛公园树木寻踪"，力求让学生从新的角度了解我们身边的这座皇家祭坛。通过引导学生对天坛中树木的实践研究，了解中国古代具有代表性的古建筑，引导学生养成关注社会，认识社会，增强社会责任感和社会实践能力。

二、活动目标：

（一）通过对天坛树木的研究，力求从学生的需求、从新的角度了解天坛这座我们身边的皇家祭坛，关注身边的事物。

（二）能就自己感兴趣的问题开展实践活动，通过调研、质疑、实践、归纳、记录、采访等方法，学会由事物的外在现象探究本质的调查研究方法。

（三）能与小组成员一起解决研究中的一些疑难问题，在小组活动中学会分工合作，学会交流与合作，增强团结协作意识，培养探究精神。

（四）体会天坛这座皇家祭坛的历史文化魅力，培养学生探究身边事物的研究意识及实践探究的科学精神。

三、教学过程：

该主题活动的实施过程大致分为三个阶段，计划历时5周完成。

第一阶段【活动准备】（2周）

活动重点：思考确定研究主题，完成分组，设计活动计划方案。

活动难点：设计出具有可操作性、可行性的活动计划方案。

活动过程：

（一）确定研究主题

1. 提出问题。

围绕年级实践活动主题"天坛"，年级组老师共同研究，初步确定了四方面的研究方向，分别是：天坛的建筑、祭天的礼仪、天坛的树木以及天坛的历史。通过问卷调查发现，本班学生想以"天坛的树木"为研究对象的同学有 26 人，占总体 38 人的 68.4%，其次是礼仪 5 人，历史 4 人，建筑 3 人。由此，我们确定了班级研究的总课题为"天坛树木寻踪"。

在明确了研究主题后，学生根据已有的经验和兴趣，又提出自己感兴趣的相关问题，如：为什么天坛中有那么多柏树，有什么作用？怎么分辨哪棵数是古树？天坛中的古树有几百年历史，它们是怎么存活下来的？在不伤害树木的情况下怎么知道树的年龄？以及天坛树林中栖息着哪些小动物？

2. 确定子课题。

从学生提出的问题看，他们对这次实践活动很感兴趣，有自己的思考。师生共同对这些问题进行了整理归纳、比较筛选，将问题转化为本次活动的六个子课题，分别为：

天坛树木的养护。

如何分辨古树计算树龄？

天坛中为什么多是松柏？

天坛中古树的分布。

天坛真是天然氧吧吗？

天坛公园中小动物。

（二）制定活动方案

（1）学生按照自己的研究兴趣自由成立研究小组，教师在小组人员安排上适当进行调控。

（2）教师具体讲解活动方案设计的各项内容以及注意事项，提供模板。

（3）各小组根据本组研究子课题设计制定活动方案，确定研究目标、研究方法以及小组成员分工等相关事宜。

（4）初步设计活动方案后，各小组进行交流，便于进一步完善和实施，为开展研究做好准备。

附表　天坛树木寻踪子课题组活动方案

研究主题	
研究目标	
小组名称	
小组成员	
研究方法	
研究过程	
人员分工	
展示方式	
预设困难	
预设解决方案	

第二阶段【活动实施】（2周）

活动重点：学会运用多种方法开展研究，组内成员分工合作，初步形成结论。

活动难点：提高运用研究方法的能力，学会交流与合作，克服困难完成目标。

活动过程：

（一）自主活动

以六个子课题组为单位，围绕各自的研究子课题自主开展活动。

【子课题一：天坛树木的养护】

主要研究过程及方法：

指导学生采访公园园林队，了解天坛公园树木的养护情况。

实地考察发现公园中对树木的保护采取了哪些措施。

发现仍然存在的问题，提出自己的建议，撰写倡议书。

【子课题二：如何分辨古树计算树龄】

主要研究过程及方法：

采用访谈、查找资料等方法了解古树树龄的划分方法。

实地考察根据古树上已经有的标牌找到不同年龄的古树。（等级）

学习运用胸径测量法测量不同等级的树木，并设计表格进行记录，发现规律。

	一级古树	二级古树	准古树
采集样本 1			
采集样本 2			
采集样本 3			

【子课题三：天坛中为什么多是松柏】

主要研究过程及方法：

上网查找有关松柏与天坛祭天文化的关系，整合筛选相关信息。

寻找天坛中的古柏，结合美术课开展写生描绘古柏的风姿。

【子课题四：天坛中古树的分布】

主要研究过程及方法：

沿着天坛主建筑设计考察路线。

寻找天坛公园八棵知名的古树，确定具体位置。

了解天坛知名古树的故事信息，绘制知名古树坐标图。

古树名称	所在位置	相关信息
卧龙柏		
神乐槐		
九龙柏		
迎客柏		

续表

古树名称	所在位置	相关信息
问天柏		
人字柏		
柏抱槐		
莲花柏		

【子课题五：天坛公园真是天然氧吧吗】

教师指导策略：

查找资料，了解天坛公园的主要植被，以及植被覆盖率。

设计调查问卷，了解游客到公园的目的。

实地测量公园中的空气质量，完成统计表。

	公园外	公园内	树林中
温度			
湿度			
空气质量			
备注			

【子课题六：天坛公园中的小动物】

教师指导策略：

指导学生实地进行考察，提示在观察发现小动物时动作轻缓、不要高声叫嚷或追逐。

通过采访了解并寻找公园中小动物们的主要栖息地。

捕捉小动物的活动照片，记录在实地考察中发现的小动物。

联系学校观鸟社团，就小组发现的野生鸟类名称、习性等做进一步了解，在欣赏自然之美的同时，感受人与动物的和谐相处。

（二）中期交流

1. 各组汇报交流子课题的进展情况。

2. 组内交流，整合所收集的信息，归纳需要进一步解决的问题。

3. 交流在研究过程中遇到的困难，提出解决办法。

第三阶段【活动总结】（1周）

活动重点：

通过多种方式汇报交流各组的研究内容，获得研究成果。

活动难点：

在汇报交流中发现不足，学生积极质疑答疑。

活动过程：

（一）回顾前期活动

1. 回顾前期活动，明确子课题组，引出交流话题。

2. 提出评价要求。

认真倾听学习，并根据他们的汇报交流作出评价。

（二）分组汇报展示

组织学生以小组为单位汇报交流实地调研成果及感受。

顺序：松柏小组——古树分布小组——树龄组——养护组——补充

子课题	汇报的主要方式	研究活动主要收获
天坛中为什么多是松柏	情景剧 视频	感受国人的松柏文化 活动准备要充分
如何分辨古树计算树龄	展示样本	了解古树划分知识 推算树龄计算方法
天坛中古树的分布	绘制知名古树折页书和坐标图	感受古建筑整体魅力
天坛树木的养护	撰写倡议书	树立保护意识

（三）总结研究收获

两方面收获：

1. 天坛的古树，它既是古老历史文化的见证，也为我们提供了一处休闲健身的好去处。我们在享受的同时，也应该注意保护。

2. 通过实践研究，能自主开展探究活动，与小组成员一起解决研究中的一些问题，增强团结协作意识，培养探究精神。

四、教学反思

针对学生对于天坛公园已有的了解，本次活动课程的主题设立为"天坛公园树木寻踪"，力求让学生从新的角度了解我们身边的这座皇家祭坛。通过引导学生对天坛中树木的实践研究，了解中国古代具有代表性的古建筑，引导学生养成关注社会，认识社会，增强社会责任感和社会实践能力。

在活动实施过程中，学生亲身参与实践活动，通过实地考察、测量发现、调查采访、资料检索等研究方法，小组合作完成各子课题，从而从不同的角度、全新的角度进一步了解我们身边的这座公园，培养探究身边事物的意识以及实践探究的科学精神。在活动中，教师指导各小组按照活动方案开展了多种方式和途径的研究活动，在研究方法的运用以及研究进程上给予调控和有针对性的指导。

实践活动中也出现一些问题，有些同学研究热情很高，但是缺少具体可行的研究方法，例如：实地考察时准备不足，没有带齐工具，白白浪费了时间。还有，在调查参访中参访对象不对，采访的问题不明确等问题。但正是这些问题的出现，让这次实践研究更具实践研究的味道，学生在不断发现问题、分析问题、解决问题的过程中尝试、体验、认知、收获。

设计者：郭静（北京市东城区培新小学）

玩出新花样

一、选题背景

本次综合实践活动课程的主题确定，来源于学生的真实生活。玩是孩子的天性。但对于"玩"，学生存在最大的问题就是缺乏思维的创造性。而这一发现是从一次问卷调查数据显示结果分析得出的。每个学生家中闲置玩具有很多，却依然在不停地购买新玩具，而每一款玩具总也玩不长。玩具购买的数量高，而反复玩的概率却低，这给家长带来了经济、空间等问题的困扰。问其原因，集中体现在玩腻了、觉得幼稚等。可见，学生对玩具（游戏）的固有玩法根深蒂固，缺少创意。因此，将生活情景中发现的真实问题，转化为活动主题，也是《中小学综合实践活动课程指导纲要》中明确的指导思想。

二、活动目标

（一）在调查与交流过程中，发现学生在玩具使用上缺乏持久性与创新性。因此通过参与《游戏创意大赛》活动，以探究、体验的方式，促使学生开动脑筋，挖掘自身创意潜能，感受创意带来的快乐。在日后拥有"多创意"的强烈愿望和实践行动，并有意识的迁移到家中玩具，开动脑筋，大胆创编，实现每个玩具价值最大化。

（二）利用创编玩具新玩法实践活动的契机，通过教师有效引导，让学生初步理解传承与发扬的概念，拥有传承和发扬的愿望并自觉行动。

（三）鼓励学生在传统游戏玩法的基础上，创意有趣的新游戏。通过创编游戏过程，学会"先思考""后实践""再完善"的做事思路与方法。

（四）在整个研究活动中重视培养学生的自主参与意识与团队合作沟通能力。

三、活动过程

（一）活动实施

1. 调查发现

根据调查发现，每个学生拥有玩具的数量少则几十件，多可达数百件，但经常玩的却没有几件。原因集中体现在玩腻了、觉得幼稚等。可见，学生对玩具（游戏）的固有玩法根深蒂固，缺乏思维的创造性。播放图片家中的玩具成箱、成柜，抛出研究问题：这些我们不爱玩、玩腻了的游戏、玩具能不能有新的玩法？给我们带来新的快乐？

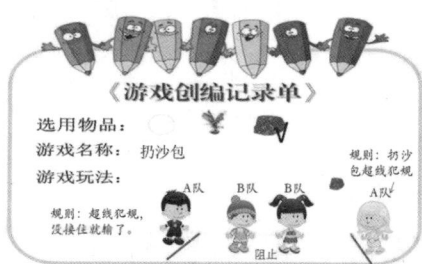

2．责任渗透

（1）选取学生常玩的毽子、小呼啦圈和沙包，回忆和展示三种玩具的传统玩法，浅显的渗透"传承"概念。

（2）鼓励学生发散思维，在传统游戏基础上创编新玩法，将其发扬下去。

3．创编游戏

（1）发放《创意游戏记录单》（以下简称记录单）及贴纸。学生以小组为单位，可选用的玩具有小呼啦圈、毽子、沙包；选用一样，两样，还是三样，学生自主，新游戏设计图及游戏规则体现在《记录单》上。

（2）"纸上谈兵"后，按照《记录单》设计图所示，现场领取创意游戏所需的玩具进行试玩。

4．试玩体验

（1）在各小组展示中，引导其他学生发现每一游戏创编中的优点与不足。重点强调新游戏的安全性、健康性、趣味性、可玩性。

（2）各小组根据展示中游戏存在的问题，在同学和老师的建议下，再次完善游戏规则，让新游戏更加新颖、合理、安全、健康，让其变得更好玩，让人更爱玩，玩得更长久。

（二）成果展示评价

1. 根据各组展示情况，学生填写《最具创意奖评选表》进行投票。

2. 唱票后评出"最具创意奖"颁奖。

游戏创意大赛"最具创意奖"评选选票					
名称	投票	名称	投票	名称	投票
第1小组		第4小组		第7小组	
第2小组		第5小组		第8小组	
第3小组		第6小组		第9小组	
备注：除本组此外选择一个游戏最具创意的小组画"√"					

"最具创意奖"评选（唱票记录板）

第1小组： ★★★★
第2小组： ★
第3小组： ★★
第4小组： ★
第5小组： ★★
第6小组： ★★★
第7小组： ★★★
第8小组： ★★
第9小组： ★★★★★★

四、教学反思

反思本次活动，有以下两方面优点：

（一）注重学习方式的选择，贴近学生生活实际，解决实际问题。

综合实践活动课程很重要的基本特征就是要紧密联系学生的生活实际，以学生的生活为基础，为出发点。从学生的需求（问题）入手，解决真问题，解决有价值的问题，从而加强教学的针对性。

（二）注重学生动手动脑能力，以"游戏"为载体，激发学生学习兴趣，在培养其创新能力的同时，体现学生主体性。

选用"游戏"作为课程活动载体，一是符合低年段学生的认知发展规律，这对促进教学目标有效推进与达成起到事半功倍的作用；二是可借助"传统游戏"和"创新游戏"的不同，来浅显的渗透"传承"和"发扬"的概念。三是通过创编游戏这一过程，让学生不仅感受到创意带来的快乐，还学会了"先思考""后实践""再完善"的做事思路与方法。

设计者：侯楠（北京市东城区培新小学）

小饮食，大学问

一、选题背景

《中小学生综合实践活动课程指导纲要》指出：综合实践活动课程强调多样化的实践性学习。因而，综合实践活动课程比其他任何课程都更强调学生对实际的活动过程的亲历和体验，加强学生与社会、生活的联系。

陶行知先生曾经说过：我们的实际生活就是我们的全部课程。结合我校"尊需求，重成长"的理念，重视"食育教育"，培养学生成为健康生活践行者和传播者。

（一）午餐管理引发的思考

本次活动的由来还要从中午分饭说起。每次分饭时总会听到学生说："老师这个多来点，老师不要肉，老师，我不要菜，这个少来点……"有的孩子只爱吃鸡块、鱼排类的油炸食品。有的孩子就爱吃包子、炒饼、炒饭类的主食，有的孩子就爱吃青菜！可见学生中存在着挑食的问题，这个问题引起了班主任老师的重视。

（二）课题研究带来的启示

我们学校四年级一班和五班参与了"国家重点研发计划课题"《基于学

校的儿童超重肥胖干预技术开发与评价》课研究，通过饮食、运动调控，部分学生的体重确实发生了改变，看来适当吃、动会对学生的体重产生影响。因此，作为班主任老师，特别希望通过一次学生主动参与、深入探究、直达心底的活动，为学生树立一个健康的饮食观。

学生情况：

1. 体侧发现问题

根据四年级上学期《体质健康测试表》中的身高体重比数据可以看出本班的学生将近一半的孩子体重不达标，有的超重、有的肥胖、还有的孩子是体重偏轻，营养不良。影响孩子体重的因素有很多：遗传、饮食习惯、运动量少等因素。结合本班实际，这次研究活动聚焦到通过合理饮食控制体重，增强体质。

2. 研究的优势与不足

本班学生思维活跃、善于思考、有创新思想，也勇于尝试。经过几年的学科学习，他们初步具备了语言交际能力、数据统计分析能力，掌握了设计对比实验的方法，也能初步设计活动方案。但他们综合运用各学科知识、技能解决实际问题的能力有待提高。

二、活动目标

（一）总目标

1. 价值体认：通过参与研究活动，树立正确的健康意识。

2. 责任担当：活动后能够严格自律，并且向家人、朋友、邻居等宣传健康饮食的重要性。

3. 问题解决：培养初步具备访谈、处理资料、设计问卷的能力。

通过活动，能够发现自己饮食中存在的问题，制定改善计划，并实施。

（二）准备阶段的目标：

1. 认识合理饮食对健康体重的影响，形成班级研究问题。

2. 指导学生确定各小组子课题和制定可行性研究方案。

（三）实施过程的目标：

1. 以小组为单位，按照计划落实行动，形成自己组的结论。

2. 初步具备访谈、处理资料、设计问卷的能力。

（四）总结交流阶段的目标：

1. 形成最终结论，并交流展示。

2. 能够将得出的结论向家人、朋友、邻居等宣传健康饮食的重要性。

三、活动过程

（一）活动实施

（一）准备阶段（2课时）

（一）确认课题

一开课我与同学们分享了"金老师的烦恼"，让学生发现自己班存在挑食的现象。接着出示本班身高体重比图，让学生更加直观地感受到因为我们饮食习惯不健康，已经出现的问题，并且找找原因。学生发现可能与遗传、饮食、运动等因素有关。遗传的问题我们现阶段解决不了，而运动已经得到了社会、学校、家庭的高度重视，而饮食是他们可以研究，又是最感兴趣的，这也激发了学生的研究兴趣，进而确定活动主题——小饮食，大学问。

（二）确认子课题

在确认了共同研究的主题后，学生列出自己最想解决两至三个问题，然后全班交流将问题按照"是什么""为什么""怎么样"归类。依据以往学习经验和老师的引导，学生发现"是什么""为什么"的问题可以通过查阅资料的学习方法解决。这为后续解决"怎么办"一类问题所做的铺垫。

经过课下查阅资料，和课上资料的分享，扫清知识的障碍后聚焦"怎么办"一类的问题。以"我们选择的话题是能够研究的；研究后的结论对我们现阶段是有意义的"为原则。学生确定的子课题如下：

（1）小学生早餐怎么吃？

（2）小学生中午的营养餐真的营养吗？

（3）小学生需要吃加餐吗？

（4）小学生回家的晚餐怎么吃？

根据探讨出的子课题，本着学生的兴趣，以及根据学生的特点、能力、家长资源给予适当的建议进行分组。然后讨论本组的计划，并且交流，课下完善，以备研究活动的开展。

二、实施阶段（两周）

（一）各小组按照方案开展活动。

此阶段多数时间是以小组为单位课下进行研究活动，教师会根据每个小组的具体情况进行指导。

"小学生早餐怎么吃？""小学生回家的晚餐怎么吃？"这两个小组在研究方式上可能比较相近，预计都会选择设计问卷进行调查。学生不会设计问卷，老师进行指导，与学生相互探讨，从而明确问卷设计时应注意表述清晰、问题针对性强、题目类型多样。

学生还提出采访营养专家，了解相关知识的建议。此时，教师出示一段访谈视频，让学生初步感受什么是访谈。接着，和学生共同确定访谈的内容围绕以下几个方面进行：青少年每天获取的营养量是多少？都从哪些食物中可以摄取到？从而得出早晚餐应该吃什么，以及什么时候吃。吃多少才能保证获取的营养是足够的。

"小学生需要吃加餐吗？"教师需要针对有用信息的提取进行相应指导。

"中午的营养餐真的营养吗？"这个小组在了解了近一个月学校带量营养餐的食谱后可能提出还需要了解营养餐的制作过程，进行实地考察。教师指导学生如何开展有效考察，如：准备考察的用品、制定考察的流程、确定采访的问题、合理安排活动时间、人员。

（二）各小组进行交流

在各个小组进行了一段时间的调查后可能还会遇到多种问题，此时需要同伴之间、师生之间进行交流，互相吸取经验，然后调整方案，继续开展研究。

（三）各小组形成结论

在充分的研究过后，根据自己的研究成果，形成结论。

三、总结汇报阶段（3课时）

第一课时：通过讨论让学生明确汇报内容，形成自己的汇报交流。

第二课时：通过学生的亲身体验，感受做好研究汇报的方式。

（一）教学目标

问题解决：通过自己的汇报将研究过程清晰、全面的表达；同时能够初步感受汇报交流时的技巧。

价值体认：通过本节课，树立正确的健康意识。

（二）教学过程

本课时的教学过程分为三个环节。

课前，老师从各组汇报方案中选取一组具有代表性优缺点的小组，邀请他们做展示。汇报之后利用"智慧课堂"反馈器即时问学生：你觉得这个组汇报吸引你吗？接着请学生说说原因，在交流分享的过程中引导学生感受到汇报要重说重交流，语言要生动、条理清晰。紧接着再邀请一个小组继续汇报，其他同学就带着这样的标准来听、评。在两组汇报之后，接下来让学生从中选取一点进行修改。汇报前提出要求：汇报时要说清之前如何设计的，采取了哪几个标准，想要怎样修改，汇报方式不限。

通过这节课的学习，我们知道了将自己的研究成果如何准确、有意思地说给大家，也更深刻地了解了健康饮食、健康生活。同时，也让学生知道我们都是不完美的，其实不完美才美，我们就是在不完美的过程中成长。

（二）成果展示交流

1. 总结活动成果。将自己在活动中取得的收获，进行文本或电子形式的总结。比如：研究的结果、宣传健康饮食的小报、健康饮食的倡议、一日三餐的简易食谱、改正不健康饮食的建议等等。

2. 制定宣传计划。选择自己最喜欢的形式，如：电子报刊、展板、红领巾广播、警示语等等，制定宣传方案，做好宣传准备。

3. 实施宣传。按计划进行宣传活动，通过学校《红领巾广播电台》向全校师生宣传健康的饮食建议。

四、教学反思

反思本次活动，有以下几方面优点：

（一）课题确立源于需求。

本节课教学从学生的实际需求出发，围绕"小饮食，大学问"开展实验、调查等方式从而得出结论，并真正对学生的饮食观念、身体健康产生影响。

（二）问题解决源于思维。

我们的问题来源于真实的生活，学生的研究选题又是特别贴近实际需要，活动形成的研究成果更是要给校方、家长、学生以合理化的建议，为小学生的健康饮食树立正确的意识。就是在这样解决真问题，真解决问题，不回避问题的过程中，通过学生综合运用多学科知识解决实际问题，来培养学生解决实际问题的意识。

（三）实际获得源于实践。

本着"关注学生的实际获得，提升学生综合实践能力"的教育理念为指导思想，积极倡导自主、合作、探究的学习方式，鼓励创新思维。充分体现了以学生为主体，努力提高学生的运用多学科的知识解决实际问题的能力。

设计者：金吉佳（北京市东城区培新小学）

"竹"主题综合实践活动

一、选题背景

（一）与"竹"的渊源

2002 年是培新小学建校 60 周年校庆，为此学校开展了"设计吉祥物"的征集活动，三年级小学生商木源设计的"竹娃"脱颖而出。竹笋具有旺盛的生命力，绿色象征着希望，"竹娃"的形象象征着培新小学的学生，在母校的精心培育下，乐学善学，健康苗壮地成长。现在竹娃已经陪伴学生将近十年，它的形象已经深入人心。漫步在培新小学的校园，很多场所都植入了与"竹"相关的元素，学校楼前的小竹林，成为课间休憩的场所；古朴典雅的"竹乐堂"是学生们读书娱乐的地方；四层"知竹"的影壁，每每走过都是一次精神的洗礼……现在"竹娃"已成为培新的代言人，"竹文化"已成为学校的品牌与特色。

（二）与"主题综合实践活动"的渊源

2021 年毕业年级，从三年级开始，就着手"竹"的研究，从"竹活动"到"竹课程"。这四年中学生们挖掘了许多与"竹"有关的小课题，比如竹与诗歌、竹与建筑、竹与音乐、竹与美食、竹与文学……随着学生们关于竹的小课题越来越丰富和深入，我们发现以"竹文化"为载体，以点带面，不仅能发挥学生主动学习的能力，还提升了学生的审美情趣和创新精神。

四年级的我们今年来到高部校区，感受到浓浓的竹文化气息，为了让"竹文化"在校园里更好地落地，让更多的学生慢慢地感受到中国传统文化博大精深，中国传统艺术精妙绝伦，决定继续开展"竹"主题综合实践活动的研究。

（三）恰逢"七十"，恰逢其时

我们的校园处处有"竹"：竹文化的长廊，记载着与竹相关的制品、与竹有关的历史典故、名人与画作；楼前种植了适合北方生长的紫竹、罗汉竹和金镶玉竹子，供学生徜徉其中，增长新知；竹乐堂里，陈列着各式各样的竹工艺品……精心布置的校园景观，让学生对竹子有了直观的感受，而竹韵飘香的校园，更是给学生带去了不同的体验与追求。竹娃陪我们走过十年，今年恰逢七十周年校庆，学校小导游承担起为来校参观、交流的客人介绍校园文化的重任，学生们还纷纷参与到了用竹设计我的校园活动中，这让学生对"竹文化"增添了一份特殊的感情，更为主题综合实践活动提供了更大的舞台。

二、主题概述

（一）从研究的价值和意义方面看。通过研究与实践，加深学生对学校文化深层次的理解，强化学生对学校的认同感与归属感。

（二）从激发学生情感上看。竹"是我们中华传统文化的一个象征，通过实践与研究，可以潜移默化地激发学生"爱培新—爱首都—爱国家"的情感，浸润无痕。

（三）从研究的实践层面上看。竹主题研究符合学生年龄特点，可操作性强：比如种植、编织、艺术欣赏等，适合研究之后的创意物化与成果表达。

三、活动目标

（一）责任担当

1. 通过主题"竹"综合实践活动课程，学生了解竹子的生长特点，了解竹子的相关知识和文化。

2. 在研究"竹"的过程中，养成良好的思维习惯、增强动手操作能力，同时提高学生的领悟能力。

（二）问题解决

1. 通过自主探究、小组合作的研究性学习的方式，初步学生具有发现问题、思考问题和解决问题的能力。初步具有同一主题下不同知识点整合能力。

2.学生尝试运用"小课题"的方式展开研究，初步学会总结、归纳、设计。初步学习和运用调查法、访谈法、互联网资料检索法、实地考察等研究方法。

（三）价值体认

1.学生了解和探究竹子的象征意义，感悟竹的品格，增强人文底蕴，建立文化自信。

2.增强关注社会、关注生活的意识，体验良好的情感、逐步形成积极的人生态度和正确的价值观。实现"五育并举"。

（四）创意物化

1.学生在积极参与"竹文化"主题综合实践活动中，围绕七十周年校庆，设计美化校园的设计图纸以及各种校庆产品。

2.学生在活动中，能够独立创编出有关"竹文化"庆祝建校"七十"周年的童谣，提升学生的艺术素养。

四、活动流程

确定课题——划分小组——制定计划——计划实施——整理总结——交流展示——自我反思。

五、活动实施

（一）参与学生情况

四年级全体教师和学生

（二）活动实施方式

1.以班级为单位，班主任组织学生开展竹文化的主题研究。

2.以学科为单位，学科教师结合学科特点和规律，开展学科实践活动研究。

3.研究方法：实地考察、问卷调查、查阅文献、采访、统计分析等。

（三）活动实施过程

1. 年级确定研究方向

九月份开学初，我们制定年级计划之时，大家展开激烈的讨论：是继续三年级的八圣研究？还是各班各自为战？

当然，我们是一个研究的共同体，大家达成一个共识，不管做什么，不论年长的还是年轻的，大家都尝试去做，放手实践，让学生真真正正、实实在在的动起来。

我们三年级研究的是"八圣"，通过研究我们发现"八圣"的研究，对于四年级的孩子来说，有一定的难度；研究方式也相对单一，以调查资料为主。而"竹"这个主题，老师们一致认为更利于学生参与，既可以实践，研究方式也多种多样。并且学校竹文化的研究，有毕业年级研究的基础，老师们有章可循。通过讨论，年级综合实践活动主题确定为"竹主题的探索与研究"。

于是，我们围绕竹文化的研究，全组总动员，一个班也不少，一个学科也不少，一个老师也不少，制定了未来三年的实践计划，旨在真研究，真探索，真实践。

2. 年级教师统一培训

主题确定了，如何在班级比较规范开展研究，老师是关键。于是我们扎扎实实地进行纪实的组内培训，了解研究性学习的重点环节。集思广益挖掘有关竹的实践子主题，老师们相互研讨，相互碰撞，围绕竹文化，开展不同角度的探索实践。

3. 班级确定研究主题

以往带领综实的大都是语文班主任老师，今年我们年级班主任，新加入了音乐和英语两个学科的老师。他们能够站在各自的学科，为竹文化提供不同的角度和思路，智慧的火花，成就了我们百花齐放的选题。

四年级团队"竹文化"研究统计表

序号	姓名	研究方向	研究主题	预估成果展示方式
1	姜涛	竹与生活	（1）竹子种植 （2）竹编 （3）学校中的竹	小组汇报
2	白璐	传播竹文化	（1）我身边的竹 （2）学校中的竹文化	小组汇报
3	陈础	竹之物	（1）了解竹 （2）发现竹 （3）创意竹	小组汇报/成品
4	齐思	知竹常乐	（1）竹之性 （2）竹与校庆70年	小组汇报/成品
5	李文	竹治百病	（1）了解竹子的特点 （2）成立科研小组，了解竹子的分类和各种各样效用 （3）了解竹子可以制作的菜品及效用	小组汇报 成品
6	刘宗蕊	竹与画	（1）与竹有关的绘画 （2）名人大家为什么喜欢画竹 （3）通过绘画感受竹的气节品行	小报展示 绘画展示
7	郭静	竹乐 竹乐	（1）竹子乐器有哪些 （2）中国人为什么选择竹乐 （3）吟唱竹诗，用舞蹈感受竹之精神	小报 照片或是视频 歌舞表演
8	赵可欣	竹君子养成记	（1）初步了解有关竹的知识 （2）每小队培养一棵竹，并坚持观察 （3）总结《养竹攻略》如何把竹养好	小报展示 照片或视频展示
9	白林可	竹与诗歌	（1）与竹相关的诗歌 （2）诗歌中竹的品格	小报
10	王一雯	竹乐	（1）竹之乐器有哪些 （2）中国人为什么选择竹乐 （3）吟唱竹诗，用舞蹈感受竹之精神	1.小报 2.照片、视频 3.歌舞表演
11	贾丹阳	竹器乐奉献	（1）初步了解有关"竹"的特点 （2）根据竹的"奉献"特点选择研究方向	1.小队汇报展示 2.照片、视频 3.研究性报告 4.绘画、设计稿
12	李丛	竹与诗歌	（1）与竹相关的诗歌 （2）竹在诗歌中的品格	小报

这些选题，丰富了学生实践研究与观察、技术设计与制作、信息收集与处理的多种实践学习的方式，同时也提升了学生搜集处理信息、自主获取知识、分析与解决问题、表达与交流的能力。

4.班级活动积极开展

（1）立足于手工体验的竹研究

有的班级结合竹编开展综合实践活动，确定"竹编是一门技术还是一门艺术？"的研究主题，他们通过查阅了资料，知道竹编是传统的编织手艺，有着悠久的历史，富含着中国汉族劳动人民辛勤劳作的结晶，编织方法更是多达百种，能依据不同用途有不同的编法！带着无比崇敬的心情，学生们来到前门大街的刘氏竹编馆，眼前的作品让他们感受到当竹子与艺术相遇，竹编的成品显得尤为别致，更像一个个精致的艺术品。在刘氏竹编馆，大家还体验了竹编技术，我们本着传承非遗工艺的匠心，认真地和工作人员学习了竹编，竹编需要细心与耐心，在竹编过程中我们才知道这"一挑一压、空二挑一"，看似简单，实则繁复，尤其考验编织者的耐心与恒心。

（2）立足于校内外实地考察的竹研究

有的班级用"竹"布置教室，于是学生以"教室中可种植什么样的竹子？"为小课题，开展了一次综合实践活动。学生们走进紫竹院、走进校园寻找竹，发现紫竹、毛竹、青竹、金镶玉竹、玉镶金竹、早园竹、刚竹这些竹子对寒冷的忍耐能力比起其他的竹子强，更适宜北方栽种。通过问卷还了解到人们大都喜欢在家中种植富贵竹，可不完全因为它的长相，而是因为寓意极好，富贵竹如同它的名字，预示吉祥且富贵。而且栽培起来也不麻烦，就把它插在水里，一个星期换一次水就足够了。每天看都是苍翠葱郁，让人心情舒畅。

通过问卷学生还了解到文竹也是大家经常养的竹子，它的寓意更得家长们的喜欢。因为它与文化有关，一节一节的文竹，象征学业兴旺进步。还有一种是转运竹，其实它是富贵竹的一个分支，也可以像富贵竹一样直接插在水里，养起来也非常方便。学生们在班中种植了富贵竹、文竹……，让班级有了书香门第的感觉，更有文化的氛围，也寓意着大家都能学业有成。

（3）立足于云端网络的竹研究

因为疫情，实地实践大幅压缩，有的班级进行线上云端的实践探索，带着相关问题，走近位于中国竹乡浙江安吉的中国竹子博物馆，通过访问网站、浏览图片、观赏视频、学习文字等方式，进行线上参观，收集、学习、交流、讨论，发现竹子在日常生活中无处不在，与人们生活中的衣食住行用密切相关。之后通过视频会议的形式分享了参观成果，发现生活中的竹制品，确定了各自的作品设计方向，为后续的创意物化竹制品蓄力。

（4）立足于传统文化的竹研究

有的班级结合学生的兴趣点，研究"竹治百病""竹之建筑""竹语绘画""竹之制品""竹与文字""竹与家具"，学生对竹有了更深入的了解，逐步领悟了"竹文化"的精髓，为他们成长为谦虚谨慎、奋进超越、清俊挺拔、坚劲专注、自立乐群的"竹质"少年奠定了基础。

（5）立足于七十年校庆的竹研究

有的班级结合七十周年校庆，以竹为元素设计竹娃限定产品。学生前期先在班级中进行问卷调查，了解深受同学喜爱的产品。总结这些产品的特点，从实用、美观两个角度进行设计与创作。疫情虽然限制了学生的活动空间，但没有使学生的想象停下脚步。学生利用手边的随处可见的工具、文具，将自己的想象变为现实，并期待着自己的作品能够真正走到各个班级、每位同学的手中。还有的班级创编校庆的"竹娃诗歌集""竹娃童谣展"……

一年的综合实践活动，我们识竹、研竹、画竹、写竹、说竹……在一系列竹主题实践活动中，学生感受到竹文化的无穷魅力，也感受到研究的乐趣。

六、成果分享与交流

（一）成果分享

成果之一：扎实的研究过程决定学生的收获。

成果之二：研究报告文献的收集整理是深入研究的基础。

成果之三：物化的成果表达让学生思路清晰。

成果之四：融合的学科学习使思路更开阔。

（二）研究感受

1. 谋而后动，成竹在胸

在前期准备阶段，老师们仔细研读以往年级的宝贵成果，深度挖掘以往活动中的先进经验。依托组内教研，进一步明确综合实践活动的各项研究细节，提前预设学生活动中的困难。确定整体规划以及研究思路后，老师们带领学生开始尝试。谋定而后动，为后续活动的开展起到了事半功倍的效果。

2. 海纳百川，集思广益

海纳百川，有容乃大。一次成熟的综合实践活动离不开老师们的集思广益。课下，年级组老师们多次碰撞，多次讨论。各科老师们结合自身学科特点，将学科主题与年级主题有机融合。这不仅为学生拓展了新思路，打开了新视角，也为年级主题综合实践活动探索了新方向，进行了新尝试。

3. 慎思明辨，携手共进

在活动开展过程中，学生与教师相辅相成。学生作为研究主体，不断思考，提出问题。教师以学定教，根据学生需要，展开备课与研究。在师与生的互动交流中，真正做到了携手共进，共同成长。

（三）研究反思

1. 瞻前顾后，举旗定向

受疫情影响，我们没有完全实现综合实践活动中的"走出去"，研究相对笼统、泛泛。在未来活动中，我们朝前走的同时，也将不断回头看。回顾已有成果，将这些经验反复研究，重新吸收与消化。重新思考，疫情常态化的今天如何为综合实践活动开辟新思路。

2. 和而不同，百花齐放

此次活动以12个班主任为圆心，本班学生为半径，开展活动。而两位英语、音乐学科班主任的加入，使我们的综合实践活动焕然一新。在这样的启发下，今后我们组还会带动更多的学科老师参与其中，用主题＋带动学科

+，用综合实践活动撬动各学科间的交流与融合。

设计者：姜涛　齐思　陈础（北京市东城区培新小学）

竹与生活——结题交流课

一、选题背景

"竹文化""主题＋"综合实践活动是面向本年级学生开展的围绕竹文化和我校吉祥物"竹娃"为核心开展的系列主题实践活动。上学年，基于学生年龄层次、知识结构和能力以及兴趣爱好等方面，本班确定的研究主题为"竹与汉字——研究'竹'字乐趣多"。通过一年来的实践，学生基本掌握了研究的基本步骤和方法，更加愿意参与综合实践活动，渴望走进社会、接触生活，增加对社会和生活的认识与理解、体验和感悟。

一棵小小的竹子凭借自己的魅力，从衣食住行渗透到了中华民族生活的各个方面之中，与我们的生活息息相关：公园里有竹林景区，餐桌上的"竹"美食，各式各样的竹制品能够解决人们一天、一年乃至一生的生活需要……竹子在生活中都有哪些用途呢？为什么可以这样用？这些"寻常"事物中蕴藏着怎样"不寻常"的奥秘？本学期，本班学生进行了相关综合实践研究活动。

二、活动目标

（一）价值体认：通过本次研究活动，学会制定活动计划。通过考察探究、社会实践等方式，了解竹的特性和作用，得出初步结论，对问题进行初步解释。了解知识的同时，使学生更加热爱竹子、热爱竹文化。

（二）责任担当：通过此次研究活动，使学生明白通过自己的努力可以解决生活中的问题，从而养成热爱生活、热爱学习的态度，更加积极参与综合实践研究活动。

（三）问题解决：在"提出问题——制定计划——实践探究——分析思

考——筛选整理——形成结论——成果分享"的活动过程中，发展学生发现问题、分析问题、解决问题的能力，养成探究学习的态度和习惯。

三、活动过程

（一）活动实施

起初，学生群策群力，提出了许多子课题，在教师的指导下，全班讨论交流，筛选出六个具有研究价值的子课题，大家自由分组，开展研究活动。方案指导课上，学生共同制定研究方案和小组公约，教师对不同组在研究方法的选择上进行指导，为后面开展实践活动打下坚实基础。

实施阶段，教师指导各小组按照研究计划开展多种方式的研究活动，学生积极投身于实践中。中期交流课上，各小组讨论分享、答辩互动，学习别组优点，取长补短；发现研究中的不足，及时调整。为了帮助大家更好地交流分享，课上教师指导学生如何将搜集、实践得到的大量信息进行汇总、整理，指导学生撰写结题报告以及进行结题交流展示。

（二）成果展示交流

1. 培新校园竹种植研究（组名：探竹小组）

校园内"竹乐"区竹子的枯萎，引发了组员的思考。带着问题，2019年5月3日组员们和史老师一起走进紫竹院公园一探究竟。通过实地考察，组员了解到：

（1）竹子的种类有很多，比如竹竿上有许多明显的黑斑的是斑竹；紫竹是紫竹院的镇院之宝；还有箬竹、金竹等等。

（2）竹子对生长环境是要求的。如：黄纹竹喜欢湿润的环境；斑竹对土壤有着特殊的要求，条件不合适的话将无法生存。

考察结束后，组员们顺路去了国家图书馆查找有关资料：

①冷知识：竹子是草不是树，这是我们没想到的。

②竹子长得快跟气候、土壤有着很大的关系。

③我国竹林资源的分布。

　　结合前期所查全部资料和实地考察到的校内外竹子的种植情况，探竹小组得出如下结论：

　　①竹子喜欢阴凉的生长环境，而"竹乐"区的竹子经常暴晒，不利于成长。

　　②竹子需要把根深扎土壤，而校园里种竹子的盆太浅，导致竹子无法扎根。

　　根据结论，探竹小组对校园竹种植规划提出以下建议：

　　①首先在竹子品种的选择上，选择对生长环境要求不太高的、前期的培育质量比较好的竹子移植到校园。

　　②在竹子旁侧支一个夏天遮阳用的大伞，挂帘子的高大架子也可以，或是搭建遮阴大棚，保证竹子生长环境的舒适性。

　　③不用盆装竹子，盆种限制竹子长速，可以像紫竹院那样直接用土栽种，竹子彼此紧挨着，不独立成株。为了美观，可以在竹子下半部分外侧像围墙一样围一圈比较矮的"无底盆"，"无底"是为了让竹根在土壤里尽情地"舒展身躯"。

　　探竹小组活动反思：

　　①研究的快乐：在给学校提出建议之前，上周学校已经把"竹乐"区的竹子全部换新了，遗憾的是现在的竹子都不是真竹子了，可能是目前的条件还不太适合种植真竹子吧。但探竹小组的组员们依然觉得自己的研究很有意义，期待有一天能亲手种下竹子，让它们茁壮成长。因为——培新小学是竹娃的家园！更是学生探求未知的精神乐园！

　　②新的想法：探竹小组在汇报的过程中采用了绘画的形式来呈现研究结论和建议，这样更形象生动。接下来，组员们想对这些图画进行细致的修改，印刷成一本画册放在竹娃超市。

　　2. 有趣的竹玩具研究（组名：知"竹"常乐小组）

　　我国是竹的原产国，同时也是玩具生产和出口大国，竹玩具为什么并没有在少年儿童中普及呢？哪些玩具儿童可以玩儿，并且更适合我们呢？带着这些问题，组员们开始了研究。

根据竹玩具的不同功能，组员将它们分为以下几类：

（1）户外娱乐类：如竹风筝、竹蜻蜓、空竹。

（2）益智类：如竹制孔明锁、积木、棋类和拼图。

（3）操作类：如传统乐器竹笛、竹快板。

面对这么多竹制玩具，组员选择了大家都很熟悉的风筝和竹蜻蜓来制作和体验，并汇报制作、体验过程。结合研究小组的调查、制作和体验，得出以下结论：

①竹玩具材质天然、低碳环保、无毒无害。

②竹玩具经济适用、简洁大方，可以自己进行设计制作，动手又动脑，有意义。

③竹玩具种类繁多，适合多种场合游戏使用。

知"竹"常乐小组列出了一个"竹玩具推荐清单"：

·适合在宽敞空旷的户外玩耍：风筝、竹蜻蜓、空竹 [5 星] 推荐大家去户外玩一玩竹玩具，在学习之余更好地放松自己，同时锻炼肢体活动能力。经过我们的亲身实践，这类玩具制作起来很简单，还可以锻炼我们的动手能力，提高探究意识。

·适合户内操作：孔明锁、棋类和拼图 [4 星半] 课间玩一玩这些竹玩具，既开发了智力，又让我们换一换脑筋，学习会更加有效率。

·随地玩：竹笛、竹快板 [4 星] 这类属于乐器类的玩具小巧、携带方便，但需要具备相应的技能，有一定的局限性，不太适合所有人。

知"竹"常乐小组活动反思：

通过本次研究，组员们对竹玩具有了更深入的了解，结合自身体验，给同学们提供了不同场合如何选择适合竹玩具的指导意见。玩具是我们成长过程中很重要的伙伴，启发智力，放松心情。竹玩具对人们的身心健康，特别是对我们少年儿童有着极大的好处。并不是让大家从此只玩竹玩具不玩其他玩具，每一种玩具都有它的乐趣所在，只要不影响健康，适度就好。后续，知"竹"常乐小组想推出一个竹玩具手册，把清单中竹玩具的制作方法、游戏步骤和使用规则等进行深入研究，都写出来，更好地帮助大家使用。让我们知"竹"常乐、制"竹"常乐、执"竹"常乐！选择竹玩具，在竹玩具的陪伴下健康快乐成长。

3. 竹盐牙膏美白功效的研究（组名：美白牙齿小组）

"竹子"作为中国传统文化的一个特殊载体，千百年来广泛存在于我们的生活、文化、艺术和体育各个领域，除了日常生活中随处可见的艺术品和物品，"竹子"又以什么样的形态存在于我们的生活中呢？带着这个疑问，组员仔细观察，发现有一款"竹盐牙膏"含有"竹盐"的成分。广告语中的竹盐牙膏有着好几大功效，基于直观、可操作性等因素，组员决定研究——竹盐牙膏的"美白"功效。竹盐牙膏中是什么成分起到了"美白"的作用？竹盐牙膏真的具有美白功效吗？

前期，组员们查阅资料对竹盐有了基本的认识：

（1）竹盐是将日晒盐装入竹筒，两端以天然黄土封口，经高温煅烧后提炼出来的物质。经过九次煅烧以后的竹盐，功效能得到最佳的体现。

（2）竹盐起源于中国，相传1300多年前，一支商队借宿于寺庙，晚上马厩起火，白色的食盐和装盐的竹篓一起烧成了灰色的盐块，这就是最开始的竹盐。寺庙里的僧侣们将竹盐推广应用，效果显著，渐渐流传开来。

（3）竹盐是一种将原盐经过特殊加工后得到的食用保健盐，比传统食盐的营养密度高，包含大量矿物质和微量元素，有抗菌作用。

面对众多竹盐牙膏，美白牙齿小组去采访天坛口腔医院医生寻求专业的建议来确定哪一款竹盐牙膏为实验对象。在牙医的建议下，组员统一购买了同款竹盐牙膏进行为期28天的刷牙实验，并在刷牙后借助牙齿颜色对此进行拍照记录。在牙医的建议下，组员结合前期所查全部资料和实验情况，得出如下结论：

（1）竹盐牙膏确实有一定的美白效果。

经过28天的实验，每个人的牙齿都有不同程度的美白效果。

（2）正确的刷牙方式很重要。

不同的牙齿位置有不同的刷头运动方法，注意牙齿的内侧要刷到。

（3）养成好习惯。

实验效果并不是绝对的，一方面有竹盐牙膏本身的原因，另一方面，因实验原因，每个人刷牙比平时更认真、仔细，并保证了充足的刷牙时间。养成良好的刷牙习惯，才能拥有健康洁白的牙齿。

拓展延伸：这次研究活动中，美白牙齿小组选取了一种竹盐牙膏作为研究对象，在调研时组员发现超市里有各种各样的竹盐牙膏品牌。下一阶段，美白牙齿小组将更深入地研究各种品牌的竹盐牙膏，选取一款性价比最高的竹盐牙膏推荐给大家，使研究延续下去。

四、教学反思

本次综合实践活动从学生的真实生活和发展需要出发，从学生熟悉的生活情境中发现问题，确定研究主题，开展研究性学习。在小组调查研究活动中重视培养学生的自主参与意识与合作沟通能力。反思本次活动几点心得：

（一）学生善于在最熟悉的校园中，发现平常生活中的研究点，提出问题，具有探究意识。探竹小组在研究活动时有很大的优势，平日里我们经常看到他们组的成员在校园里忙碌的身影。学生不仅仅在校内实践，更是利用五一假期时间走出校园，还邀请老师一起参与他们的实践活动，过程中运用多种研究方法，积极参与研究，体验感受学习与生活之间的联系。

（二）知"竹"常乐小组的学生在制作体验过程中，学习了技术操作并进行了知识的迁移，充分体现了认真、严谨的工匠精神。在实践过程中，融会贯通多方面的知识和技巧，手脑并用。最重要的是，他们小组为同学们带来的竹玩具推荐清单，给同学们在选择玩具上提出了建议。知竹常乐小组提出了生活中的问题，实践成果又回归到了生活中，非常有意义。

（三）美白牙齿小组的组员们能根据自己的兴趣、能力、特长以及活动需要，明确分工，做到人尽其责，合理高效。打卡制度体现出大家既有自主参与的意识，又有合作沟通的能力。他们的实验研究方法十分严谨，最重要的是他们的实验研究并没有停止，而是开始了一个新起点——更深入地研究其他竹盐牙膏的功效，这种不停歇的研究精神值得其他学生学习，不止步于当前，在生活中不断探索和发现。

设计者：史博雅（北京市东城区培新小学）

故宫一日游攻略

一、选题背景

故宫，作为北京的地标性建筑其本身的魅力就深深吸引着学生愿意走近它。伴随着《上新了，故宫》《我在故宫修文物》等节目的播出，还有"紫禁城里过大年"展览活动的火爆，故宫圈粉无数，不再走"高冷"路线。但是故宫太大了，在参观的过程中又存在盲目性，通常仅停留在对故宫表面的认识，了解宫殿的名称等。所以想引导学生根据实际需求，设计适合不同需求的故宫游览攻略。

综合实践活动参与的对象是六年级学生，在近一年的时间里围绕"寻访老北京的故事"学生了解北京的历史、小吃、胡同、名人故居……平时对故宫是有一定了解的。通过前测发现班级中77%的学生去过故宫，去过的学生中又有37%的学生去过一次以上。对于这次研究的主题学生表现出了极大的兴趣，而且他们具有学习能力，有一定的实践能力。家长也对这次实践活动给予了很大的支持，愿意带领孩子进行实践活动。

二、活动目标

（一）走进故宫，激发学生对传统文化的热爱。

（二）通过实地考察，整理分析资料，设计一款有特色的参观攻略。

（三）在活动中分工合作，增强团队协作意识。

（四）能运用研究成果服务他人。

三、活动过程

（一）选题指导阶段

1．问题导入，引起思考：

（1）你参观故宫，都去过哪些地方？

（2）你最想了解哪部分？

（3）参观中你有什么不满意的地方？

2．经过讨论，确定子课题：

（1）故宫攻略之集齐瑞兽篇

（2）故宫攻略之网红打卡篇

（3）故宫攻略之初探

（4）故宫攻略之购物指南

（5）故宫攻略之珍宝篇

（6）故宫攻略之吃货篇

制订子课题决定着下一阶段研究的方向。学生自愿结合成研究小组，选出组长，确定本组的选题，共同制订出研究方案。

（二）制定计划阶段

1．小组制定计划

2．指导修改计划

在学生制定计划的过程中，发现他们对于什么是"研究方法"并不清楚，所有的计划都提到"实地走访"。比如这一份"初游攻略的计划"（如下图）在还没有了解初游者感兴趣的地点或者困难的前提下，就进行实地走访，带有主观性和盲目性。

研究主题	故宫攻略——初游攻略篇
选题缘由	1、有同学没有去过故宫，我们想在此介绍第一次去故宫的出游攻略。 2、借此机会以六年级同学的视角再次探寻故宫。
研究目标	找到最适合同龄人的最佳路线。
研究方法	实地走访并进行资料查询及整理。

在方法指导课上引导学生了解问卷法、访谈法、走访法的各自优势，明确实地走访并不能解决所有问题。只有综合运用调查方法才能达到良好的效果。并且让学生预想出会遇到什么困难，想出解决的办法。

3. 小组修改活动计划方案。

研究过程要详细有明确分工，确保研究计划具有可行性，保证活动顺利开展。

（三）活动实施阶段

1. 查阅资料

2. 实地考察

3. 访谈调查

4. 设计路线

5. 实地验证

6. 调整计划

在进入活动实施阶段也出现了问题，按照计划开展活动，并不顺利。比如研究购物攻略的小组，在访谈和实地走访之后，发现还有很多人会选择网上购买，故宫淘宝、天猫上故宫文创旗舰店的购买量都不少，学生犹豫要不要研究网店，如果研究就跟原来的计划不相符。

老师提出建议：把实体店和网店进行比较，给出购买建议也是攻略。调整计划的过程中学生明白完成攻略的过程是会有变化的，研究的方法、内容，其实是可以调整的，内容虽然有变化，但是符合最初的目标。学生在后面的研究中对价格进行了对比，而且推荐了一些购买量比较大的文创产品。

研究购物攻略的这一组学生在研究过程中遇到的问题具有普遍性，当按照计划研究不下去的时候，需要有调整的过程，学生就是在真实的活动中锻炼解决问题的能力。

（四）成果展示交流

1. 总结活动成果，将小组在活动中取得的收获，进行总结。

比如：最佳乘车路线、宝物的看点、美食的口味、付款方式等，内容丰富。每个小组的交流内容都各具特色。

2. 每个小组就探究活动遇到的困难及如何解决、感受进行总结。

比如参与"网红打卡攻略"这一组同学就交流了他们设计游览路线过程中的小插曲：通过问卷、访谈、查资料，利用故宫的平面图设计了一条路线，但是在交流时同学们根本看不清楚，觉得背景太乱，于是有了手绘一份地图的想法。重点一定要突出，没有复杂的背景，只有重点宫殿的名称，起到提示的作用。

3. 评价同伴在探究活动中的表现。

能看到同学们在活动中的成长，并善于发现别人的优点。

四、教学反思

反思本次活动，有以下优点：

（一）亲历探究过程，获得积极的价值体验

从选题到成果的展示，整个活动历时两个多月，学生参与其中学习制定活动计划，运用适当的方法解决实际问题，感受到综合实践活动的目的主要是为解决实际问题而服务的这一理念。在活动中提高沟通能力，增强合作意识。学生对故宫本身的了解、对综实课的学习方式、对个人的意志品质都有所感悟和收获。

（二）关注学生的实际获得

活动中充分体现了以学生为主体，倡导自主、合作、探究的学习方式，鼓励创新思维，解决学生的实际问题，提高学生的综合实践能力。

（三）创意物化呈现，制作过程就是培养服务意识

设计攻略帮助出游者提高出行的效率和质量，学生在学以致用的过程中不仅提高实践能力，更能培养学生的服务意识。

当然活动中也有不足，把设计的攻略推送给他人后，可以做跟踪调查，看看是否有所帮助，听听大家的感受，继续完善这份攻略，这样活动更有价值。

设计者：温静（北京市东城区培新小学）

走近中国女排

一、选题背景

新中国成立 70 周年，让 2019 年注定不凡！前不久，郎平率领着中国女排卫冕世界杯冠军后，登上国庆阅兵的游行花车，受到国家主席的接见，全国都刮起了一阵学习女排精神的风潮。热点话题、体育赛事，牵动着国人的心；这一年里，我班学生也爱上了让人心潮澎湃的体育比赛，但观看比赛时孩子们发现：想要真正看明白一场比赛可不是一件容易的事情，有许多问题值得去深入研究。比如：一局中多少比分为胜利？解说中的"赛点"是什么意思？为什么同一个队的队员穿的衣服颜色不一样？队员们胳膊、膝盖等处戴的是什么？基于此，作为班主任的我引导学生开展了《走近中国女排》的纪实研究活动，旨在通过考察探究、社会实践等方式，让学生真正看懂排球比赛，更加热爱排球运动，学习女排精神。

二、活动目标

（一）通过考察探究、社会实践等方式，对问题进行初步解释，得出结论，了解知识的同时，使学生更加热爱排球运动，理解学习女排精神。

（二）使学生明白通过自己的努力可以解决生活中发现的问题，从而养成热爱生活和学习的态度，更加积极参与综合实践研究活动。

（三）在研究过程中，发展学生发现问题、分析问题、解决问题的能力，养成探究学习的态度和习惯。

三、活动过程

（一）活动实施

我们以《走近中国女排》为主题开展综合实践研究活动。经历了这些阶段：

1. 专题解读

第一周，专题解读。在大课题下，有的学生难以选择一个既感兴趣又有研究价值的子课题，比如：中国女排的技术、优势、精神都是什么？这些问题的答案都是能在网上直接查找到的，并非真正的研究。基于学生年龄特点和实际情况，我与学生共同观看了一场女排比赛，和他们一起从带有浓厚竞技气氛的赛事视频中，感受排球的独特魅力。

2. 选题指导

第二周，选题指导。观赛后，我引导学生基于三个原则从自己的观赛角度去发现——从小处入手的具体问题；现有条件下能解决的可操作问题；来源于生活中，作用到生活去的有价值问题。在交流过程中，指导学生确立、修正子课题。

3. 制定方案

第三周，制定方案。学生自由分组，开展研究活动。方案指导课上，我指导学生在组内重点交流"提高活动方案的实践性和可行性"，培养学生预设意识，提高思考能力。在组长的带领下，以"目标明确、分工合理、循序渐进"为原则，组员共同绘制思维导图、踏实严谨地制定研究方案和小组公约，为后面的实践研究打下坚实基础。

4. 开展活动

四到六周，各组按方案开展研究实践活动。

5. 中期指导

第七周，各组围绕以下内容进行中期交流汇报：①汇报当前进度；②简述研究成果；③交流遇到问题；④商讨解决方法；⑤修改活动方案；⑥确定展示形式。师生共同研讨、提出建议，组员反思、修改完善。

6. 形成成果

八至十周，根据中期交流情况，各组组员梳理研究成果，明确呈现方式，撰写结题报告，进行展示准备。

7. 结题展示

第十一周，五个研究小组在全班进行结题展示。

（二）成果展示交流

1. 女排队员的选拔和培养（队伍组）组名：超高组

怎样才能成为女排队员？她们要经历怎样的选拔和培训才可以为国家的荣誉拼搏？队伍组的组员通过搜集资料、考察采访等方式了解到排球队员的人员构成以及入队标准；分享采访教练员的视频，交流研究心得：作为小学生的我们该如何向榜样学习。

2. 中国女排的"跌宕起伏"（历史组）组名：SUPER STAR 超级巨星组

中国女排的辉煌有目共睹，她们是怎样走向世界的？又是怎样走出低谷期的？历史组的组员绘制时间轴，以图画的方式呈现中国女排"跌宕起伏"的历史；通过采访原北京女排队员刘月，感受女排队员内心的"跌宕起伏"；组员还分享了研究历史的作用和意义。

3. 教你看懂女排比赛（赛制组）组名：女排赛制研究组

想要看懂排球比赛，听懂专业的排球术语？赛制组的组员汇报专业排球场地标准和护具种类、汇总专业术语、辨析不同规格的赛制；通过搜集资料、实地考察、数据分析等方式，得出结论，赛制组组员认为：没有规矩，不成方圆，这不仅仅是体育竞赛和场地的规则，更体现在日常生活中；种种护具让学生感受到队员的艰辛不易；在老师的启发下，该组成员模拟现场解说，用"接地气"的方式展现较为枯燥的专业知识，带大家体会观赛的快感和胜利的愉悦。

4. 并不自由的"自由人"（自由人组）组名：LIBERO 组

"功成不必在我，建功必定有我。"自由人到底有多重要？她们有着怎样特殊的规则和要求？团队运动的内涵究竟是什么？自由人组组员汇报"自由人"的有关知识；以"手动翻页连环画"的形式呈现"自由人"的风采；通过实践研究，学生认为：社会中有不少人处于"自由人"的岗位上，甘当平凡的"螺丝钉"，他们都是我们学习的榜样，孩子们愿意以脚踏实地、埋头苦干的实际行动来诠释心中的爱国之情。

5. 三大球比较之排球的"奥秘"（球类组）组名：精益"球"精组

"世界三大球"都是圆的，怎样区分呢？排球分为几大类？它们的材质、大小、颜色拼接等方面有什么不同？球类组组员汇报研究成果；以表格形式整理排球的分类；在专业排球馆中，学生亲自体验国家队队员用球，交流实践后学生发现：科技因素助力体育运动。

四、教学反思

各研究小组在活动中表现不同，这让我产生了一些思考：

（一）女排队员的选拔和培养（队伍组）

不足与思考：本组学生综合素质一般，在研究活动中，该组组员出现了研究兴趣后继乏力的问题。在组成小组时，我们不能只尊重学生的自由组合，必要时需要给小组成员根据能力和特长进行微调，以便后期组长能带动组员进行研究。中期交流时，该组的汇报内容略显单薄，赛制组将"队伍人员构成"的有关资料共享给队伍组，我指导队伍组成员去采访专业教练员，进一步明确女排队员的选拔标准。由此可见，虽然各个研究小组平行开展研究活动，彼此交集不多，但资料的共享是很有必要的。

（二）中国女排的"跌宕起伏"（历史组）

问题与指导：研究过程中，我重点指导该组以下几个方面：

1. 筛选整理：历史是记载和解释人类活动进程、事件的一门学科，因此该组搜集的信息量较大，我重点指导本组学生研究史实、查阅文献、筛选整理和归纳概括。未曾接触过历史学科的学生很有探究意识，他们认为可以按队伍趋势走向和时间轴两种方式进行归类。我指导学生可以将两者进行完美的结合。

2. 获取信息渠道：该组学生主要通过上网和查阅书籍进行资料搜集，我提示学生要多渠道获取、甄别信息，百度搜索只是一种查找信息的途径，不能成为研究依据，建议学生去体育官网或新闻频道搜集相关信息，查阅书籍文献时要有出处，确保研究资料的真实、准确。

3. 采访时历史组组员遇到了不少问题：①协调采访人员时，组员们的空闲时间不统一。一方面，国内正在举办联赛，国家队队员都回到地方队进行训练；另一方面女排今年"爆火"，预约采访着实遇到了困难。综上，组员决定调整采访对象，由国家级队员改为市级排球队员。②我指导组员修改采访：删去如"在赢了一场比赛后，会不会很骄傲"这些没意义的问题；修改欠缺指导意义的问题，如："在比赛的时候心里会不会有压力？"每个人都是平凡人，生活中都会有压力，包括"身经百战"的女排队员，因此，可以把问题改为"是如何克服压力的"，正是这些克服压力的心态和方法，才能扭转局面、改变历史，这是值得我们学习的。

4. 绘制时间轴：原计划轴线上方为"辉煌历史"，下方为"低谷期"，从左至右为历史发展顺序。该组学生最开始完成的两版时间轴是这样的：从左至右按历史发展顺序，但没按"上辉煌、下低谷"来绘制，而是：把时间点和重要事迹一上一下地来画，还有学生将全部信息都标画在轴上方，没能按队伍趋势走向进行归类。在我的指导下，该组学生修正时间轴，提炼关键词让重要时间、重大事迹的信息点更清晰。

（三）教你看懂女排比赛（赛制组）

分享精彩：该组有不少优点值得其他组学习

1. 分工明确：该组研究内容较多，在老师的指导和组长的带领下能很好地进行细分小组——赛制组、术语组、场地与护具组。比较有组织能力的组长给其他研究小组分享了自己的心得——组内任务要根据组员的能力进行分配。

2. 整理资料：该组组员搜集到的资料非常繁杂，尤其是专业术语，多达几十个，如何甄选准确、权威的术语是个难点。在老师的指导下，赛制组的组员广泛罗列，选取常见、高频的术语为主要研究对象。

3. 实地调研：我们以班级为单位，参观了国家体育总局中国国家女子排球训练馆，赛制组组员用50米米尺亲自丈量场地的长、宽和排球网网高。考察后，学生感受颇丰："刚开始我在网上查到的资料，没觉得排球网没多高，走到跟前才发现，原来我蹦起来都摸不到排球网的上沿，更何况我几乎是班里最高的，想要把排球打过这么高的网，可真不容易啊！""和网上搜集到的数据相比，真实的场地和设施为我们提供了准确的素材，带来了直观的感受，可见实地考察的重要性。"

4. 体验推广：本年级在2020年10月参加完区体育抽测，体育课上已开始进行基本的排球练习，该组成员在课堂上和专业场馆里通过实践体验来推广自己的研究成果，指导伙伴学习排球技能，在团队合作中学习"女排精神"。

5. 解说难题：现场解说视频选取困难，在众多精彩比赛中选取技术要点集中、专业术语出现密集的片段，对于初识排球的学生来说无异于大海捞针。我指导学生以三大赛事为主，在中国队表现精彩的场次中重点选取，发挥各组员的力量，每人选取一段，优中选优。选取好视频选段后，准确解说、跟上节奏是更大的难点，组员反复观看截取好的三分钟比赛视频，对整个过程烂熟于心，参考专业解说员的讲解，反复练习，吃透解说词，从中体会到解说员非凡的功底、素养和职业的专业性。"纸上得来终觉浅，绝知此事要躬行。"这就是实践的魅力所在!

（四）并不自由的"自由人"（自由人组）

分享精彩：中期交流中，该组组长针对"学生的研究兴趣后继乏力"这一困难分享了自己的解决办法——在小组微信群内建立打卡制度来督促组员按时完成研究进度和任务。该组有擅长绘画的组员，在上学期"竹与生活"综合实践活动成果汇报中以绘图的形式展现研究成果和建议，这次她们继续沿用与美术学科相结合的方式，绘制"手动翻页连环画"来呈现孩子们心中"自由人"的风采。

（五）三大球比较之排球的"奥秘"（球类组）

问题与指导：该组最初定位为对比研究"世界三大球"，研究重心没在"排球"这项运动上。在老师引导和同伴互议下，组员修正研究方向，把研究重心"移"回到排球上，由"世界三大球"为引子，结合科技应用来深入研究排球这项球类运动。

反思本次活动，有以下一些思考：

本次活动从学生的真实生活和发展需要出发，以时代背景为契机，确定研究主题，开展研究活动，促使学生获得积极意义的价值体认，培养正确的价值观。

我认为综合实践活动不仅要关注研究的结果，更要重视研究的过程，有不少问题是在设计活动方案前没有预设到的，在研究过程中，学生更深刻地了解到实践的重要性，得到各方面能力的提升。在小组研究活动中，注重以学生为主体，重视培养学生的自主参与意识与合作沟通能力。学生经历多次的交流与修改后，把隐性的研究成果，以多种可视化的形式，如：采访视频、图片表格、现场讲解进行展示。通过撰写结题报告，总结成败得失，提升个体经验，促进知识建构。我针对学生活动中的收获和发现的问题，给予正向引导，助学生在活动中有不同层面的收获与提高。

获取知识和提高技能有两条途径：一是从前人的经验中去获取，二是从自己的实践中获取。我认为最重要、最可靠、最有价值的还是自己在实践中获得，也就是我们常说的"实践出真知"。不论结果成功与否，我们所获得的体会和阅历是一生受用不尽的财富，这也是我希望通过本次活动传递给孩子们的理念。活动中，可以感受到他们对体育活动的那份喜爱，更感受到他们对祖国的热爱，渴望用自己的实际行动来诠释心中的爱国之情，正所谓——在实践中学会做事！在做事中学会做人！

设计者：史博雅（北京市东城区培新小学）

垃圾分类我探究

一、选题背景

高速发展中的中国城市，正在遭遇"垃圾围城"之痛。随着中国城市化的快速发展，城市规模日趋扩大，人口日益增加，城市生活垃圾的产生量在不断地增加。据《人民日报》等媒体报道，北京市日产垃圾 1.84 万吨，如果用装载量为 2.5 吨的卡车运输，长度接近 50 公里，能够排满三环路一圈，同时北京每年垃圾量以 8% 的速度增长。为此，全社会都要倡导垃圾减量、分类处理，使垃圾的总量降下来，从源头上减少垃圾产生量。

习近平总书记指出"绿水青山就是金山银山。"2019 年，国家多个部门联合发文要求各地级以上城市今年就必须要全面启动垃圾分类工作，并且要在 2025 年以前基本建成生活垃圾分类处理系统，北京市开展垃圾分类的工作变得迫在眉睫。尤其是 2019 年 11 月 27 日，北京市发布新版垃圾分类管理规定，新规定将在 2020 年 5 月正式实施。

作为社会一分子的三年级小学生，也想通过自己的观察发现，做出自己力所能及的一些贡献，因此我们定下了"垃圾分类我探究"的大活动主题。

二、活动目标

（一）价值体认：通过参与各自小组的研究实践活动，了解垃圾分类的相关知识，以及垃圾分类的重要性，培养健康的生活习惯，增强学生的环境保护意识，形成积极践行垃圾分类的态度和意愿。

（二）责任担当：通过观察自己的家庭、学校、社区进行垃圾分类的情况，形成愿意从身边小事做起，在家庭、学校、社区积极践行垃圾分类，并倡导及影响家人和朋友进行垃圾分类。

（三）问题解决：通过对身边垃圾处理现象的观察，发现与提出与垃圾处理有关的问题，形成相关的活动主题；掌握观察法、问卷调查法、访谈法等研究方法的一般程序和步骤，初步学会运用这些方法收集分析资料、解决问题，形成小论文，培养学生的探究能力和科技创新能力。

三、活动过程

（一）确定选题

1. 文献查阅

通过新闻视频加深学生对垃圾分类的认识，激发其进一步探究身边垃圾分类状况的兴趣。教师示范指导学生围绕生活垃圾分类需要查阅文献资料的方法，引导学生了解文献资料的重要性。

学生利用课余时间通过图书馆、互联网等查阅相关资料，一周以后，在全班交流分享搜集、整理的资料，老师在课上梳理垃圾分类的重要知识，并适时将筛选、整理文献资料的方法进行提升、总结。

2. 选题交流

引导学生以小组为单位讨论出本组 2 ~ 3 个感兴趣的问题，写在问题卡片上，派代表到台前交流观点和理由。老师根据学生板书相机写关键词，将内容相近的，归为一类，经过讨论，子课题初步定为：

（1）培新小学幸福校区的垃圾分类现状调查

（2）培新小学周边社区垃圾分类的现状调查

（3）某某中学与某某中学的垃圾分类现状调查及启示

（4）培新小学师生对垃圾分类的认识与态度调查

（5）培新小学周边社区居民对垃圾分类的认识与态度调查

（6）一周内"我"家生活垃圾的分类与统计

学生根据自己的兴趣选择探究小组，各组选出小组长，并设计小组的组名及口号，初步形成小组合力，并展示自己的口号。

课后，各小组长带领自己组的组员，根据小组研究的主题，初步设计小组的活动方案，为下一节制订活动方案做好准备。

3. 方案设计

引导学生思考、讨论设计一份方案的基本要素。教师呈现活动方案表样例，明确活动方案的基本格式与要素。然后指导各小组讨论小组方案各栏目的填写内容。教师寻找一个小组汇报其方案初稿，其他小组同学和指导教师提出问题、意见和建议，各小组再次讨论、修改方案。

（二）活动实施

1. 方法指导

（1）问卷调查方法指导：出示一份完整的调查问卷，引导学生了解问卷的构成要素。学生在小组中分析案例、发现问题，初步明晰方法。通过师生互动交流总结归纳调查问卷中问题编制的原则，并尝试编写各自小组的问卷，并在班内进行汇报交流，形成各自问卷的最终版本。

（2）采访、观察方法指导：教师创设情景，引导学生提前演练如何采访、如何发放调查问卷、如何观察记录所见所闻。

2. 实地调查

学生以小组为单位，选择适合自己的方式进行调查、探究。

有的小组在家中实践垃圾分类，设计表格，并统计一周内所产生的垃圾重量，并思考如何进行垃圾分类和垃圾减量。

有的小组边走边问，用照片、视频、文字笔记等方式，记录自己在社区或校园里亲身观察后所发现的垃圾分类的问题，比如分类垃圾桶缺少红色垃圾桶，其他垃圾桶内垃圾堆放多日、臭气熏天，分类垃圾桶内的垃圾胡乱堆放，没有专人负责指导垃圾分类，宣传栏也没有相应海报进行宣传指导等等。

有的小组携带纸质问卷或制作问卷星电子问卷，用问卷询问教师、学生或社区居民对于垃圾分类的态度和认识，比如是否愿意进行垃圾分类，是否懂得不同垃圾如何进行分类，垃圾分类过程中遇到的困难，等等。

3. 交流数据

（1）与小组同学交流各小组呈现活动中收集到的文献资料、实地考察资料、问卷资料、访谈资料等初步成果。

（2）明确资料整理的一般步骤：资料分类→选择方法→整理资料。学生将自己掌握的整理资料的方法进行实践操练。

（3）适时教学生如何利用 Excel 表格进行统计、分析问题。

4. 分析原因

针对活动过程中所发现的硬件问题，比如社区垃圾桶不齐全、颜色不准确、运输垃圾时混装等问题进行分小组讨论交流。

针对师生、居民不愿进行垃圾分类、垃圾分类错误等问题进行分小组讨论交流。

6. 解决问题

（1）学生们以小组讨论的形式解决：怎样引导师生、居民重视垃圾分类、怎样向他们普及垃圾分类的原则、怎样向家长、社区或学校提出自己关于垃圾分类的建议。

（2）尝试群策群力完成一封《致……的一封信》，倡导更多的老师、同学、社区居民积极、正确进行垃圾分类，并鼓励各小组选择有创意的形式向周围人宣传垃圾分类知识。

（二）成果展示交流

1. 总结垃圾分类调查成果。将自己在活动中取得的收获，进行文本或电子形式的总结。比如，撰写调查报告，完成调查报告的 PPT 制作，与小组同学练习汇报。

2. 制定垃圾分类宣传计划。选择自己最喜欢的形式，如：三句半歌谣、美篇、手抄报、壁报、展板、红领巾广播、警示语等等，制定宣传方案，做好宣传准备。

3．实施宣传。按计划进行宣传活动，走进各个社区或各班教室，倡导老师、同学、社区居民积极进行垃圾分类，正确进行垃圾分类。

四、教学反思

反思本次活动，有以下几方面优点：

（一）培养学生的责任担当

综合实践活动强调教师要引导学生关注自身、关注同学、关注校园、关注家庭、关注社区、关注社会，引导学生通过文献查阅、确定主题、制定方案、设计调查问卷、采访调查等一系列活动，引导学生深刻了解垃圾分类的一般知识，激发参与垃圾分类探究的热情。

（二）把主体还给学生

在教学过程中，教师只是一个组织者和引导者，及时总结学生的成果经验，及时解决学生遇到的困难和不解。课上先通过引导学生观看视频，回顾各自小组的活动足迹，然后各获得小组有侧重地介绍各自在调查中遇到的困难、合作学习中的收获以及提出的有针对性的建议，不仅让学生展示了各自的活动历程，也让学生感悟了课题研究的一般方法。

（三）培养学生解决问题的能力

这次实践活动，让我欣慰的是孩子们学会了发现问题并通过小组合作探究自主解决问题，学生的综合能力有所提高。在整个活动中，孩子们兴趣盎然，更是感受到孩子们对这类活动的喜爱与期待。综合实践培养了学生发现问题——提出问题——分析问题——解决问题这一思维方式，提高了学生的解决问题的能力。

这次实践活动学生们收获很多，但在小组汇报时有的学生也显现出在表达上有些紧张，不知如何更好地表达，在与同学互动交流的时候有所欠缺，在今后的活动课中，还需要多为他们搭建展示平台，提升他们表达的勇气和表达的能力。

设计者：袁久强（北京市东城区培新小学）

关于共享单车的调查和研究

一、选题背景分析

近年来，共享单车似乎成了最热门的话题，使用共享单车出行，既低碳环保，又便捷价廉。在快节奏的生活方式下，通过骑共享单车出行既能锻炼身体又能节约时间和经济成本，深受广大城市居民的喜爱。随着越来越多的共享单车出现在街头巷尾，诸多不文明现象也层出不穷：共享单车乱停乱放、恶意破坏、共享单车被上私锁、车身上乱贴小广告……除此之外，使用人群里出现了不少小学生的身影，他们骑车在车流中穿梭，在马路上追逐嬉戏……这一幕幕场景真让人看得胆战心惊！"学起于思，思源于疑。"安全和社会意识引发着本班学生的关注和思考。为了进一步了解共享单车带给人们的便利及使用现状，本班学生进行了相关调查研究活动。

二、教学目标：

（一）价值体认：通过参与"关于共享单车的调查与研究"综合实践活动，经历"生活中的发现→提出问题→设计调查问卷→统计调查结果→查找资料／采访家人→分析解决问题"的过程，培养学生创新意识。通过调查和实地考察，了解共享单车带给人们的便利及使用现状。

（二）责任担当：通过此次调查研究活动，使学生明白通过自己的努力可以解决生活中的问题，从而养成热爱生活的态度，引导学生树立爱护公用设施的责任感，初步形成社会公德意识。

（三）问题解决：学生通过体验"关于共享单车的调查与研究"综合实践活动的过程，能够提出自己的想法，提高学生表达、交流、展示能力，以及小组合作意识和团队精神。

三、教学过程

环节一：认识共享单车

1．教师活动：出示图片，引入话题。

【设计意图】教师引导学生关注生活中的现象，发现并提出自己感兴趣的问题，并将问题转化为研究小课题，开展调查研究活动，解决问题。汇报展示回顾各小队调查过程，引出课题。

学生活动：各小队汇报展示调查研究过程。

第一组：调查问卷分析结果

四·七中队雄鹰小队、创意小队和梦想小队三支小队组成了"走访调查组"在幸福大街周边进行了共享单车使用情况调查活动。起初，史老师带着我们学习了有关调查和统计的知识，指导我们如何设计调查问卷。我们小组成员满心欢喜地设计了调查问卷。史老师看到后，指着一道题说：你看这道题，那些行为不正确的人是知道这样做是错的，他们也会选是错误行为，这就是无效问题。史老师告诉我们发现的错误行为可以设为选项，于是我们把题目进行了修改。在史老师的指导帮助下，我们把问题设计得更合理、有意义，完成了调查问卷的最终设计。

这是我们初次进行调查活动，因此老师特别提示要注意人身安全、仪容仪表及文明用语。地铁站、商店餐厅、社区内、街道上，都能看到"走访调查组"同学们的身影，大家克服害羞、惧怕的心理，勇敢地迈出走向陌生人的步伐。遇到受访者拒绝时我们没有气馁，不断自我激励、互相鼓劲。调查结束后，回收有效问卷共计 200 份，合理分工整理数据、分析数据得出结论。

本次调查结果显示使用共享单车的男性与女性人数基本持平，年龄分布比较广泛，主要集中在 18 至 45 岁。调查结果显示人们通常在上班、外出购物及游玩，且骑行时间不超过 30 分钟时选择使用共享单车。在众多共享单车品牌中选择摩拜最多、第二是小蓝、第三是 OFO。在调查中我们发现很少使用共享单车的人只有 32 人，总体使用频率较高。可见共享单车以其轻便快捷、绿色出行的特点赢得了人们的好感，提高了人们的环保意识。

人们愿意在地铁、公交车、公司单位或居住的社区附近使用共享单车，解决出行"最后一公里"的问题。同时，共享单车的质量、安全性及便捷性极大地影响人们对共享单车的选择和使用。在使用共享单车时遇到的问题主要集中在车辆损坏严重、经常找不着车及车辆被私自上锁。随着共享单车的普及，存在的问题也得到了大家的重视，人们普遍认为共享单车在提高车辆质量、加强单车维护工作、增强管理，检查违规使用用户等方面应进一步提升服务。

以上是我们三支小队的调查和发现，供大家参考。

第二组：实地考察发现问题

我们宇宙、友谊两支小队利用课余时间走上街头，亲自去寻找、用镜头记录下共享单车被破坏的不文明现象。

一、单车被上锁、私停私人区域。

共享单车被上锁或私藏在楼内，这样的做法是不是太自私了呢？

二、单车乱停乱放，影响市容。

一些地方共享单车的停放区域划分不明确，使用者见空就停，随手乱放。即使在专门停放区域，车辆也有互相碰撞或整排单车全倒的现象。

三、单车被恶意损毁。

共享单车被推倒在地。许多单车零部件丢失。

共享单车二维码被涂抹、毁坏的情况很多，有的车牌直接变成一张"白板"，其他用户无法扫码使用。

透过镜头，我们发现有的单车是人为损坏的，但同时有很多自然损坏的现象：因长期的风吹日晒导致车筐掉漆、由于颠簸造成的零件脱落、零件生锈损坏、车胎没气等。时间久了，不能及时维修的单车就报废了。

四、另外，我们还有这样的发现，有的共享单车成为违法小广告的"发布平台"。

这些并非是共享单车的全部景象，甚至确切地说，这只是千千万万辆共享单车中极少的一部分，存在着许多安全隐患和不良后果。

2. 教师活动：组织学生小组讨论。

学生活动：小组讨论、全班交流。

师：在研究过程的中，调查是一种很好的方法，而设计调查问卷是很重要的一个环节，我们根据目的精心设计好有效合理的问卷，为后续的调查做好准备。

【设计意图】学生通过对活动过程进行系统的梳理和总结，促进学生表达能力。通过与伙伴交流和对话，感悟课题研究的一般方法。

3. 教师活动：小结，引入课堂活动。

师：通过走访调查，我们感受到共享单车带给人们生活的便利，同时也能从中发现使用时出现的问题。接下来，让我们开动脑筋，启动创意，一起头脑风暴！

学生活动："见招拆招"新共享——以小组为单位，通过动脑、动手实践，尝试解决问题。请看活动提示：

问题一：车上私锁→第1、4小组

问题二：乱停乱放→第2、5小组

问题三：车辆或二维码被毁坏→第3、6小组

可使用材料盒中的材料进行设计。（盒中材料：车辆模型、剪刀、胶棒、彩纸、皮筋、橡皮泥、彩笔，问题二组额外提供画好简单城市区域图的硬纸板）

活动时间5分钟，活动后由小组代表展示，小组代表发言：

1. 上私锁：我们在辖辘和车辆其他空当处糊上橡皮泥，代表车身全封闭的共享单车，降低上锁的可能性。

评价：关注到社会问题，有自己的认识和见解。

2. 乱停放：①我们用橡皮泥塑造各种建筑物，如：商场、地铁站等，用红色水彩笔画出线条鲜明的共享单车停放区域，将模型放置在相应区域。在人们常活动的场所附近设置停放点，能方便地解决出行"最后一公里"的

问题。②我们还计划在手机 APP 上增加积分板块用户把车辆停放到相应区域后，奖励积分，反之则扣除积分或罚款，以此来激励用户合理共享。

评价：能结合调查中的发现进行停放区域和积分系统的设计。

3. 车毁坏：①我们在车身糊上橡皮泥：这是我们设计的 3D 打印一体车——运用技术来构造符合人们需求的单车，避免被拆卸、被毁坏。②我们计划在二维码上进行特殊材质的加工。③今年已有共享单车上线了"蓝牙靠一靠"解锁功能，希望普及。

评价：能充分利用我们的创意为祖国发展做贡献。

【设计意图】教师引导学生在活动中提高实践能力、参与意识与合作沟通能力。

环节二：保护共享单车

1. 教师活动。

一些使用共享单车的不文明现象的确是由设备的不完善引起的，反观共享单车的使用人群，国民素质确实有待提高。我们来看大家课前搜集的新闻数据和案例。

学生活动：新闻组汇报。

（1）我们先来看一组数据：

江苏无锡，未满 12 周岁的儿童，骑行共享单车与电动三轮车发生碰撞受伤！

上海市，11 岁儿童骑行共享单车与大客车相撞，卷入车轮不治身亡！

天津市，9 岁儿童在骑行过程中意外摔倒，单车手柄插入脖颈！

（2）我们再来看一组图片

如果说上面的案例离我们的生活比较遥远的话，那我们来看看身边不文明的骑行共享单车现象。大家请看这幅图，一位妈妈把自己的宝宝放在车筐里，如果有紧急情况发生，孩子没有任何保护，非常危险。这位男士让孩子坐在自己腿上，孩子的另外两只脚踩在自行车前杠上，男士一手搂着孩子，另一只手单手扶把骑行。如果遇到紧急情况，大人是扶孩子，还是扶车把呢，想想就可怕！

（3）带着此刻的感受，我们观看两个视频案例。

视频中的大哥哥骑共享单车时，没有遵守交通信号灯，最终酿成大祸，美好的青春年华就这样戛然而止，真是太可惜了！视频中的小朋友，不满12岁，也没有监护人在身边，独自骑行共享单车去学校，结果在半路就发生了车祸。

以上是我们小队队员通过上网读报、查找筛选资料之后，为大家提供的新闻素材，希望引发大家的思考。

2.教师活动：小结提问。

学生活动：分享观看新闻播报后的感受。

3.教师活动：小结，引入课堂活动。

师：同学们都感知到危险的违反交规行为处处可见，也时常发生在小学生身上，这种行为影响他人生活，更是危害自己或他人的生命安全。请同学们拿出承诺卡，以小组为单位写下你们打算如何倡议人们保护共享单车。完成后的小组请将承诺卡贴到黑板上。

学生活动：温馨传递正能量——以小组为单位，对使用共享单车提出倡议办法。

学生汇报：粘贴道具卡，讲述创意想法。预设：

①绘制"安全出行 合理共享"宣传海报。

②设计、绘制标语提示牌对路人进行提示。

③争做文明、诚信用车的宣传者、监督者，敢于同不当用车行为说"不"。

④组织到学校或校区周边，为共享单车做清洁工作，身体力行推广文明风。

⑤在校园内发起倡议：未满12岁不骑行共享单车。

⑥发放"友情提示卡"（给家长等成年人）进行宣传。

师小结：文明交通行，共享在身边。同学们在知道应该爱护共享单车和遵守交规的基础上，能根据你们的年龄特点，找到具体可行的方法，传递正能量，解决了我们要研究的问题。

4. 教师总结全课，深化情感。

【设计意图】教师引导学生在活动中提高实践能力和社会责任感，初步形成社会公德意识。

设计者：史博雅（北京市东城区培新小学）

培新学生兑换竹娃产品现状的调查——结题交流会

一、选题背景

培新小学的"竹娃"形象最早要追溯到 2012 年 7 月，为庆祝学校成立 60 周年校庆的吉祥物，由学生商木源设计，竹子自身所蕴含的文化内涵即生命力强、虚心和坚忍不拔。学校更是赋予了"竹娃"乐观、活力、坚持、进取的文化内涵，竹娃形象深入人心，无形地影响着学生的成长。随后学校推出了以"竹娃"为主体形象的成长币，学生通过努力按照《竹娃成长奖励制度》获得相应"竹娃币"的奖励，出现问题也同样获得相应惩罚。为了满足"竹娃成长奖励制度"的实施需要，学校还思考设计了相关的竹娃产品，配合竹娃币共同推出。随着学校竹娃超市一次又一次的开业，学校竹娃产品的日益丰富，学生对竹娃产品、竹娃超市有着特殊的情感。

上学期班级结合年级"竹文化""主题+"综合实践活动，开展了"我与竹娃"一系列主题综合实践活动，学生们通过画连环画，讲述"我与竹娃币的故事"，切实感受到了竹娃币帮助其行为习惯的养成和良好品质的培养。这学期，学生们在用竹娃币兑换竹娃产品时出现了一些问题，与小组成员交流时更是产生共鸣。为此，本学期引发了本班学生针对学校学生兑换竹娃产品的现状进行了一次调查研究。

二、主题活动目标

（一）价值体认：通过参与"学生兑换竹娃产品现状的调查"主题实践活动，让学生感受到自己是学校的主人，激发学生对学校的热爱之情。

（二）责任担当：通过此次调查研究活动，使学生明白通过自己的努力可以解决生活中的问题，从而养成热爱生活的态度，更加积极参与学校的活动。

（三）问题解决：学生通过体验"培新学生兑换竹娃产品现状的调查"课题研究的过程，能够提出自己的想法，对"培新学生兑换竹娃产品现状"这一问题形成初步的解释。

三、本课教学过程

环节一：前期活动回顾

教师活动：介绍学校竹娃币以及竹娃产品，引导学生针对学校兑换竹娃产品提出问题。

学生活动：回顾产生调查研究的原因。

设计意图：教师引导学生关注学校生活中的现象，发现并提出自己感兴趣的问题，并能将问题转化为研究小课题，开展研究性学习。

环节二：分组展示调查过程

教师活动：引导学生回忆，调查的过程中遇到了哪些困难？又是怎么解决的？

学生活动：汇报各组调查的过程，进行数据分析。

设计意图：使学生在"反思"的过程中，体悟到做研究并不是一帆风顺的，学会处理突发事件。

环节三：汇报研究成果

教师活动：认真倾听各组汇报，引导学生发现各小队调查中的优点与不足。

学生活动：各小组汇报。

设计意图：教师要指导学生选择合适的方式汇报交流。学生通过初步撰写调查报告，分析数据，总结成败得失，提升个体经验，促进知识建构。并根据同伴及教师提出的反馈意见和建议查漏补缺，明确进一步的探究方向，深化主题探究和体验。

教师活动：组织学生回忆调查活动，鼓励学生分享发现各自的收获与同伴的成长。

学生活动：畅谈感受，发现收获。

设计意图：通过学生对活动过程进行系统的梳理和总结，促进学生自我反思与表达，通过与同伴交流和对话，进一步培养学生的自主参与意识与合作沟通能力。

环节四：总结反思

教师活动：教师把学生调查的数据进行重新整理与汇总，引导学生新的发现。

学生活动：小组合作，畅谈新发现，为学校竹娃超市提出新建议。

汇总学生建议，呈交校领导。

设计意图：教师引导学生在真实的情境中，将研究成果呈现给学生，发展了学生的实践能力、服务精神和社会责任感。

四、主题活动特色

（一）从学生的真实生活和发展需要出发，从学生熟悉的生活情境中发现问题，确定了研究主题，开展研究性学习。

（二）在小队调查研究活动中重视培养学生的自主参与意识与合作沟通能力。

设计者：姜涛（北京市东城区培新小学）

探秘博物展馆　重温百年征程　传承中国精神

一、选题背景

（一）关于教学内容

"百年征程波澜壮阔，百年初心历久弥坚。"2017 年 10 月 25 日，再次当选中共中央总书记的习近平同志在同中外记者见面时说："中国共产党立志于中华民族千秋伟业，百年恰是风华正茂！"走得再远都不能忘记来时的路，站在百年华诞的重要节点上，更要回顾我们党百年来的奋斗历程，彰显党的力量。

习近平总书记强调："中国共产党是世界上最大的政党。大就要有大的样子。"这"大的样子"，来自中国共产党在百年奋斗中对初心的坚守、对使命的担当。用马克思主义武装起来的中国共产党，将自己的命运与国家、民族和亿万人民的命运紧密联系在一起，始终与人民同呼吸、共命运、心连心，始终把人民对美好生活的向往作为奋斗目标，在接续奋斗中，以"咬定青山不放松"的坚韧，朝着建设中国特色社会主义现代化强国的宏伟目标奋勇前进。

翻开风云激荡的红色篇章，100 年来，在带领全国各族人民前仆后继、顽强奋斗，不断夺取革命、建设、改革的重大胜利的进程中，我们党尝尽了艰难困苦，却初心不改，矢志奋斗，勇毅前行。古今中外，很少有像中国共产党一样的政治集团，可以为了实现伟大的目标愿意付出一切。无论是弱小还是强大，无论是顺境还是逆境，我们党都矢志不渝，团结带领人民以"敢教日月换新天"的豪情壮志，无畏彻底的革命精神，攻克了一个又一个看似不可攻克的难关，创造了一个又一个彪炳史册的人间奇迹。

2021 年是中国共产党建党百年，东城区也启动了"党史游学地图"，鼓励引导学生探秘博物馆，重温百年征程，传承红色精神。

（二）关于学生情况

为了更好地贴近学情，使课程设计真正符合学生的需要。提前进行了相关博物馆的实践学习。

基于对教学内容和学生情况的分析，把课程的教学重点设定为以追寻中国精神为主，了解党史为辅。教学难点是激发学生的爱国情怀。初步确定教学的重难点后，继而开始思考教学的方式和手段。

由于这节课属于综合实践活动课程，一定要让孩子真正动起来，参与其中，通过自己发现问题，探究问题，最后解决问题。于是，我的课程设计中体现了博物馆实践，动手拼中国精神足迹单，充分发挥学生自主学习的方式。

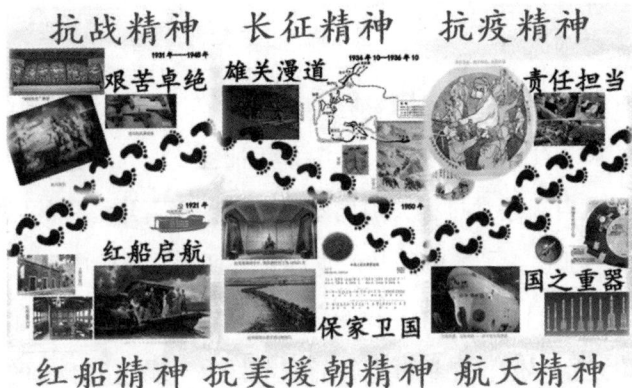

二、活动目标

（一）价值体认：通过走进各个博物馆，学生对建党百年有更加深入的了解，重点关注百年征程中的重要时间节点，挖掘这一路蕴藏的中国精神。了解百年征程的坎坷曲折，体会如今幸福生活来之不易，感受中国共产党带领中国人民从站起来到强起来的奋斗历程。增强学生的爱国情怀，同时，更加强烈地感受到中国共产党的伟大，加深热爱祖国热爱中国共产党的情感，传承中国精神，发扬中国精神。

（二）责任担当：通过足迹单，了解百年征程中的永恒瞬间，更好地庆祝建党百年，做中国精神的传承者，做合格的接班人。

（三）问题解决：探秘博物展馆，通过参观博物馆、收集资料，从不同方面了解建党百年的历史发展。带着任务在参观体验学习的过程中，将建党百年的主题转化成研究小课题，通过自主讨论、探究，了解研究的过程与方法，形成对问题的初步解释。

（四）创意物化：将探究结果，通过足迹单的形式进行展示，物化为可视化的成果，为之后的"建党百年——小小讲解员"蓄力。

三、活动过程

环节一：回顾建党百年活动，分享参观体会

为了庆祝中国共产党的百岁生日，同学们利用周末时间，到各个博物馆参观学习，以此来了解中国共产党。

分享交流参观体会。

【设计意图】由学生实践体验活动的感受出发，激发学生表达的欲望。

环节二：展示建党百年收获，重温百年征程

借由主持人自述建党过程，引出不同小组关于百年征程的回顾，带着学生一起重温百年征程，了解中国共产党的百年征程，感受中国精神。

主持人：同学们，你们好，我的名字叫作中国共产党，今年是我一百岁的诞辰，无论走得再远、走到再光辉的未来，也不能忘记走过的过去，不能忘记为什么出发。回首这一百年，真的是感慨万千。

主持人：我知道很多同学为了庆祝中国共产党的百岁生日，利用周末时间，到各个博物馆参观学习，以此来了解中国共产党。接下来，就让我们一起来重温中国共产党这百年的征程。

【设计意图】让学生以中国共产党第一人称的口吻进行导入，拉近学生与中国共产党的距离，同时，也激发学生想要了解的兴趣。

（一）红船启航

由首都博物馆的红船展品，回顾中国共产党的诞生。

了解红船故事，感受红船精神。

【设计意图】借助展品，引出南湖红船，感受红船精神。

（二）艰苦卓绝

主持人：从南湖红船的扬帆启航，到登上井冈山，点起星星之火，等待我的不是一帆风顺，而是坎坷荆棘。

借助同学们在云端参观中国人民抗日战争纪念馆，观看"抗战云课堂"，通过"铜墙铁壁"这个大型雕塑的讲解，缅怀英烈，传承抗战精神。

【设计意图】借助中国人民抗日战争纪念馆云端云课堂，感受抗战精神。

（三）雄关漫道

主持人：抗战的十四年中，我历经重重困难，最让我刻骨铭心的，就从 1934 年 10 月到 1936 年 10 月，我开始了两年，漫漫二万五千里的长征路。

1. 借助展品，体会精神

同学们介绍他们从国家博物馆"屹立东方馆藏经典美术作品展"的画作中感受两万五千里征程中，坚韧不拔，自强不息，勇往直前的长征精神。冲破上百万兵力的围追堵截，枪林弹雨下，四渡赤水，巧渡金沙江，强渡大渡河，曾挖野菜、啃树皮、煮皮带果腹前进，翻越终年积雪的崇山峻岭，也曾穿着草鞋穿过人迹罕至的茫茫草地，最终胜利到达陕甘宁地区，实现了红军主力的大会师。

【设计意图】借助美术作品，感受漫漫二万五千里长征的艰难困苦，以及百折不挠的长征精神。

2. 齐诵诗词，感受精神

齐声诵读《忆秦娥·娄山关》这首词，感受"雄关漫道真如铁，而今迈步从头越。从头越，苍山如海，残阳如血"的长征精神。

【设计意图】借助古诗词，感受雄关漫道的长征精神。

3. 开国大典，重温经典

主持人：一转眼，经过了 28 年的浴血奋战，在广大人民群众的支持下，我们站起来了。1949 年 10 月 1 日，毛泽东主席在天安门城楼上庄严宣告，中华人民共和国，中央人民政府成立了，作为 10 后的我们，无法想象当时庄严隆重的场面，那就让我们通过这段音像资料，来感受祖国的伟大诞生。

我们站起来了，我知道，这是历史选择了我，人民选择了我，但是这后面的赶考路上，我一刻都不敢懈怠。

【设计意图】借助开国大典的影像资料，感受祖国诞生的永恒瞬间。

（四）保家卫国

1. 红色歌曲，穿越历史

同学们，你们听。"雄赳赳，气昂昂，跨过鸭绿江……"这首《中国人民志愿军战歌》红色经典歌曲，是一代人永恒的记忆。新中国成立了，我们虽然站了起来，但还不足够强大。

【设计意图】借助《中国人民志愿军战歌》红色经典歌曲，感受抗美援朝精神。

2. 丰功伟绩，对话英雄

同学们参观了中国人民革命军事博物，正在展出的纪念中国人民志愿军抗美援朝出国作战 70 周年主题展览。

了解"孤胆英雄"——刘子光，一个人，一把枪，活捉 63 名敌人！

【设计意图】借助展品以及背后的故事，感受抗美援朝中的英雄事迹，以此激发学生爱国情怀，感受传承中国精神的意义。

（五）国之重器

1. 对话航天人，感受航天精神

说到火箭，同学们印象深刻的就是学生代表的一次国旗下讲话，她介绍的就是她爸爸参与设计建造的"胖五"成功一飞冲天，踏上星辰的征途。

播放学生采访爸爸的视频，感受一代航天人的航天精神。（学生代表：从爸爸身上感受到的航天精神）

【设计意图】借助家长资源，对话一代航天人，近距离感受航天精神。

（六）责任担当

主持人：我的百年中，不光有这样的高光时刻，站在世界的舞台上，彰显大国形象，展示中国精神，也有逆光而上，负重前行的日子。

1. 与时间赛跑，扛起如山责任

武汉的雷神山医院，从 2020 年 1 月 25 日，决定在武汉火神山医院之外，再建一所武汉雷神山医院，到 2 月 8 日，武汉雷神山医院交付使用，首批医疗队员进驻，当天晚上 8 时许收治了首批患者，在中国共产党的领导下，建设者分秒必争，不舍昼夜；医护人员生死救援，绝不放弃，在短短两个星期，14 天的时间，创造了奇迹，见证了奇迹。

2. 抗疫无国界，展现大国担当

中国向 82 个国家和世界卫生组织、非盟提供抗疫援助，在全力抗击本国疫情的同时克服自身困难，向巴基斯坦、老挝、泰国、伊朗、韩国、日本、意大利、非盟等数十个有需要的国家和地区组织提供了他们急需的医疗物资。除了送去医疗物资外，我们还派去专家帮忙研究病毒。

共克时艰期间形成了生命至上，举国同心，舍生忘死，尊重科学，命运与共的抗疫精神。

环节三：记录建党百年足迹，彰显精神力量

回首这一百年，有太多值得铭记与传承的，下面请同学们以小组为单位，合作完成手中的这份建党百年足迹单，重温这百年征程，寻觅这一路蕴藏着的弥足珍贵的中国精神。

每周一升旗仪式上道德讲堂的环节，会为同学们介绍中国精神，目前，我们已经播出的有工匠精神、北斗精神、钉子精神……建党百年的征程中，有很多中国精神，值得我们传承与发扬。

借助足迹单，小组挖掘中国精神，并分享交流自己对于中国精神的理解。

【设计意图】借助足迹单，记录建党的百年征程，感受这一路蕴含的中国精神。

环节四：铭记建党百年贡献，传承中国精神

1. 聆听《少年》建党百年版的歌曲，感受中国精神的薪火相传

回顾来时奋斗路，星照未来奋进路。作为 10 后的我们，该如何传承这弥足珍贵的中国精神，使他历久弥坚呢？这首《少年》的歌词中，好像告诉了我们。

【设计意图】助建党百年《少年》这首歌，从歌词中体会如何传承中国精神。

2. 合唱《少年》建党百年版的歌曲，

让我们唱响《少年》这首歌，畅想下一个百年的美好愿景。

四、教学反思

（一）重实践，多方面重温百年征程

借助博物馆建党百年的相关展览、展品，云端云课程，影像资料，以及红色歌曲，红色古诗词，家长资源等不同方面，引领学生重温建党百年征程，用看得见、听得到、读得出的具象化内容，使学生真看、真听、真实践，重温这百年征程。

（二）真体会，多角度感受中国精神

从每周一升旗仪式上的道德讲堂环节，介绍一种中国精神，到各个博物馆参观体验学习建党百年的党史内容，再到小组合作拼凑百年征程足迹单，从学生的真实体会与感受出发，在实践中感受中国精神，在实践中传承中国精神。当然，这节课还存在一些不足，需要在未来的课程设计中注意。但由于教师自身对于相关知识的了解还存在一定局限，因此这样的设计并不多，虽然在课上给了学生一定的启迪，但是没有足够的例子让学生充分强化这一点。教师应该不断丰富自己的知识，设计出更多这样的内容。

设计者：陈础（北京市东城区培新小学）

天坛的"N种"打开方式

一、选题背景

（一）关于教学内容

天坛是明、清两代帝王祭天、祈谷和祈雨之地。天坛是古代祭祀建筑的代表作，同时也是世界现存规模最大的古代祭天建筑群，1998年被联合国教科文组织确认为世界文化遗产。

培新小学天坛校区和天坛仅有一条马路之隔，当学生来到天坛校区后，提出了这样的问题：

"我们刚刚来到天坛校区，距离天坛公园很近，老师们也说，我们可以充分利用天坛这个资源。但天坛在我们眼中，是世界文化遗产，是高大上的

名胜古迹，它和我们的生活有什么关系，能够给我们提供什么样的资源？我们应该如何利用，又能为它做些什么呢？"

带着这个问题，教师引导学生将探寻"天坛的'N种'打开方式"作为研究主题，以探寻天坛在当今社会，对于人们的多种功能。

学生通过实践，不仅对中国优秀的传统文化有了更为深入的了解，同时，通过自己的实践成果，让古老的文化被更多人看到，被人们喜爱。以这样的方式，传承中华优秀传统文化，增强民族自豪感和文化自信。

（二）关于学生情况

为了更好地贴近学情，使课程设计真正符合学生的需要。活动前进行了学生情况的调查：

1. 学生的家距离天坛都不远，经过调查，班中78%的学生去过天坛，部分家住的近的学生，则经常和家中的老人一同去天坛。

2. 学生游览天坛的过程，主要是参观其主要建筑，由于天坛有景点通票，所以学生去的最多的是祈年殿、圆丘、皇穹宇三个地方，去过天坛的学生中，几乎100%都去过这三处建筑。对三处建筑有简单的了解，但不够深入，对于其背后的历史文化以及所蕴含的价值认识不够。

3. 本主题的实施年级是四年级，四年级的学生虽然经历过综合实践活动，但是开展大主题、长周期的综合实践活动，对他们来说还是第一次。他们这种主题综合实践活动充满了热情，但在实践探究的方法上储备不足。

基于此，在活动中，遵循学生实践探究与教师的方法指导相结合的路径。

在开展活动前，学生首先基于自身生活经验提出问题，初步感知。之后，教师根据学生的具体情况进行相关的方法指导，引导鼓励学生走出教室，到天坛进行实践探究。在实践中运用各学科的综合知识，认识、分析和解决现实问题。带着发现进行交流后，再次进行实践探究，最后总结交流、回顾反思，达到提升综合素质，发展核心素养，促进社会责任感、创新精神和实践能力发展的目的。

二、活动目标

（一）价值体认：在不断走近天坛的过程中，对天坛的历史、功能、文化等有更加深入的了解，提升对中华传统文化的了解和热爱，增强民族自豪感以及文化自信。

（二）责任担当：在对天坛有了充分了解后，激发起了解天坛、保护天坛的热情和责任意识。并通过自己的研究成果，向更多的人们宣传天坛，做天坛的传承者、中华优秀传统文化的传播者。

（三）问题解决：关注现实生活，围绕天坛，发现并提出自己感兴趣的问题，并将问题转化成研究课题，通过自主讨论、探究，了解研究的过程与方法，形成对问题的初步解释。

（四）创意物化：以参观游览图、美食推介手册、古树鉴赏手册的形式，将实践成果物化，为更多的人们提供建议。通过这样的方式，深入了解天坛，发扬、传承中华优秀传统文化。

三、活动过程

（一）准备阶段

1. 初步探究

学生利用课余时间，走进天坛，对天坛进行初步了解，收集信息和资料。为选题做好准备。

2. 确定选题

在选题指导课上，学生根据自己对天坛的初步了解，用思维导图的形式，写出了人们可以在天坛中做些什么。经过梳理整合，将天坛对于当代人们的功能确定为四个方向，即：观光游览、体育锻炼、休闲娱乐和科学探究。学生也依据自己的兴趣进入了不同的小组中。

学生根据自己所在的研究方向，提出自己感兴趣的问题。

教师引导学生通过讨论发现，要选择小而具体、可操作且有现实意义的问题，作为研究主题。最终经过筛选，各组形成了子课题，分别为：

- 观光游览方向：我行我摄游天坛
- 体育锻炼方向：我是天坛领跑员
- 休闲娱乐方向：天坛里的美味
- 科学探究方向：我给古树起名字

3．制订活动方案

"凡事预则立，不预则废。"在开展实践活动之前，要制订活动方案。学生是第一次进行综合实践活动，对于如何制订一份具有可行性的活动方案缺乏认识。于是，教师设计了方法指导课，引导学生尝试撰写活动方案，并通过对初步方案进行评价、归纳总结基本原则、修改等环节，形成具有可行性的小组活动方案。这样的实践有利于学生养成深入思考的习惯，建立研究的思维，掌握研究方法，培养研究的兴趣。

（二）实施阶段

1．观光游览方向：我行我摄游天坛

（1）编制问卷及采访提纲，做好问卷调查和采访准备

确定选题并制订了活动方案后，学生依照方案，首先要编制问卷，同时拟定采访提纲。

教师对学生进行问卷编制以及采访提纲拟定的方法指导。在问卷编制上，要了解问卷的基本结构、问题的设定与主题之间的关系等。在采访提纲的拟定上，要罗列出想了解的问题，同时进行采访的模拟演练，对采访的技巧、细节等进行指导。

（2）实地进行问卷调查和采访

学生进入天坛，对游客进行问卷调查和采访。为了方便数据的收集和整理，问卷调查采用"问卷星"APP进行。

（3）分析数据

学生通过"问卷星"APP后台生成的数据分析结果，以及对采访内容的整理，发现：来天坛旅游的游客，都是慕名而来。对天坛有浅显的了解，知道天坛的建筑很著名，但是对天坛没有深入的了解。参观的时候，也不知道

从何看起，看什么，多数游客就是拍个照，就算到此一游了。

（4）指导学生做好拍照前准备

调查完毕，学生交流了自己前期的发现，以及下一阶段的探究内容。

学生准备用拍照的形式，为游客介绍天坛的景点，并推荐最佳拍摄角度等。通过这样的方式，让更多的游客能够更有意思地游天坛，从而更深入地了解天坛。

教师指导学生，做好拍摄前的准备，如服装、设备的准备，路线的确定等。

（5）实地拍摄，遭遇困难

学生走进天坛，尝试寻找最有意思或者最佳的拍照地点。

在拍摄中，学生遇到了很多困难，例如：在祈年殿前的广场拍摄时，由于游人过多，拍摄任务进展受阻。后来按照网上推荐的网红打卡地——祈年殿后的皇乾殿门进行拍摄，但发现因为光线原因，拍出的照片效果也不理想。

（6）中期交流

面对出现的小"挫折"，学生有点灰心。于是，教师组织中期交流会，让学生分享自己的收获和感受，对学生前期实践过程给予肯定和鼓励的同时，根据学生遇到的困难进行指导。协助学生找到摄影爱好者——信息李老师进行拍照相关技巧的学习。

（7）继续实践，寻找最佳拍照角度

中期交流后，学生带着新的收获，再次走入天坛拍摄。经过反复尝试，最终发现了一些打卡的好地点。

例如：避开祈年殿入口，选择了在祈年殿西配殿拍摄，这样既拍到了祈年殿的全貌，又躲开了人群。学生们不想拍得循规蹈矩，于是又思考如何构图。和只拍摄祈年殿相比，加上红色的柱子，显得画面更加饱满。

在皇穹宇，可以在拱门处拍摄，在圜丘坛可以在蓝琉璃瓦的围墙边拍摄，因为角度新颖，怎么拍都好看。

（8）绘制成果手册：天坛游览手册

在直观感受天坛的美轮美奂后，他们又查找资料，通过数字深入了解天坛的建筑。学生将自己的探究结果绘制成了游览手册。不仅介绍了天坛的主要建筑：祈年殿、圆丘、皇穹宇等，还在每个景点旁，介绍了最佳拍照地点和角度。希望能够给更多的游人以参观游览的建议，让人们可以更有意思地游览天坛、了解天坛。

2. 体育锻炼方向：我是天坛领跑员

（1）确定跑步路线

小组成员经过讨论，决定要设计"❤ PX 2021"图形，代表着对学校的热爱。

（2）选择 APP

确定想法之后，学生向家长们请教，应该如何实现跑步路线。家长告诉他们，要设计跑步路线，需要用到手机 APP。学生选择了几款 APP，有 keep、咕咚运动、悦跑圈等，这几个 APP 没有显著区别，因此，学生依据个人习惯，选择了"咕咚运动"APP。

（3）考察环境

学生来到天坛，寻找适合跑步的区域。经过考察，最终在天坛具服台和东天门的连线往南，丹陛桥往东找到一片合适的区域，该区域障碍物比较空旷，建筑物和树林少，适合跑出自己设计的路线。

（4）绘制路线

学生先在地图上先画出了路线，并且把已经画出的路线记住，在哪里拐弯，在哪里折返。

（5）第一次跑步

按照设计好的路线，学生开始跑步。为了保证路线的准确，跑步的时候，还要拿着手机，随时查看 APP 中的路线，有没有出现偏离路线的情况。"❤ PX 2021"路线中有不连续的地方，在这些地方学生需要将 APP 暂停，到了指定位置再跑，软件就能继续绘制轨迹了。

（6）中期交流，继续改进，优化路线

学生第一次跑出路线后，非常高兴。

在中期交流中，他们分享了自己的感受，同时也提出了新的想法：他们发现颜色太单调。他们看到班主任老师曾经跑出过玫瑰花的图案，就是红色和绿色都有，于是，他们也想把路线跑出多种颜色。

经过一次又一次地尝试，最后，学生发现路线的颜色和速度有关系，速度越慢就越绿，速度越快就越红，按照这个规律，最终跑出了彩色的图形。对跑步路线进行了优化。

（7）不断反思，继续完善路线

学生在分享后，教师引导他们再次审视自己的路线和天坛经典的"小象"跑路线，他们发现，"小象"路线的后背处，正是依托于天坛北侧坛墙的弧线，体现了天坛坛墙北圆南方的特点。进而反思自己的设计，下次可以更好地将天坛的特点融入其中，不断完善，跑出更具天坛味道的路线。

3．休闲娱乐方向：天坛里的美味

（1）编制问卷，调查消费者喜好

学生编制问卷，实地调查消费者喜好。

调查前，教师对学生进行问卷编制的方法指导。在问卷编制上，要了解问卷的基本结构、问题的设定与主题之间的关系等。

（2）现场调查，统计数据

学生自行打印好问卷，来到天坛福饮店，对消费者进行喜好调查。并在调查后，通过画正字的方法，了解消费者的口味偏好。

（3）亲自尝试

同学们一起品尝了部分美食：神乐跳跳拿铁、福运可可热巧、山楂彤彤福茶、百香果卷福、红丝绒卷福、伯爵茶卷福、抹茶黄桃卷福、覆盆子美莓年轮蛋糕、提拉米苏蛋糕、巴斯克焦香芝士蛋糕。经过投票，学生最喜欢福运可可热巧、百香果福卷和提拉米苏蛋糕。

（4）中期交流

中期交流上，学生汇报了自己研究的进展和收获，在交流中，同学们对饮品名字的由来更感兴趣。于是，教师鼓励学生继续探究饮品名字背后的含义。

（5）联系外部资源，编制采访提纲，模拟采访练习

学生借助家长的资源，联系到了天坛福饮店的店长杨叔叔，并准备对其进行采访。

在采访前，教师指导学生进行采访提纲的拟定，其中包含了自己想要了解的问题。同时进行模拟采访练习。

（6）现场采访

学生根据约定的时间，对店长杨叔叔进行了采访，了解饮品名字背后的文化内涵，并认真进行了录音和记录，回到家中，进行了采访内容的整理。

（7）绘制推介手册

学生把调查的结果绘制成了"天坛福饮推介手册"，里面介绍了一些火爆的产品，可以供人们参考。希望通过我们的推介，让天坛福饮更受人欢迎，也让更多的人们喜欢天坛，让古老的天坛焕发生机。

4. 科学探究方向：我给古树起名字

（1）查找资料，初步了解天坛的古树

学生通过查阅资料，初步了解天坛古树的知识。

（2）探寻古树，拍照并记录位置

学生边走边看，看到有特点的古树，学生就用手机把它拍下来，并且用文字记录下具体位置及树木信息。

（3）全组投票，为古树起名字

拍完了照片，全组同学再次观看照片，为古树起名字。对于大家的不同意见，采取全组投票的方式，选出最适合的名字。

（4）中期交流

中期交流上，学生汇报了自己研究的进展和收获，把自己给古树起的名字和大家进行了分享。

在同学的提示下，这组同学意识到：在给古树起名过程中，不仅要考虑到名字的形象，还要好听，如果能有中国传统文化的元素在其中会更贴切。

（5）绘制古树手册

学生给古树起完名字，把这些古树的照片贴在纸上，或绘制出来，制成了"天坛古树手册"。人们可以拿着这本手册，去了解、探索天坛的古树。

（三）总结阶段

1. 交流指导

引导学生学会对活动过程、方法、经验与问题进行总结，明确交流内容，理清研究思路，选择合适的展示形式，做好总结交流准备。

2. 总结交流

教师组织学生召开总结交流会，分享各自的发现和感受，互相交流学习。包括对研究过程和结果以及对档案袋的总结、展示和交流。

四、教学反思

（一）融合"道德之知"与"实践之知"，提升文化自信

在天坛的"N 种"打开方式这一主题综合实践活动中，提升学生对于传统文化的了解和热爱，增强民族自豪感和文化自信，是价值体认方面的目标，同时也是处于"顶灯"位置的目标，它照耀综合实践活动的课程田野。

在活动中多处地方，也都能体现出育人点的渗透。例如，在"天坛里的美味"小组的活动中，学生通过了解天坛福饮店中饮品名字的由来，了解到天坛的文化，教师进一步引导学生发现，通过这样的创意，展现出天坛的文化内容，是对传统文化的创造性转化和创新性发展，进一步激发起学生保

护和传承传统文化的热情和责任意识；在"我行我摄游天坛"小组拍摄照片的过程中，结合资料的查找，能够愈发感受到天坛建设的巧夺天工和美轮美奂，从而深入体会到，正是劳动人民精益求精的工匠精神，才使得天坛无论是在建筑技术还是造型艺术上，都称得上是世界文化中的瑰宝。进而产生强烈的文化自信，为自己是中国人而骄傲。

（二）资源的价值得到了充分的开发

天坛有着磅礴的皇家气，也有着平民的烟火气，是游人的胜地，也是百姓的乐园。可以说，天坛处处都是学生实践的资源。本主题活动将看似"高大上"的天坛和学生的日常生活关联在一起，使其价值被释放出来，得到充分的开发和挖掘。

我们兼顾考虑了天坛的两种"身份"和功能，在"名胜古迹"和"市民公园"这两个功能维度上，进行资源的开发，既选择了祈年殿、圆丘、皇穹宇这样的著名建筑，又涉及了天坛福饮店这样的文创主题店。让学生走进多面的天坛，既能够了解到天坛建筑中的奥秘，又能够透过文创产品走进天坛的文化，自然也能够在这一过程中感受到其多方面的价值。进而又能够丰富和完善天坛课程资源的体系。

设计者：于未娟（北京市东城区培新小学）

物品收纳——书包巧收纳

一、选题背景

（一）教学指导思想

劳动教育包括三个方面内容：日常生活劳动、生产劳动和服务性劳动中的知识、技能和价值观的获得。物品收纳明显属于日常生活劳动，日常生活劳动是让学生立足个人生活事务处理，培养良好生活习惯和卫生习惯，强化自立自强意识。

通过研究教材发现其实各个单元都与物品收纳有关，希望通过这个单元的学习，能让学生掌握物品收纳的原则，并从中感受认真、有调理地做事给自己带来的方便和快乐，从而让学生乐于参与到日常生活劳动中。

（二）社会情况分析

随着人民购买力水平的提高，我们把越来越多的物品带回家中，造成物品堆积，杂乱无章的情况，于是出现了一个新兴职业"物品收纳师"，他专门帮助大家进行家庭物品的分类收纳。

（三）教学内容分析

本单元安排了系列教学内容，一共六课时分为两大模块：学习空间收纳和生活空间收纳。引导学生从学习空间到生活空间逐一进行合理化的规划整理，从而逐步提升学生的收纳能力和意识，本单元起始课《书包巧收纳》与纸工单元学习内容相呼应，并在单元最后部分的《厨房小当家》中与家庭烹饪单元的学习内容前后呼应。通过这一系列课程的安排落实劳动教育，培养学生认真做事并形成系统的思维方式。

（四）学生情况分析

本单元的教学内容实施对象是中高年级学生，物品收纳对他们来说并不陌生，但是大多数学生并没有认真思考过物品收纳的原则和方法。结合学生在实际生活中的表现，发现他们在学习这个单元课程的时候会有如下的优势和不足。

优势：

1. 有明确的物品使用习惯和对自己习惯的认知；

2. 绝大多数学生已经具备一定程度的独立自主能力和收纳基础，知道一些简单的收纳原则；

3. 对于物品收纳有实际生活经验，知道合理的收纳方式可以提高物品在使用时的效率；

4. 具有较好的识图能力、动手能力和自学实践能力。

不足：

1. 对于合理收纳的重视程度不足；

2. 日常携带的学习用具过于充沛，给日常整理、携带和使用带来了不必要的麻烦；

3. 对于日常收纳原则并没有整理成为系统的原则和方法，经常会出现因为收纳失误影响日常生活的情况。

二、活动目标

（一）在学习空间收纳部分，通过对书包和书桌的小空间收纳，及对教室的大空间收纳的设计，明确收纳原则，养成爱惜学具，合理消费的习惯。

（二）在生活空间收纳部分，通过对生活空间的观察和实践，做到让生活有序。

（三）通过物品收纳单元的学习，让学生学会收纳的方法，培养学生良好的生活习惯和劳动习惯。

三、活动过程

（一）游戏导入，引出问题

1. 请拿出你的记事本和一根红笔，看谁拿的又快又准确。带领学生分析，为什么有的同学又快又精准，而有的同学需要把东西都拿出来翻翻找找？

（二）动手实践，主动思考

【步骤 1：观察图表，引入学习】

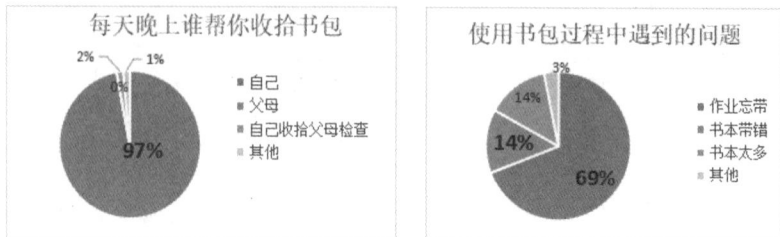

通过向学生展示课前问卷的数据图表，引导学生分析出：大家是具备一定书包收纳能力，但是并没有整理成为系统的原则和方法，经常会出现因为收纳失误影响日常学习的情况。

【步骤 2：小组合作，呈现问题】

合作要求：

①每组一名同学按课表中指定日期收纳物品；

②其他同学认真观察收纳行为思考收纳时候的问题；

③提供收纳物品的建议。

【步骤 3：总结方法，提炼原则】

通过同侪互助的方式，分析总结收拾书包的流程和方法，透过现象看本质，引导学生提炼出收纳原则。

【步骤 4：全班交流，分享技巧】

学生分享书包收纳的技巧，知道物品收纳可以根据物品差异、使用频率、个人兴趣和学习习惯等做出适当调整。

（三）自主识图，关注细节

在收纳的过程中还是要注意细节的，书包收纳必然离不开爱惜书本的话题，引导学生通过图片对比，认识到保护好物品，也是收纳的重要组成。

通过之前纸工单元的学习，中高年级的学生具备了一定的识图能力和动手实践能力。所以我为学生提供了包书皮的详细流程图，让学生动手实践感知包书皮的过程。并通过学生的自我实践感悟出要想做好物品收纳，还要学会爱惜物品。

除了爱惜物品以外，通过向学生展示课前问卷中"带笔数量统计图表"，引发学生深度思考和讨论，过多的用具会无形中造成资源浪费和攀比的现象，引导学生养成良好的消费习惯，杜绝浪费。

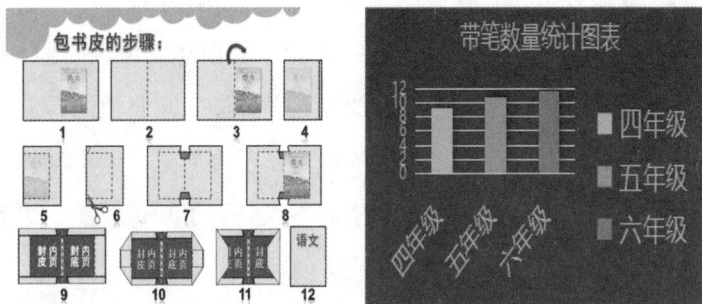

（四）总结回顾，布置作业

本节课最后带领学生巩固和加强书包收纳的方法以及提炼收纳原则，加深记忆。布置作业：按照总结出来的方法和技巧自主收拾书包。

四、教学反思

我认为，新时代的教育工作者，应当深刻理解"双减政策"精神，并积极响应落实。双减政策带给我们的不仅仅是教育大环境的转变，它更加着重强调的应当是更加自由、民主以及创新的课堂生态，具体要落实在我们每一位教育工作者身上，要用更创新开放的课堂，完成"教会知识"到"教会学习"的转变，更好地实现因材施教，引导学生发掘自身潜力，激发学习兴趣，培养出独立思考的精神，最终促成学生健全人格的建设。

新时代的教师不可以一味地照本宣科，而是要大胆突破固有思维模式，落实课本的同时不受课本的制约。要赋予学生足够的创造空间，不仅要教会技能，传授知识，更要把探索自由和获取知识的选择权最大限度地教给学生，让学生们在自由的环境中发挥想象，引发思考的积极性。当学生认识到自己的独立思考方向被认可，探究成果亦可以被接纳，那么学生对于课堂和学习就会有本能的期待，因为小学年龄段的儿童处在探索世界的成长阶段，他们对世界的好奇无处不在也从未停止，作为教育工作者，应当尽量调整往日威严的"牧羊人"姿态，进而成为保护学生个性、带给学生正面引导、鼓励学生激发个人潜力的良师益友。

为了响应双减政策，我在劳动技术课堂上也做出了授课方式的转变。以我的"书包巧收纳"这一单元为例，我设置了自由思考以及分组探讨环节，形成学生对于知识的自我见解，随后加以指导，学生在自由的课堂氛围下更加热衷于思考，更加大胆地提出自己的观点，不再局限于课本知识，也不再恐惧答错问题，这样的课堂之下，学生们不仅获取了知识技能，更养成了思考的习惯、收获了团队配合的愉快以及体会到了主动学习的快乐。

设计者：李冬然（北京市东城区培新小学）

学会沟通与合作

一、选题背景

（一）关于教学内容

《学会沟通与合作》属于"人与自我"这一维度，在认真对教材内容进行梳理后，我安排了一课时来完成本主题教学。这次主题活动也结合了我校在开学典礼发起的"2017西部温暖计划"，目的是让学生帮助学校整理募捐衣物的活动，切实体验沟通与合作的过程，掌握沟通与合作的技巧。综合实践活动的设计需要老师根据"人与自然""人与社会""人与自我"三个维度的要求，结合本校的课程资源和学生实际情况加以开发设计。综合实践活动的课程开展要注重学生的亲身体验和自主探究，而教师从单一的信息传播者，改变成为活动中的指导者、组织者、参与者和服务者。结合核心素养的乐学善学，孩子们通过活动进行学习思考，再进行实践，达到乐思善行的目的，从而培养他们的沟通能力与合作能力。

（二）关于学生情况

首先从认知特点来看，我发现三年级的学生对综合实践活动课有一定的了解，但对于沟通与合作的技巧还没有系统的掌握。

从能力发展来看，三年级学生在语文课上已经学习了一些沟通方法，能够提出自己的一些想法。他们在科学课上也掌握了一定的沟通合作技巧，但仍存在沟通不合理与合作不协调的问题。

二、活动目标

（一）价值体认：通过游戏分析，了解沟通与合作的方法。通过帮助学校整理募捐衣物的活动，让学生经历沟通与合作的过程，获得丰富的实践体验。

（二）责任担当：通过游戏分析，让学生认识沟通与合作的重要性。

（三）问题解决：通过帮助学校整理募捐衣物的活动，让学生经历沟通与合作的过程，获得丰富的实践体验。增强学生的合作意识，提高学生的与人合作的能力，养成善于合作的良好品质。

三、活动过程

（一）游戏导入 激趣开课 认识沟通与合作的重要性

1. 开展第一次游戏活动

引导语：同学们，昨天咱们见过面了，你们喜欢做游戏么？今天，巩老师先带大家做一个游戏。（教师播放游戏规则）

游戏名称：20 秒的挑战

游戏规则：

20 秒内，统计 6 种图形的数量，看谁数得准、数得快。老师将 6 种图形贴在黑板上："大家记住了吗？你们准备好了吗？游戏开始。"

（教师指黑板的图形，学生说图形。）

师：谁来挑战一下？你有什么感受？

学生尝试。觉得不可能完成。

2. 学生讨论分工 1 分钟

引导语：看来光靠一个人的力量是很难完成这个挑战，谁有更好的办法可以完成这项挑战？

生：可以让多人一起。

好，老师再给大家一次机会。我们以小组为单位来挑战吧！先给大家 1 分钟的讨论组员分工时间，讨论之后我们再试一次，好吗？

师："好，大家开始讨论！"

3. 开展第二次游戏活动

引导语："这一次组员分好工了吗？现在，我们进行第二次尝试。游戏开始。"

预设：学生经过沟通后能够明确分工合作，快速成功。

4. 总结游戏

引导语："老师想问问大家，你觉得这个游戏在考验我们的什么啊？我们前后两次的差异在哪？"

预设学生回答：第一次做游戏之前我们没有商量，

第二次做游戏之前我们商量讨论了。

总结语："所以这个游戏需要我们小组成员的沟通与合作。今天我们就来学习沟通与合作。"（板书写：学会沟通与合作。）

二故事引入，总结技巧，了解沟通与合作的方法

1. 故事引入

引导语：下面老师给大家带来了一则小故事，请大家看看。老师播放视频故事《天鹅、虾和梭子鱼》。

2. 通过故事，了解沟通与合作的方法

师："你能帮助他们吗？"

预设：学生："应该让他们的劲儿往一块使。"

师："你们说得真好！就是因为他们用劲儿的方向不一样。所以说他们

的目标一致么？

生："他们的目标不一致。"

老师总结："所以我们在合作中要目标一致。"

（教师贴合作与目标一致。）

我们来看看接下来发生的故事。下面的故事老师希望你能带着两个问题去看，第一想一想他们是如何沟通的，第二他们是如何合作的呢。"

（教师贴沟通技巧。）

老师播放第二段故事，当出现三个动物分好工后，师引导："他们这是在干吗？"生："在分工。"所以在合作中我们要像他们这样？谁能用一个词概括。（教师贴分工明确）

3. 带领全班总结沟通技巧与合作技巧

师引导："通过这个小故事，你觉得我们在小组活动中应该如何沟通呢？

生回答："我们要表达自己的想法，要倾听对方的意见。"

预设学生回答不出来，教师引导沟通其实需要用到我们两个非常重要的感官，是什么？

（贴嘴巴、耳朵。）

（教师板书：大胆说　认真听）

师总结："所以我们在沟通中，不仅要大胆表达自己的想法，还要认真倾听对方的意见。"

师引导："那么最后他们成功了！是因为他们除了做到了目标一致和分工明确外，他们还做到了什么？"。

预设学生回答不出来，教师指一指视频的文字，教师引导。

（教师板书贴团结协作。）

4. 老师再次总结一遍

过渡语：是不是很简单呀？我们互相沟通的时候，不仅要大胆地表达自己的想法，还要认真倾听他人的意见。在合作中，我们要目标一致，明确地分工，团结协作。

（三）实践体验

1. 创设情境：回顾我校开学典礼"2017西部温暖计划"启动仪式

教师引导语：下面我们来验证一下，看看大家是否学会了沟通与合作。

师出示PPT开学典礼照片，问："同学们，你们还记得这个活动么？这是我们学校开学典礼"2017西部温暖计划"的启动仪式。"

师："我猜大家也都捐了很多衣服，但是，现在出现了这样一个情况：我们前院堆满了好多募捐的衣物。"（出示PPT前院的图片。）

师："大家来猜一猜今天我们的任务是什么？"

生："整理衣服！"

师："对！学校想请我们班的同学来帮忙分类、整理这些衣物。"

2. 统一分类

在活动前，老师想先请大家查看你们组的衣服，并讨论一个问题：你们打算如何分类？

（组长来领取你们组的衣服，开始讨论。）

师："谁来说说你们组的分类方法。"

（给最快讨论完分工的组发放竹娃币。）

生："可以按照春夏秋冬来分类。"

生："可以按照外套、短袖、长袖、裤子来分类。"

师："我们来统一一下分类吧，大家举手表决一下吧。"

师："看来大部分同学都按照春夏秋冬来分类的，那么，我们就统一按照春夏秋冬来分类。"

师："老师还有一个问题，如果有一件衣服，你实在分不出来他的类别，你该怎么做？"

学生疑惑。

师："在这里，我们可以在统计单上类别这一项的最后添加"其他"这一选项。这样便于大家的统计。"

3. 教师引导：下面我们一起来看看具体的活动要求（出示 PPT 活动要求）

（1）组内沟通交流，选择最佳的分工方式。

（2）根据分工，分类、整理衣物，填写统计单。

（3）按分类标准整齐地码放在桌面上。

（4）小组汇报总结完成任务的情况。

4. 学生活动

师："好，我们开始活动。"

师：学生活动时，教师参与指导。

（四）展示交流

1. 开展展示

学生汇报前，教师示范该怎样汇报："大家汇报的时候重点说一说你们组共同完成的统计单，每个人在活动中的分工，还有你们组在活动中遇到的问题。"

组织学生在讲台做活动感受分享。

引导语：哪一个小组想来分享你们的活动感受？

（教师先选择整理较慢的组来汇报，说一说他们组的问题。）

教师总结：虽然在活动中你们遇到了问题，但是大家经过沟通，我们还是团结协作地解决了这个问题，老师为你们点赞。

（教师选择较快的组汇报。总结优点和板书。）

2. 全班合作

现在我们每个小组的合作结束了，大家做得非常出色，接下来，有个更难的挑战，我们要把同一类别的衣服放在一起。（例如：春装统一放在 1 组，夏装统一放在 2 组，秋装统一放在 3 组，冬装统一放在 4 组，其他衣物统一放在 5 组。教师放好相应的桌前。）

教师问："这个任务是全班一起合作，你们打算如何合作？"

学生："分工，有秩序。"

教师："非常好，我们先放春装。"（以此类推）

教师表扬目标明确的小组。

3. 课堂小结总结

同学们，老师看了大家的活动，你们配合得真棒！每个组都有明确的分工，而且也都克服了困难。老师也希望大家能牢记这几个实用的技巧，今后也同样地运用到其他学科！

4. 结束语

好！今天的课先上到这里，下课！

四、教学反思

本次活动紧密联系了本校的特色活动，让每一个学生都参与帮助学校整理募捐衣物的活动，培养学生参与爱心公益活动的意识，为社会献上自己的绵薄之力。学生自主提高基本的生活自理能力、交往协作能力、观察分析能力、动手实践能力以及对知识的综合运用能力和创新能力；获得亲身参与社会实践活动的积极体验和丰富的经验，初步养成合作、分享、积极、进取等良好的个性品质，形成对自然的关爱和对社会、对他人、对自我的责任感。综合实践课重在实践，在教学中让学生通过"20秒的挑战"游戏深入探讨沟通与合作的技巧，主动对知识技能进行构建，最大限度地体现学生的主体性。课堂评价注重了评价的多元化，评价者可以是自己，也可以是老师、同学。评价的内容也是多元的，既包括活动的参与程度，也包含学生在参与过程中的能力评价。

第一个环节的游戏是非常符合小学生年龄特点的一种寓教于乐的方式，以做游戏比赛的方式开课，可以马上吸引学生的注意力，并调动他们的学习积极性。此环节中全员参与游戏比赛，利用游戏活动激发学生学习探究的欲望，为下面的活动做好情感铺垫。在活动后进行反思，增加活动的有效性。

综合实践活动强调学生的亲身实践，在总结技巧的环节，让学生自己去研究，让学生主动对知识技能进行构建，可以最大程度地发挥学生的主观能动性。但综合实践活动又离不开必要的教,这里的教,要建立在学生通过自己的探究仍然无法掌握、获得的基础上,也就是要教在学生学习的困难点上。综合实践课,决不能把目标定位在会制定活动方案上,还应付诸实施,提高学生的动手能力、实践能力。学以致用,让学生在学习的基础上,巩固知新,形成技能。

展示、分享是学生表现和进步的舞台,鼓励学生通过分享学习充实和提高自己,学会欣赏他人。注重了评价的多元化,评价者可以是自己,也可以是老师、同学。评价的内容也是多元的,既包括作品本身,也可以是学生在参与过程中的情感态度。

设计者:巩芳雅(北京市东城区培新小学)

我为校庆献份礼
——校庆纪念品的设计制作

一、选题背景

2022 年,是培新小学建校 70 年。

从 2021 年开始,各种活动已经开始进入筹备阶段,例如校庆宣传片的拍摄、校庆 Logo 的发布等。在去年 12 月的竹娃超市新品发布会上,学校向同学们展示了校庆纪念 Logo 以及以此为元素的帆布包这一全新竹娃产品。

在这样的背景下,教师创设情境,引导学生产生想要用自己的智慧和巧手,设计制作一款校庆纪念品,为校庆献礼的强烈愿望,并进一步开展主题为"我为校庆献份礼"的设计制作类综合实践活动。

二、主题概述

《关于深化教育教学改革全面提升义务教育质量的意见》和《关于全面加强新时代大中小学劳动教育的意见》提出要加强劳动教育,努力把综合实践、劳动与技术教育落到实处。

设计制作可以说是传统的"劳动技术与教育"的升级版，是综合实践活动课程的主要活动方式之一。学生从真实生活情境出发，发现问题，转化为活动主题，并运用各种工具、工艺进行设计，动手操作，转化为物品或作品。在这样的过程中，能够融会贯通各类知识和技巧，提高学生的技术操作水平、知识迁移水平，体验工匠精神。

本主题综合实践活动，学生经历了创意设计和动手制作两个阶段。

在创意设计阶段，学生发挥创意，制订出自己的设计方案，并绘制设计草图，帮助学生把自己的设计理念呈现出来，为接下来的实际操作奠定基础。

进入到动手制作阶段后，学生根据设计制作产品的类型和个人兴趣，结成了6个小组。分别是：步步高小组——制作笔筒；方寸之间小组——制作邮票；书香伴读小组——制作书签；时光记忆小组——制作的是立体日历；"镜"观"七"变小组——制作镜子，以及"新"有乘"足"小组——制作公交卡套，并开始亲自动手进行产品的制作。

经过了多次的尝试、修改，学生们制作出了丰富多彩的校庆纪念品，用自己的实践，为学校送上了有意义的生日礼物，在提高了设计思维、提升动手能力的同时，也增强了对劳动精神的感悟、对培新小学竹文化更为深刻的理解以及对学校的热爱。

三、活动目标

（一）价值体认：通过亲身参与设计制作活动，深化劳动和技术体验，分享设计制作过程中的喜悦，感受工匠精神，增强对学校的热爱之情。

（二）责任担当：能够运用自己掌握的技能参与学校活动，为学校的发展建设作出自己的贡献。意识到在设计制作中自己应承担的责任，积极与其他伙伴加强合作。

（三）问题解决：结合学校生活中的现象，发现自己感兴趣的问题，提出创意想法，并将创意转换为具有一定思想的设计，体验设计制作的过程，思维与方法，增强使用技术解决实际问题的能力。

（四）创意物化：能够提出自己的创意想法，并转化为可行的设计方案，并将自己的设计方案物化为不同复杂程度和创造性程度的，具有学校文化特点的校庆文创产品，发展实践创新意识与审美意识。

四、活动流程

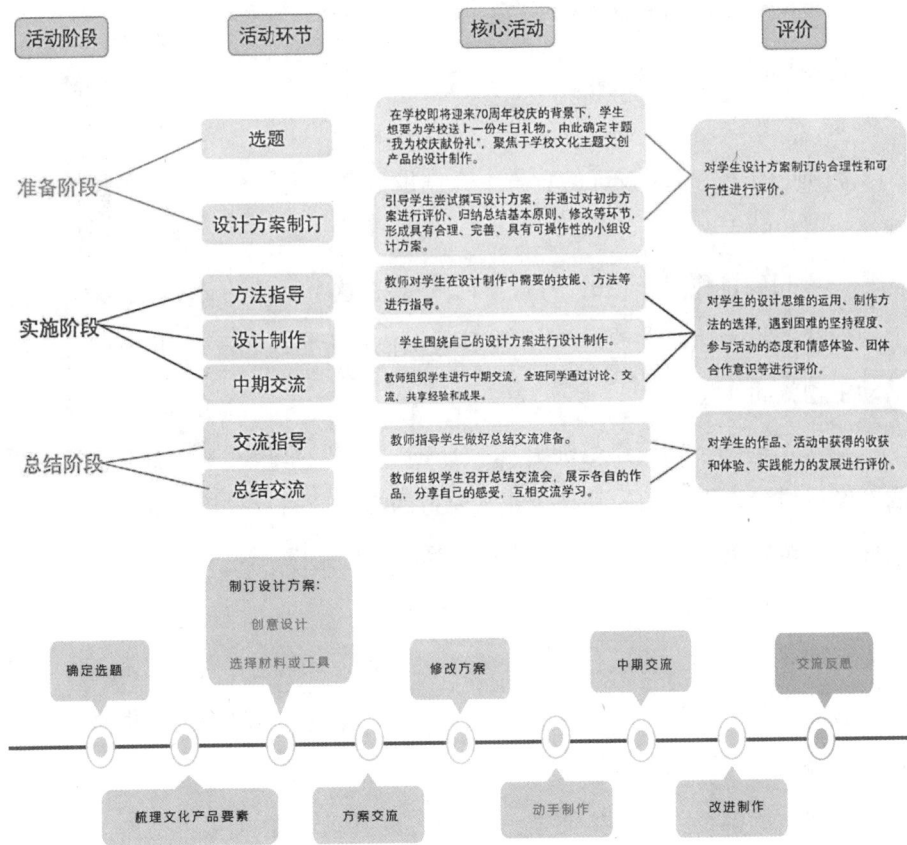

活动阶段	活动环节	核心活动	评价
准备阶段	选题	在学校即将迎来70周年校庆的背景下，学生想要为学校送上一份生日礼物。由此确定主题"我为校庆献份礼"，聚焦于学校文化主题文创产品的设计制作。	对学生设计方案制订的合理性和可行性进行评价。
	设计方案制订	引导学生尝试撰写设计方案，并通过对初步方案进行评价、归纳总结基本原则、修改等环节，形成具有合理、完善、具有可操作性的小组设计方案。	
实施阶段	方法指导	教师对学生在设计制作中需要的技能、方法等进行指导。	对学生的设计思维的运用、制作方法的选择，遇到困难的坚持程度、参与活动的态度和情感体验、团体合作意识等进行评价。
	设计制作	学生围绕自己的设计方案进行设计制作。	
	中期交流	教师组织学生进行中期交流，全班同学通过讨论、交流，共享经验和成果。	
总结阶段	交流指导	教师指导学生做好总结交流准备。	对学生的作品、活动中获得的收获和体验、实践能力的发展进行评价。
	总结交流	教师组织学生召开总结交流会，展示各自的作品，分享自己的感受，互相交流学习。	

五、活动实施

（一）参与学生情况

五年级的学生对于综合实践活动感兴趣，且具有一定的实践经验。但对于设计制作类的活动，接触不多，因此在步骤、方法上需要教师进行指导。

同时，由于设计制作要求学生用"设计思维"来开展活动，因此，对于学生设计思维的培养、运用也是本次综合实践活动的一个重要内容。

（二）活动实施方式

1. 资料收集整理

2. 设计制作

（三）活动实施过程

准备阶段：

1. 选题

教师在学校 70 年校庆的背景下，创设情境，引导学构思本主题综合实践活动课程的主题。

学生想到：作为学校的一员，自己想要在这个特殊的日子里，为学校送上一份礼物，表达对学校的 70 年生日的祝福。于是，"我为校庆献份礼"的活动主题就此产生。

确定了活动主题后，教师引导学生再次聚焦。这份"礼"到底是什么样的？经过讨论，同学们受到现今非常流行的文创产品及我校竹娃系列产品的启发，决定聚焦于学校文化主题文创产品的设计制作。

2. 设计方案制订

凡事预则立，一份可行的设计方案是保证活动顺利开展的必备条件。它有助于学生对设计制作的各项活动所做的整体规划与安排，同时也是学生创意思维的体现。

首先，教师要引导学生明晰，文化产品的设计制作需要考虑的因素。学生以市面上一些文创产品、纪念品为例进行分析，采用思维导图的形式，梳理出校庆纪念品的设计中需要考虑的因素。经过自主思考、全班交流讨论，学生认为，在设计时，要考虑到材质、价格、功能、文化内涵等要素。这一作业能够使学生搜集整理、对比提炼的能力得到锻炼，也使得学习成果可视化输出。

接下来，教师引导学生，制订出自己的设计方案，确保设计制作可行。它能够帮助学生梳理设计制作的思路，助力学生规划出所要达到的结果。方案中包括作品名称、使用的材料和工具、制作过程以及预期可能出现的问题和预设方案。

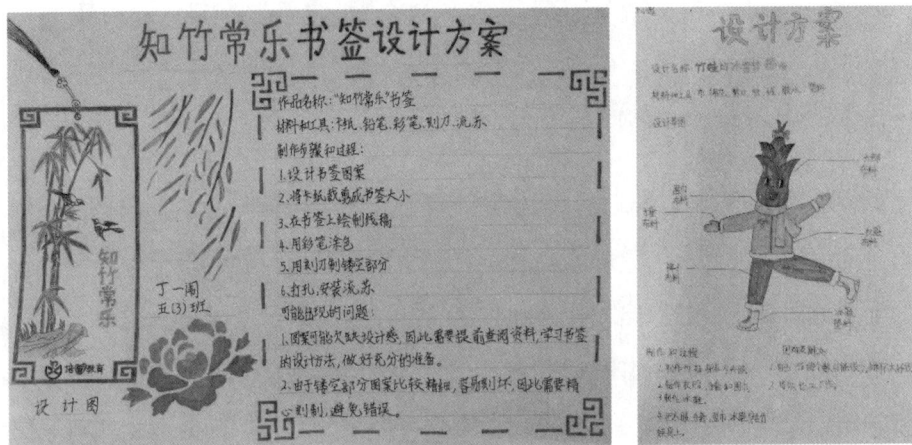

此外，对于小学生来说，设计理念不容易用语言表述清晰，但如果借助设计草图这样形象化的方式，就可以更加清晰地展现出设计师们的设计理念了。因此，在设计方案中，教师将草图的绘制安排在其中，帮助学生把自己的设计理念呈现出来，为接下来的实际操作奠定基础。

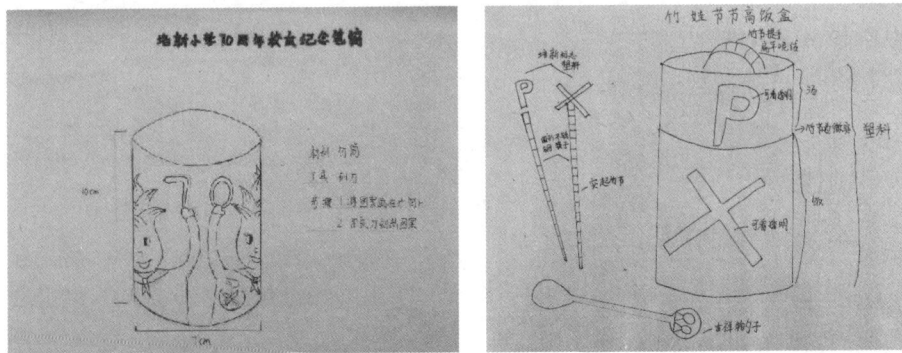

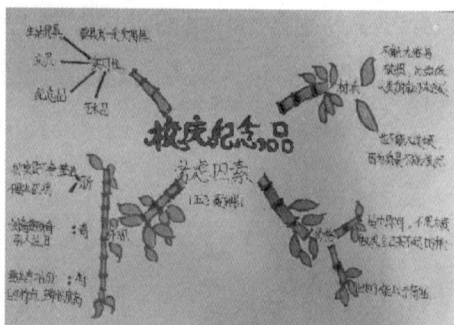

3. 设计方案交流

学生初步完成自己的设计方案后，教师组织了方案交流会，同学们分享自己的方案，彼此交流。在交流会进行到中后部分的时候，学生开始能够将之前几位同学的设计思路，迁移到其他的设计中。

例如，一位同学的作品是想制作一把带有学校文化元素的勺子，他本人想到的，是印制一个塑料片贴在勺子上端。但是，有一位同学基于之前一位同学分享的制作金丝珐琅镜子的设计思路，提出可以利用金丝珐琅的技术，进行这部分的制作。

在这个过程中，学生对不同的设计思路有了初步的融会贯通，这有助于他们在后面的过程中，进一步灵活掌握各类知识技巧，提升迁移水平，提高综合解决问题的能力。

将此设计迁移

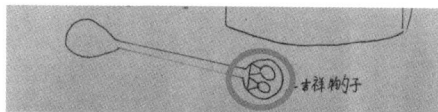

4. 设计制作工具、方法指导

通过对学生方案的了解，能够发现，学生的创意虽然各不相同，但是受到他们知识经验的局限，在制作的方法、材料上还是拘泥于常规。于是，寻求学校信息技术老师的帮助，他为学生专门讲解了现代加工技术的应用，还为学生提供了 3D 打印机、激光雕刻机等工具，为学生的设计制作拓宽了思路。

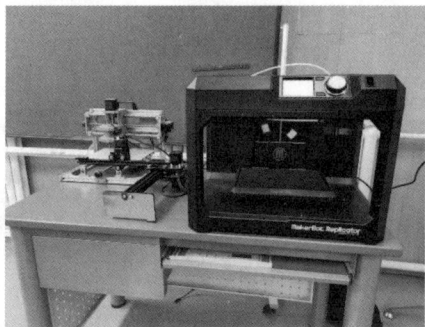 

例如，有的同学丰富了产品设计的样式；有的同学将制作的细节想得更细致，过程更具体了；还有的同学在制作技术上进行了更新，从传统的刻刀雕刻，调整成了使用激光进行雕刻。在此基础上，同学们又进一步修改完善自己的设计方案。

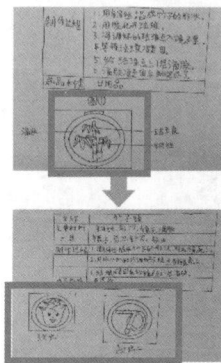 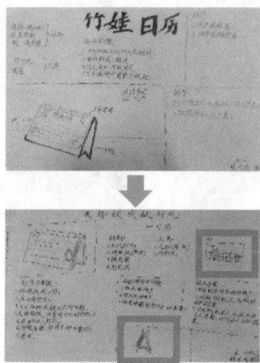 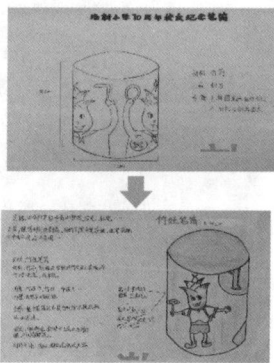

样式增加   **过程具体**   **技术更新**

实施阶段：

5. 学生自主动手制作

在这之后，学生根据设计制作产品的类型和个人兴趣，结成了 6 个小组：

步步高小组：制作笔筒

方寸之间小组：制作邮票

书香伴读小组：制作书签

时光记忆小组：制作立体日历

"镜"观"七"变小组：制作镜子

"新"有乘"足"小组：制作公交卡套

各小组在成员方案的基础上，结合此前老师的指导，整合优化出一份小组设计方案，便开始动手制作。但是随着进程的推进，各种各样的困难和挑战接踵而至。

例如，公交卡套小组的同学们本打算采用激光雕刻的方式制作，但是在实践阶段却发现，这种方式雕刻出来的图案只能是黑白的，和他们的设想的彩色效果不一致。后来又调整为用马克笔手绘，却发现由于绘制材料的选择不恰当，导致很容易褪色。

邮票小组的同学们设计好了邮票的图案，咨询邮局想要进行印制时，却发现价格过高无法承担。

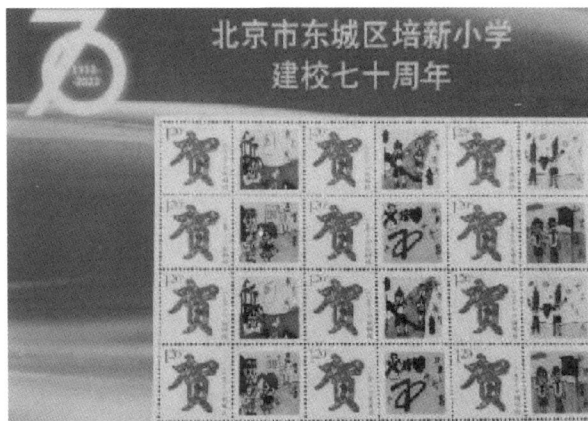

　　这些问题使得他们无法按照预定计划制作。这时的他们虽有沮丧和为难，但却必须要鼓起勇气，及时调整方案，通过不同材料和渠道的反复对比，再次寻找适合的制作方法。这个过程看似是碰壁后的重新出发，但通过这样的体验式作业，学生能够直观地感悟到设计和制作之间的动态关系——设计指导制作，但也要根据制作情况随时调整设计。

　　竹娃笔筒组的同学们行动力很强，在确定了使用激光雕刻的方式进行制作后，立刻进行了明确的分工，图案绘制组的同学们很快画出了图案，制作组的同学们则马上联系信息老师，学习雕刻方法，并第一次尝试在一块木条上刻出了图案。

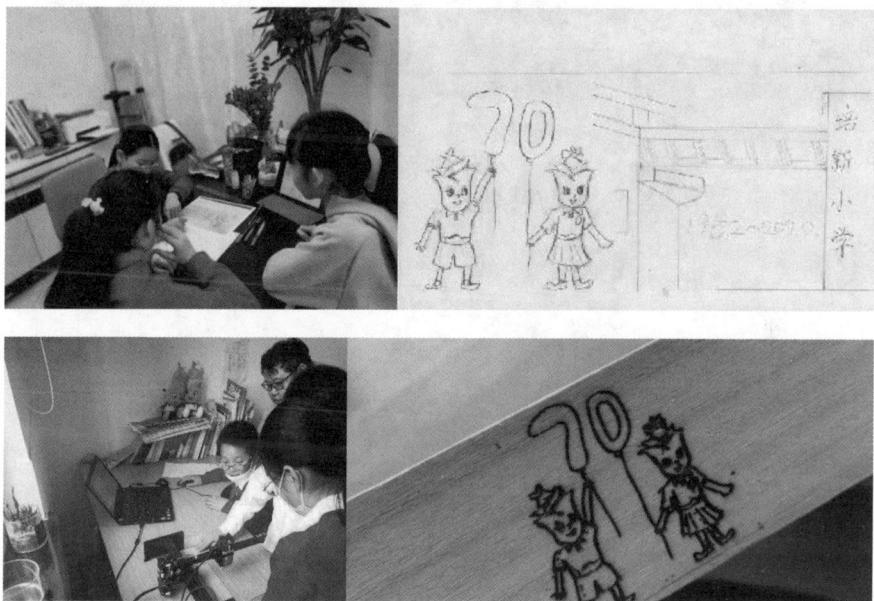

　　学生们高兴之余，也发现了一些问题：由于图案绘制时，轮廓线不够平滑、绘制的力度不同，导致雕刻出的图案不够清晰；而且，由于不同的材质可能硬度不同，激光雕刻出来的效果也不同。在木板上成功了，同样的力度在竹制笔筒上能否也成功？通过雕刻的体验，引发了学生主动的思考，也驱动着他们进一步完善。他们重新绘制了一遍图纸，保证力度均匀，边缘平滑。而在不同材质雕刻力度的问题上，教师给学生举了打针做皮试的例子，学生受到启发，决定先选择笔筒的侧面进行小图案的测试，确认激光的力度适合了，再在正面雕刻。

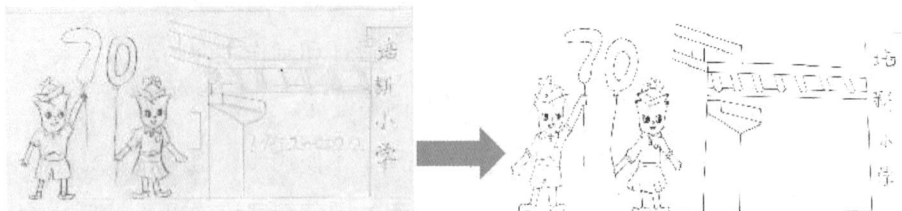

| 测量范围 | 雕刻测试 | 研讨反思 |

经过一系列的尝试、调整，他们最终成功雕刻出了图案，制成了竹娃笔筒。

这之后，他们还想挑战在圆柱形笔筒上雕刻，这次虽然图案清晰了，但却刻反了，而且这个问题已经不是第一次出现了，这是由于在雕刻前，忘记了翻转图片。如何避免再次出现这样的问题呢？我引导学生反思发现，如果列出一个操作流程清单，按照上面的步骤逐一进行，就不会出现遗漏之处了。可以看出，通过这样的体验，学生考虑问题更加严谨了。

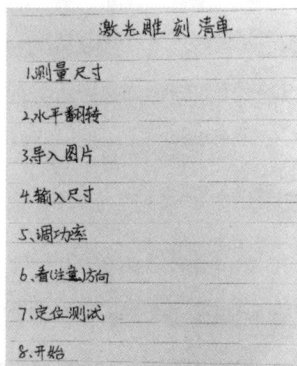

学生在完成这一体验式作业的过程中，不仅充满了兴趣，成了激光雕刻室的常客，更是在兴趣的驱动下，不断地主动思考、修正自己的制作方法，遇到困难勇于也乐于主动寻求解决方案。

在和学生的访谈中教师了解到，基于自身兴趣出发、采用现代技术手段、有充分的动手机会，都是使得他们产生强烈内驱力的原因，这也为我们教师提供了开展综合实践活动的原则和方法。

6. 中期交流

教师组织学生进行中期交流，全班同学通过讨论、交流，解答疑问、共享好经验，以进一步指导各组后续的制作过程。

中期交流后，学生依据在中期交流上的收获，继续改进制作。

总结阶段：

7. 撰写活动报告

学生的作品完成后，进入到撰写活动报告阶段，为了能够给学生建立起科研型思维的模式，让他们能够具有逻辑性地梳理总结整个设计制作的过程，教师给学生搭建了学习的"脚手架"——报告模板，帮助他们深入反思、启发未来，为其未来的长远发展储备力量。

"我给校庆献份礼"综合实践活动结题报告

一、小组名称

二、制作内容

三、创意来源

四、制作过程

1. 材料的对比、选择过程

2. 制作方法的选择过程

3. 动手制作的过程（附各阶段的设计图）

五、成果

六、遇到的困难及解决方法

七、感受与启示

八、未来改进

8. 交流指导

学生活动报告撰写完，教师开始组织学生做好总结交流前的准备。对于学生汇报的内容、重点等进行指导。

9. 总结交流

教师组织学生召开总结交流会，展示各自的作品，分享自己的感受，互相交流学习。对于学生存在的问题，进行纠正指导；对于学生认识不足的地方，进行点拨引导。在尊重学生学习过程以及最终成果的基础上同时发挥教师指导、援助、参与和提供支架的实际作用。

六、成果分享与交流

六个小组的学生经过不断尝试、修改，最终制成了不同的校庆纪念品。

（一）步步高小组：激光雕刻笔筒

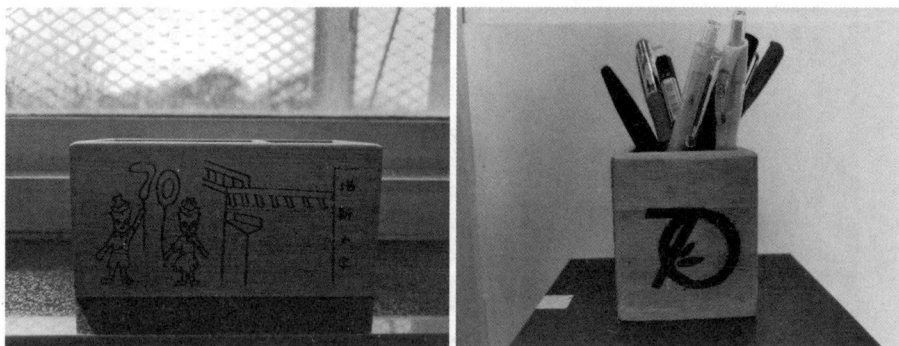

（二）方寸之间小组：校庆明信片

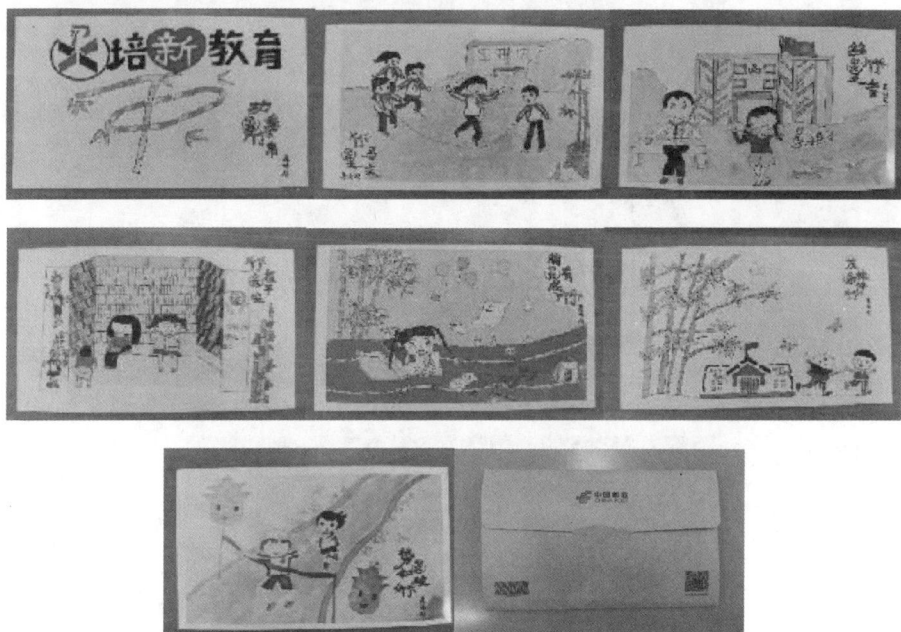

（三）书香伴读小组：竹文化书签

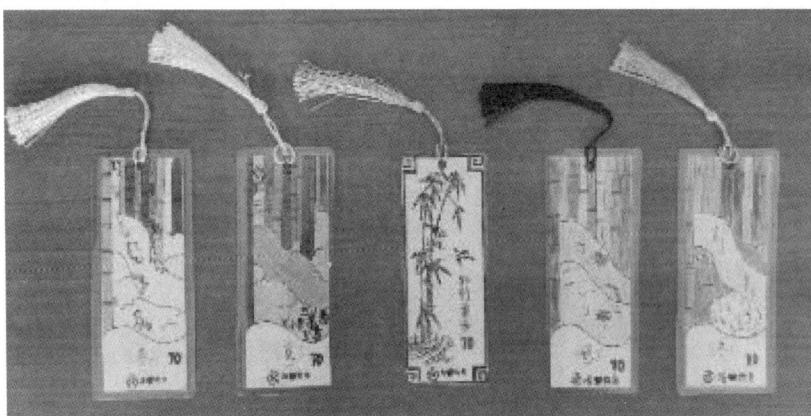

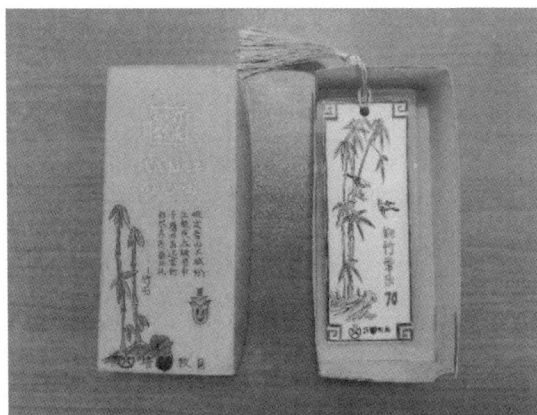

（四）时光记忆小组：可撕立体日历

（五）"镜"观"七"变小组：金丝珐琅镜子

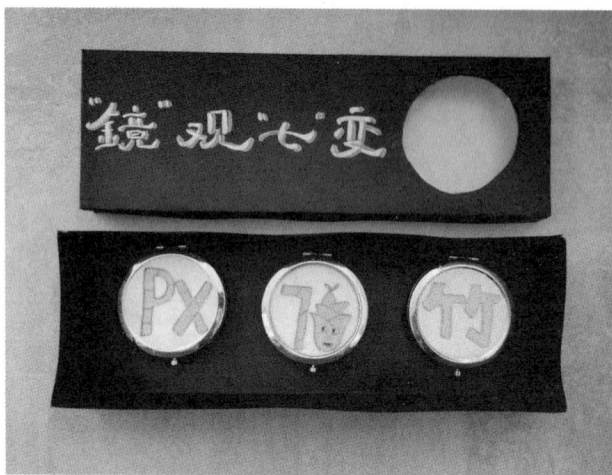

（六）"新"有乘"足"小组：公交卡套

七、活动反思

（一）主题选择从学生生活出发，充分激发其兴趣

本主题综合实践活动，以学校即将到来的 70 周年校庆为契机，借助真实的情境，结合学校已有的竹娃产品，更加能够激发学生开展活动的兴趣。这样，学生的设计制作过程，不再是教师给定的"命题作文"，而是从内心

生发出来的，想要为学校校庆献上自己一份礼物的愿望。对于将劳动教育落到实处具有促进作用。

（二）作业指导贯穿活动全过程，充分发挥教师指导作用

综合实践活动课程虽然是一门实践性课程，但问题的提出、方案的制订、研究报告的形成都是推动活动进行的关键要素。

本主题活动中，教师在设计方案的制订、访谈的方法、材料和工具的筛选、设计草图的绘制等，均有着及时的指导，这对于活动的顺利推进和学生综合素质的养成具有重要意义。

（三）借助更为专业的力量，提升学生设计思维

由于教师的专业、能力、视野等的限制，在对学生设计思维的培养上，还具有一定的局限性。除了教师要尽可能提升自己相关方面的知识、能力等，还需要在必要的时候，寻求专业人员的指导。在本次活动中，特别要感谢李钢老师的大力支持，为学生开拓了一方更为广阔的天地。我们也期待在未来的实践中，更多来自不同学科的教师，能够走到一起，在综合实践活动中，发挥各自特长，共同助力学生综合素养的提升。

设计者：于未娟（北京市东城区培新小学）

第二章 小学综合实践活动课程专项 科研课题推进案例

第一节 培新小学北京市教育科学"十四五"规划2021年度 延续课题"基于五育融合的小学综合实践活动课程设计与实 施研究"开题报告

一、研究背景

（一）我国综合实践活动课程的发展

综合实践活动在我国课程改革中出现的时间并不长，但它是我国长期活动课程实践探索的重要成果。它经历了从"课外活动"到"活动课程"再到综合实践活动课程的发展过程。此课程的发展经历了萌芽阶段、初步发展阶段、正式确立阶段和规范发展阶段。

随着教育进入高质量发展阶段，教育的价值取向由知识本位向素养本位转变，课程综合化已经成为国际教育课程改革的一个重要发展趋势。

2001年5月，《国务院关于基础教育改革与发展的决定》规定中小学增设"综合实践活动"课程。同年6月，教育部颁布的《基础教育课程改革纲要（试行）》中提出："从小学至高中设置综合实践活动并作为必修课程"。同年11月，教育部印发的《义务教育课程设置实验方案》明确规定：综合实践活动是国家规定的必修课。2007年7月2日，北京市教委颁布了《北京市教育委员会关于加强中小学综合实践活动课程实施的意见》。2014年11月28日，北京市教育委员会出台文件《关于印发北京市基础教育部分学科教学改进意见的通知》里指出"学校要组织学生走出校门，中小学校各学科平均应有不低于 10% 的课时用于开展校内外综合实践活动课程。"2015 年 7 月 1 日，北京市教育委员会出台文件《关于印发北京市实施教育部〈义务教育课程设置实验方案〉的课程计划（修订）的通知》里指出"认真落实北京市基础教育部分学科教学改进意见精神，中小学校各学科平均应有不低于 10% 的课时用于开展校内外综合实践活动课程。"2017 年 9 月 25 日，教育部印发《中小学综合实践活动课程指导纲要》，为全国综合实践活动课程开展确立了总目标，提供了新思路。2019 年 7 月，中央出台《关于深化教育教学改革全面提高义务教育质量的意见》强调："坚持五育并举"。从"五育并举"到"五育融合"，已成为新时代中国教育变革与发展的基本趋势，反映了教育人对修复基础教育不良生态的持续思考和实践探索。2020 年新冠疫情再次让我们看到学科综合、学科融合势在必行。

习近平总书记指出"要培养德智体美劳全面发展的社会主义建设者和接班人"。如何实现教育高质量发展？需要一个有效路径，即"五育融合"。综合实践活动课程是培养学生综合素质的跨学科实践性课程，由于是基于学生的真实生活和发展需求而设计，所以在落实"五育融合"育人目标上，有着其他学科课程难以企及的优势。

我们经过十年研究，在此课程的研究上有显性成果，也有隐性成果。同时也遇到许多难题，如：具体主题目标如何制定？如何设计和开发课程？如何破解实践中难题等都需要继续深入研究。

（二）培新小学综合实践活动课程的十年发展

培新小学对综合实践活动课程的探索大致经历了三个阶段。

第一阶段：2010 年至 2015 年，即尝试摸索阶段。

2010 年 12 月，学校初步尝试综合实践活动课程校本化实施。但当时我们面临着三个问题：无教材、无教师、无课时。

在这种"三无"的情况下，我们开始探索"四旅"课程，将综合实践活动课程分为情感之旅、创新之旅、探秘之旅和实践之旅，这也开启了我们对综合实践活动课程的探索之旅。

我们组织了本校综合实践活动课程的一支前行军，试图编写一本适合本校学生的综合实践活动课程的教材。样例的编写选择低、中、高三个年段，各年段的 4 节课分别对应情感之旅、探秘之旅、实践之旅、创新之旅。

情感之旅——以社会调查为基本形式的体验性学习活动、探索之旅——以课题探究为基本形式的研究性学习活动、创新之旅——以实际应用为基本形式的设计性学习活动、实践之旅——以社会参与为基本形式的实践性学习活动。

经过一段时间探索和实施，我们发现"四旅"课程实施起来可操性不是很强，随后，我们提出了节日课程、班会课程，在实践中各年级还自主开发了少先队小队课程和家校协同课程等。

2015 年，学校借着文件中"10%"的规定，推出了基地课程，建设了"三支柱"课程基地。培新小学当时一校三址。根据三址不同的优势，分别设立了科技教育综合实践基地，艺术教育综合实践基地和体育教育综合实践基地。就像三根支柱，为学生的全面发展立起一个有力的平台。

其中，体育教育综合实践基地包括：外教篮球拓展，足球拓展，健美操，武术，棒球，田径等拓展课。艺术教育综合实践基地包括：陶艺坊，工艺坊，体艺坊，墨艺坊，演艺坊；

科技教育综合实践基地包括：宇宙环境工作坊，科技制作工作坊，科普动漫工作坊，神奇数学工作坊，创意构建工作坊，绿色种植工作坊；

第二阶段：2015 年至 2020 年，即课题探索阶段。

2015 年 6 月，学校申请北京市教育科学规划课题《小学综合实践活动课程的设计与实施研究》成功立项，也正式开启了学校对综合实践活动课程的探索阶段。

原有摸索的基地课程较好地落实 10% 的综合实践活动课程，但实施的过程中出现一些现实问题，我们也走了一点儿弯路。在对现实问题的不断解决和探索中，我们也取得了一些研究成果：

成果一：确定了小学综合实践活动课程总目标和具体培养目标。

成果二：构建了培新小学综合实践活动课程内容体系。

成果三：明确了培新小学综合实践活动课程现阶段的实施途径。

一是"学科＋"："学科＋"综合实践课程对应的是培新（心）课程体系中的培新课程；

二是"主题＋"："主题＋"综合实践课程对应的是培新（心）课程体系中的培心课程；

成果四：理论研究成果出版了一本专著《小学综合实践活动课程内容设计研究》。

《小学综合实践活动课程内容设计与实施研究》荣获 2017 年北京市基础教育成果二等奖并在北京市多次进行经验交流。

除此之外，学校开发了周围几个社会实践基地：红桥市场、台湾会馆、咏园、天坛公园，并实施了一些初步合作与课程设计，学生走出教室开展课程学习成为一种常态，打破了学校课程围墙。

以上两个阶段的探索历程，过程中充满困难，从 2012 年 3 月 29 日我们举办第一次综合实践活动课程现场推进会开始，随后的八年中，我们先后进行过 7 次针对小学综合实践活动课程的教育教学研讨会。我们从步履蹒跚到坚定而自信，我们一直认真和坚持，一直在突破……

第三阶段：2021 年至未来五年，即高效实施阶段

从 2021 年开始，未来五年，我们将进入对综合实践活动课程的深入研究和高效实施阶段。

二、文献综述

（一）国内外研究现状述评

1. 国外研究现状

综合实践课程在国外称为综合课程（Integrated Curriculum）。

（1）综合课程的定义与意义

综合课程强调统一概念、连接不同学习领域，它旨在为学生之间建立联

系，并让他们从事相关的、有意义的与真实生活紧密连接的活动（Wall A.，2017）。综合课程是 21 世纪能力教学的有效途径（Susan M. D.，2018；Mohr K.，2017）。

（2）综合课程的方法

表10　综合课程基本方法（Julianne M.，2019）

方法	具体内涵
交叉学科（Cross-disciplinary）方法	通过嵌入一个学科来支持和延伸另一个学科的发展。
多学科（Multidisciplinary）方法	通过一个主题将多个学科联系起来，但没有支持综合学科知识的概念框架。
跨学科（Transdisciplinary）方法	从一个主题开始，同时围绕着概念和中心思想建立框架，它强调学科课程框架的流动性。
学科间（Interdisciplinary）方法	通过研究主题来实现学科知识基础、探究方法和沟通形式的协同作用。
基于问题学习（Problem-basedlearning）方法	以具体问题为导向，利用相关学科知识进行调查和研究寻找问题的解决方案，学习过程中融合不同学科。

（3）综合课程的设计

逆向设计（Backward Design）过程考虑到创造性教学，同时确保教师达到他们的课程要求，分为三个主要步骤（Susan M. D.，2018）。

表11　综合课程的设计步骤

设计步骤	具体内容
统一框架的设计（Unifying Frameworks）	基于21世纪学生能力的需求，很多国家针对不同年级，所有学科建立了综合课程框架。比如新加坡、美国、中国香港都各自建立了统一的框架。
丰富的评价任务的设计（Rich Performance Assessment Task）	为了对学生的综合课程学习进行评价，需要设计基于现实世界、复杂丰富的探索式的学生考核任务，考核任务通常是跨学科的。教师对学生进行学习性评价(Assessment for Learning)，而且评价结果不以分数的形式呈现。这种评价也是综合课程的一个优势所在，在一门课程中可以在多个学科、多个方面评价学生的多种能力。另外，教师需要提前与学生分享评价标准，即学生从综合课程开始时就知晓评价内容以及评价手段。
日常课程活动的设计（Daily Activities）	针对21世纪学生的能力需求，对照步骤一中的框架设计日常课程，同时与步骤二中创建的学生评价任务相辅成成。

（4）各国综合课程现状（Julianne M.，2019；Susan M. D.，2016；Sue M.，2019 等）

表 12　各国综合课程现状

国家	研究现状
美国	美国强调教育、学校、课程和社区之间的关系，认为学校基础知识必须与学生的生活经验相联系，提倡建立跨学科直接联系。虽然综合课程很少是政策性的，但在全美有许多以项目为基础的综合课程开展。他们对综合课程进行了大量研究，提出三角测量做评价。
日本	2003 年 4 月，日本引入综合课程，从三年级开始。旨在让学生通过交叉综合学习和研究性学习来培养学生寻找任务、独立学习和思考、能做出积极主动的决定、并能更好解决问题的能力；同时使他们养成学习和思考的习惯，培养他们解决问题的决心，以积极主动、创新和合作的方式开展调研活动。
加拿大	加拿大没有全国性的此方面政策。2004 年，魁北克省明确支持综合课程。综合课程的哲学基础是建构主义学习理论，学习是学生积极主动、亲力亲为地去学习，与现实世界联系紧密，并强调协作学习。魁北克省教师有 25% 的额外时间去开发此课程，成了综合课程的成功范例。安大略省，学生成为课程评价过程的参与者，他们可以与教师共同创造他们的考核任务和评价标准，学生通过收集教学文档（Pedagogical Documentation）来获得有用的综合课程评价。
澳大利亚	尽管国家和各州对综合课程认可，但通常被认为是一种另类课程，而且澳大利亚的学校中未能取得较大成效。基于澳大利亚的综合课程研究发现，一个概念性的框架对于规划和制定综合课程至关重要。
新西兰	在小学被广泛采用，而且在中学越来越普遍，超过一半的中学开展了综合课程。这些学校通过多种方式对综合课程进行探索，如小规模的教师配对实验、在更大的时间表内开展综合课程、构建全面的全校一体化综合课程等。同时，他们发现设计出的一套综合课程很难从一开始就能达到预期效果。
芬兰	芬兰作为在世界经济合作与发展组织中名列前茅的国家之一，教育受到高度重视，他们的态度是"不惜一切代价"帮助所有学生成功。教师视玩耍为学习。国家课程有广泛的指导方针，没有大量的标准。2016 年，芬兰国家教育委员会进行课程改革，将学科课程转变为联系自然的以项目为基础的跨学科综合课程，实际上只是减少了学习学科课程的时间，学生至少要进行一年的多学科、基于现象和项目的学习。
韩国	1982 年韩国第四届全国课程设置，综合课程应用在小学一二年级。1992 年韩国第六届全国课程设置，综合课程得到积极推广。1998 年韩国第七届国家课程设置，小学的所有科目和教学模式中都加入了综合方法。韩国小学一二年级有 3 套综合课程教材，包括艺术、音乐和体育科目综合课程教材、自然科学和人文社会科学综合课程教材。

续表

国家	研究现状
新加坡	在20世纪90年代，推出两项措施：1997年"思考的学校，学习的国家"（TSLN）和2004年"教得少，学得多"（LLM）。21世纪初，新加坡教育部探索了综合人文学科项目，导致了新加坡从多学科到跨学科的综合课程模型产生；新加坡提供了一个说明课程体系与21世纪能力的关系的框架，如下图所示。核心圈代表着巩固知识和技能，塑造信念、态度和行动的核心价值观。中圈围绕着社交和情感管理能力。外环代表着21世纪能力。新加坡基本上将所有的知识内容都嵌入这个框架中。

综上，各国对此课程的意义认知高度统一，但在内容设计上存在差异。有些国家的课程设计更完善，处于引领地位。有些国家在破解实施难点中采取了一些值得借鉴的策略。首先，可借鉴各国制定政策的方向完善课程目标；其次，可借鉴一些国家采用建构主义哲学思想及课程设置内容来完善课程内容设计。最后，可借鉴国外综合课程设计方法和步骤，完善实施策略。

2. 国内研究动态

（1）"五育融合"相关研究

①缘起

从"五育不全"到"五育并举"再到"五育融合"，是贯彻落实党的十九大和全国教育大会精神的体现。

表13 "五育并举"的缘起

时间	具体内容
2010年7月	《国家中长期教育改革和发展规划纲要（2010–2020年）》提出了我国教育发展的总体战略目标，并把"促进德育、智育、体育、美育有机融合，提高学生综合素质，使学生成为德智体美全面发展的社会主义建设者和接班人"。
2018年9月	习近平总书记在全国教育大会上指出"要培养德智体美劳全面发展的社会主义建设者和接班人"。
2019年2月	中央印发《教育现代化2035》强调："要构建德智体美劳全面培养的教育体系和科学的评价体系"。
2019年6月	国务院发布《关于新时代推进普通高中育人方式改革的指导意见》，通过"突出德育时代性、强化综合素质培养、拓宽综合实践渠道、完善综合素质评价"等来"构建全面培养体系"。
2019年7月	中央出台《关于深化教育教学改革全面提高义务教育质量的意见》要求："坚持五育并举"，"全面发展素质教育"。

②内涵

坚持"五育融合"的理念，是新时期推进教育高质量发展的重要原则，也是落实立德树人根本任务的重要途径。

表14 "五育融合"的内涵

学者	主要观点
李玫涛（2020）	从"五育并举"到"五育融合"，已成为新时代中国教育变革发展的基本趋势。这一趋势的出现与"育人"有关。在"育什么人""为谁育人"等已然明晰的情况下，"怎样育人"以及如何提升"育人质量"，成为未来中国教育改革亟须回答的重大问题。 "五育融合"是一种"商义粮设""育人实践""育人理念""盲人思维"和"育人能力""五育融合"，给新时代带来的是"教育新体系"。
宁本涛（2020）	"五育融合"不是"五育并举"更不是德智体美劳的简单拼凑和叠加，而是通过"五育"生育融入学生课程、活动中，并相互渗透。
刘登珲（2020）	"五育融合"是对我国新时期"如何培养人"的整体回答。 "五育融合"与"五育并举"是手段与目的的关系。

③实现路径

目前"五育融合"实现路径研究还处于宏观理论研究阶段。宁本涛

（2020）提出了走向"五育融合"的课程、教学、评价等路径。刘登珲等（2020）把"五育融合"划分为育内、育间、跨育融合。"五育融合"的实现亟待我们进行实践探索，课程设计是极佳的路径。

（2）小学综合实践活动课程相关研究

①实施现状

研究发现该课程的开展取得了一定的成效，但也存在诸多问题。

表15　小学综合实践活动课程实施现状

学者	研究发现
王秀玲（2011） 王亚萍（2015） 田慧生（2016） 陈楚（2017） 王月君（2018） 康婷（2019） 姚勉（2019） 赵晶晶（2019） 刘丹凤（2020）	对不同地区该课程开展的研究发现：对课程的认识不足、课程设置缺乏监管、课时安排不到位、主题确立及课程资源开发形式化严重、专业师资缺乏、评价不全面、课程向学科课程倾斜等问题。
杜建群（2015） 关静坤（2016） 桑晶（2017） 张晓静（2017）	对我国多地综合实践活动实施情况进行考察，发现东部省份的课程实施及其效果最好，中部省份次之，西部省份最差。 对综合实践活动课程在农村小学开设情况进行研究，指出农村学校办学条件有限、师资匮乏，领导和教师缺乏对该课程的关注是导致此课程未能有效实施的主要原因。

②意义及价值

首先，能"培养完整的人"。在弥补学科课程不足、推进"五育融合"上具有重要意义（陈时见，2005；钟启泉，2001；李海莹，2017）。在培养学生实践能力和创新精神上具有重要意义（宋时春，2015）。

其次，在推进国家城乡教育均衡发展上具有重要意义（孙小琳，2015）。

最后，在促进教师队伍高质量发展上具有重要意义。

③课程目标定位

整体目标：

李宝敏（2017）指出目标指向是核心素养发展，以《纲要》的四维目标建构立体化、进阶式与螺旋上升的目标体系；程伟（2020）提出要依据四维目标，结合各自实际，细化并分解每一阶段具体目标。

主题设计目标：

王平（2003）提出应确立符合不同层次、形态的具体目标；万伟（2014）建议构建清晰的目标序列。

④课程内容设计

学者们从主题设计、目标维度、意义维度、实施维度等来设计课程内容。

主题设计：

序列化的活动主题设计是该课程全面有效实施的关键，设计要重视阶段性和连续性（王清涛，2020）。

应从时代背景、课程目标及性质出发（李臣之，2002），考虑学生的兴趣、年龄特点、知识经验、课堂资源情况（刘光江，2002），从校内外、生活和实践中去寻求并更新活动主题（张传燧，2004），通过学生活动中存在问题、热点问题来设计主题（姚勉，2019），从研究问题的构思、表达和交流、问题的精致化等几个阶段来生成主题（张华，2008），也可以采用递进式、综合式、探究式等方式来生成主题（文可义，2001）。

依据目标维度而设计：

张华等（2002）开发三个维度：自然、社会与自我；熊梅（2003）划分为国家的指定领域与非指定领域。

依据意义维度而设计：

钟启泉（2007）提出两个设计原则："体现'生活世界'的价值"和"寻求生活与学术的交融"，避免造成"知识"和"体验"的分离。

依据实施维度而设计：

学者们提出了基于"史密斯—雷根"教学设计模式、建构主义理念、STEM教育理念、项目式学习理念来设计主题。（姜珊珊，2015）、（李昱瑛，2019）、（郭小娜，2019）、（孙其鑫，2020）。

⑤实施策略

学者们提出从课程意识、课程设置、教师队伍、过程管理等多方协作的综合实施策略。

徐雪芳（2011）提出"强化课程意识；稳定教师队伍，保障实施品质，重视过程管理的课程实施'立体化'"策略；姚勉（2019）提出：优化课程设置、增强师资力量、深化教学理念的实施策略；黄琼（2018）提出要多方协作、整体设计、综合实施、研读范例、扩大交流。

⑥课程评价

评价方法注重过程性、发展性和多元化评价。（庞非，2012）（罗孝容，2018）。档案袋评价对该门课程学生评价具有巨大作用。（陈秋萍，2010）（王林英，2016）。

3. 文献述评

综观国内外研究现状，综合课程是 21 世纪许多国家提升能力教学的有效途径，存在以下不足：

（1）对课程意义的研究缺少与时俱进的探索，缺少"五育融合"视域下小学综合实践活动课程设计与实施的研究。

当下，国家高度重视构建德智体美劳全面培养的教育体系，强调基于"五育融合"视域来重新审视各类课程及课程之间的关系。"五育融合"不是德智体美劳的简单拼凑和叠加，而是将"五育"融入学生课程、活动中实现"五育"的整合生成体。

现阶段该课程研究多是为了"培养实践能力和创新精神"。迈入新阶段，需要基于"五育融合"重新审视此课程，不断推进并实现教育"立德树人"使命。现阶段综合实践活动课程在此站位上探索的研究缺少。

（2）对课程目标的宏观研究多，对具体主题目标的微观研究缺少

《纲要》确定了宏观的四维目标，一线教师更需要清晰每个主题的研究目标，甚至明确每个学生小课题的研究目标。只有这样，课程实施才能有的放矢地慢慢落地。

对设定的课程四维目标和课程内容的框架设计理论层面的探讨和建议多，实践层面具体如何实施还有待检验。正是由于目前在学校实践层面具体落实的较少，学校层面比较成熟和可供借鉴的成果就更少了。

（3）对课程内容缺少在"主题"和"课题"层面的深入研究

主题内容是课程资源的凝练表现。《纲要》中的"附录"部分提供 152 个中小学综合实践活动推荐主题，为我们高效开展此课程提供了主题参考。但因该课程更强调校本化实施，所以与学校实施层面紧密结合的主题筛选机制有待完善；主题间序列化的特点也还有待突出，且已有的主题选择方式中缺乏儿童本位的设计。

如何在研究主题的范围内确定不同学段的学生需要研究的具体问题：即如何由研究主题转化为研究的课题需要进一步的探索和实践。

（4）对课程实施的研究回避了实践难点，缺少聚焦突破

实践难点主要有：

一是时间问题。如何统筹安排线上和线下课时，长时段研究和短时段研究。

二是融合问题。如何在考虑师生负担前提下智慧实现"五育融合"；如何将综合实践活动课程和学校已有课程融合。

三是师资问题。如何指导教师开展研究，以及如何分层设计教师培训方案，避免"眉毛胡子一把抓"的尴尬。

四是保障问题。如何发挥家长课程参与作用，形成家校协同课程实施氛围，挖掘社会课程资源，在人员、组织、经费和安全方面提供保障机制。

（5）缺乏对课程进行全面、系统评价的研究成果

已有的评价研究中宏观研究居多，具体实施层面的研究少；且从课程整体实施的角度探讨课程评价的研究成果少，更多是从单一的角度开展研究。这对于学校层面开展该课程是非常不利的。实践层面迫切需要学生活动评价指标的建立以及指导教师评价机制的确立。

鉴于已有研究成果中存在的不足，本课题旨在本校已有研究成果的基

础上，结合国内外最新研究进展，基于"五育融合"在课程目标定位、课程内容设计、课程实施路径等方面继续开展深入研究，以课程内容的研究为统领，带动对课程目标和课程实施策略的研究，以弥补原有研究中的不足，优化原有的研究成果，更深入系统地对该课程的设计与实施进行研究，提供出优秀范例，为国家基础教育改革做出贡献。

（二）已结课题研究简述

1. 名称《小学综合实践活动课程的内容设计与实践研究》

2. 课题研究主要成果

（1）显性成果

①此研究荣获北京市基础教育教学成果二等奖。

②出版专著：《小学综合实践活动课程内容设计研究》。

③发表相关论文多篇：小学综合实践活动课程内容架构的研究、论文以综合实践活动课程撬动学校课程改革、实施从学生需求出发的综合实践活动课程等。

（2）隐性成果

①明确了该课程的总目标和具体培养目标。

②构建了相对比较丰富完善的该课程的内容体系。

从三个维度即人与自然、人与社会、人与自我，四个层级即维度、视点、主题和课题进行构建。

③明确培新小学综合实践活动课程实施途径。

最初探索出的六条实施途径即基地课程、节日课程、学科实践课程、班会课程、小队课程和家校协同课程。随着研究的不断深入，目前实施途径主要有两种："学科＋"和"主题＋"。

④完善了学校的课程体系。

该课程的设计与实施促进了学校整体课程的建设和完善。

⑤打造培新（心）教育品牌文化：培新（心）教育

学校自课题立项以来，先后召开了10次市级研讨会，坚持有关综合实践活动课程的研讨活动是全员一线教师参加，旨在转变教师过去的课程观、教学观和学生观。

（3）发挥辐射作用，为区域内开展综合实践活动课程提供理论和实践参考

通过各级研修、培训等机会，分享课题研究成果，为区域内，乃至北京市兄弟学校开展综合实践提供理论和实践参考。

3. 课题研究主要不足

第一，从研究方法上说，本研究主要运用访谈法和案例分析法，研究方法运用相对单一，可能会在一定程度上会影响到本研究结果的全面性和客观性。

第二，本研究对小学综合实践活动课程目标的制定还不够全面；对课程内容体系中"主题"和"课题"内容设计有待于进一步完善和丰富。

第三，本研究虽然对小学综合实践活动课程内容设计进行了研究，但缺乏序列性和系统性，缺乏对"主题"和"课题"内容的具体化设计。

第四，没有对此课程的实施做深入研究。

三、核心概念界定

（一）五育融合

"五育"并不是一个全新的议题。习近平总书记在 2018 年 9 月全国教育大会上的讲话中明确指出："要努力构建德智体美劳全面培养的教育体系，形成更高水平的人才培养体系"，这是新时代教育改革发展的行动指南。此后，学术界又展开对"五育"的新一轮研究，并形成五育融合的研究热潮。

当前，对于五育融合的概念学术界并未达成一致。学术界的观点主要分布在以下两方面：其一，从词源上来看，学者们主要是从"融合"的概念推演"五育融合"的概念。宁本涛（2020）认为"五育融合"不同于"五育并举"，也不等于五育之间拉平补齐，而是五育互相渗透，并融入学生的课程

与活动中，形成一个新整体的"五育"。崔学鸿（2020）认为五育融合是指五育互育，即五育各育在教育内容与方式上互相作用并互相补充渗透，从而在"一育"中渗透"五育"、在"五育"中实现"一育"。其二，从理论来源上看，（刘登珲，2020）认为五育融合是五育各要素依据特定逻辑顺序，从目标、内容和实施三个方面促进儿童德智体美劳全面整体发展的过程。李政涛（2020）提出五育融合是一种"育人假设""育人实践""育人理念""育人思维"和"育人挑战"。五育融合不仅是一种教育价值观，也是一种教育创新思维方式，更是一种教育实践新范式。

基于前人对五育融合内涵界定的基础上，本研究将"五育融合"定义为："五育融合"是五育各要素依照特定的逻辑，从目标、内容、实施等层面出发把五育各要素相互渗透并融入学生的课程和活动中并形成一个有机整体，进而促进儿童德智体美劳全面整体发展的过程。

（二）综合实践活动课程

《纲要》指出：综合实践活动是从学生的真实生活和发展需求出发，从生活情境中发现问题，转化为活动主题，通过探究、服务、制作、体验等方式，培养学生综合素质的跨学科实践性课程。

（三）课程设计

在西方国家，课程设计是使用较为频繁的概念，而且它与其他词汇通用。与中文课程设计相应的概念还包括：Curriculum development, Curriculum construction, Curriculum making, Cur-riculum building 等（刘家访，2007）。

在我国，对课程设计有如下定义：

"课程设计就是对于课程的各个方面作出规划和安排。"（丛立新，2000）

"课程设计是课程研制的步骤之一，也指课程研制的结果，是课程规划中最具创造性的活动。"（顾明远，1990）

"课程设计是按照育人的目的要求和课程内部各要素、各成分之间的必然联系而制定一定学校的课程计划、课程标准和编制各类教材的过程，是课

程建设系统工程中的一个组成部分。"（廖哲勋，2003）

"课程设计指的是课程所采用的一种特定的组织方式，它主要涉及课程的目标以及课程内容的选择和组织。"（施良方，1996）

基于前人对课程设计定义的基础上，本研究将"课程设计"定义为：按照育人目标要求和课程理念，对课程要素和课程内容按照一定的原则和逻辑进行科学选择和规划的创造性活动。

（四）课程实施

中外学者从不同角度对"课程实施"这一术语作了不同的界定。一种界定是将"课程实施"归入"课程变革"的研究范畴，认为课程实施是将课程变革付诸实践的过程；另一种界定是将课程实施作为课程开发和编制的环节之一，认为"课程实施"就是实施课程计划的过程（杨明全，2001）。

"课程实施可视作课程发展的其中一个重要环节，它具有以下特征：它是一个过程，设计课程变革获创新；它也是新的实践（课程/课程纲要）的实际使用情况"，它是课程设计和教学周期的重要的阶段。"（李子建等，1994）

"课程实施是将某项课程计划付诸实践的具体过程"（张华，2000）。

"课程实施是指把课程计划付诸实践的过程，它是达到预期的课程目标的基本途径。"（施良方，1996）

基于前人对课程实施定义的基础上，本研究将"课程实施"定义为：课程实施是指把精心设计规划的课程付诸实践的过程，它是达到预期课程目标的基本途径。

四、选题目的与意义

（一）选题目的

1. 切合新时期中国人才培养目标的要求

习近平总书记在 2018 年全国教育大会上的讲话中明确指出："要努力构

建德智体美劳全面培养的教育体系，形成更高水平的人才培养体系"，总书记的讲话是新时代教育改革发展的行动指南。2021年5月"双减"政策颁布，"双减"工作落实立德树人根本任务，着眼建设高质量教育体系，强化学校教育主阵地作用，促进学生全面发展、健康成长。无论是"五育并举"还是"双减"，其关键在学校，也只能在学校，最终还是要落在学校。在学校中，落实"五育并举"和"双减"政策的重要途径就是课程和教学。基于此，我们找到了学校课堂和教学的改革点：基于五育融合的小学综合实践活动课程设计与实施研究。

2．促进"五育融合"育人目标落地。

当下"五育融合"的提出，反映了教育人对修复基础教育不良生态的持续思考和实践探索。新时期，教育迈入高质量发展阶段，综合实践活动课程再次被高度重视。它具有落实"五育融合"育人目标，推进实现"立德树人"使命的独特优势。

3．推进小学综合实践活动课程校本化高效实施。

本课题旨在已有研究基础上，继续深入研究，使综合实践活动课程在小学的校本化设计和实施更加合理、高效。

（二）选题意义

1．从学生视角来看，其对培养学生的综合素质具有重要影响，实现"五育融合"，促进学生全面发展。

2．从教师视角来看，促进教师角色从传道、授业、解惑到与学生平等、民主、合作的转变；促进教师从学科知识逻辑为主到学生发展为主的转变，具备把社会优秀资源进行课程化转化来提升教学效能的能力，促使教师专业成长。

3．从学校视角来看，其体现了新课程的核心理念和价值追求，突显了全新的学校文化，对学校文化建设所发挥的作用远远超越了以往任何一门课程。

五、研究目标与内容

（一）研究目标

1. 基于五育融合，结合本校的校情、师资、学生状况，设计完善 1-6 年级综合实践活动课程的具体目标。

2. 在已有研究的基础上，构建出更加完善的综合实践活动课程内容体系。

3. 从该课程的内容设计和实施入手，力图实现该课程与分科课程的有效衔接，形成高效课程实施策略。

（二）研究内容

1. 建构课程目标体系

依据《纲要》中的四维目标：价值体认、责任担当、问题解决、创意物化，结合本校实际，细化每一阶段的具体目标，构建立体化、进阶式与螺旋上升的整体目标体系。

2. 完善本校已构建的课程内容体系

依据此课程主题生成的基本理念，结合上个课题实施中"主题""课题"生成的难点，针对主题筛选机制不够完善以及主题间序列化特点不突出等问题，开展序列化的活动主题和课题设计。结合上一课题内容设计的人与自然、人与社会和人与自我三个维度，针对上一课题只对该课程内容"维度"和"视点"进行了研究和分析，未能对其下位内容进行完善等问题，本课题将对"维度"和"视点"的下位内容进行更加合理的设计和完善。

3. 探索课程实施策略

结合更加完善的目标和内容的设计，研究此课程常态化实施的策略。

六、研究思路与方法

（一）研究思路

研究阶段	研究过程	研究方法
文献研究阶段	研究对象、重难点 → 国内外学术史和研究动态	文献研究法
行动研究阶段	第一阶段：课程目标建构、主题选择、内容设计 计划、行动、观察、反思 第二阶段：课程实施 计划、行动、观察、反思 第三阶段：效果、效率和效益分析	调查研究法 案例分析法
总结阶段	提炼研究结论，提出合理化建议，生成研究成果	

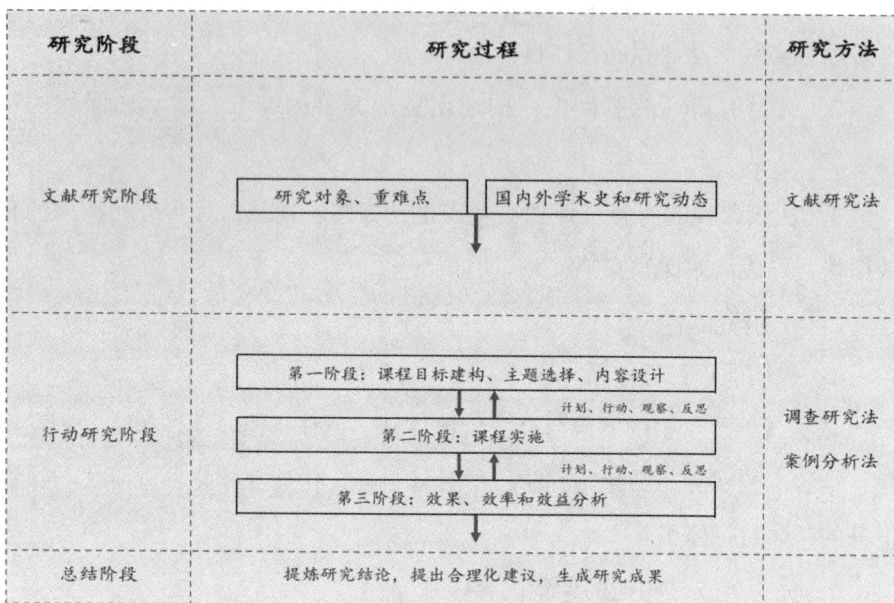

图15　研究思路框架图

（二）研究方法

1. 文献研究法

通过查阅、搜集和整理大量相关文献资料，并从中选取贴切的文献进行仔细阅读、深入分析，并对其进行梳理，从而汲取已有研究中对"五育融合"内涵以及小学综合实践活动课程内容设计与实施的相关成果，分析其不足之处，为本课题研究提供了理论基础，同时也为本研究在已有研究的基础上提出新的观点或突破提供智慧参考。

2. 调查研究法

通过编制问卷和访谈提纲，广泛开展问卷调查和召开座谈会，了解学生、教师和其他相关人员对基于五育融合的小学综合实践活动课内容设计与实施的认识、想法和建议，征求和了解在开展综合实践活动课程内容设计和实施过程中存在的困难和问题。并在调查研究的基础上进行整理、统计和分析，得出相关的结论，从而使调查研究的结果更具有可信度和说服力。

4. 行动研究

参考问卷和访谈的结果，设计本课题的行动方案。设计基于五育融合的小学综合实践活动课程内容并实施，采用勒温（K·Lewin）的行动研究循环模式："计划→行动→观察→反思→再计划"的循环，帮助教师设计综合实践活动课程内容并实践，不断地来改进教学实践。

七、研究计划与人员分工

研究阶段	起止时间	研究任务
阶段一：启动阶段	2021年1月—2021年3月	深入调研，收集和阅读文献，确定研究主题，进行课题申报。
阶段二：准备阶段	2021年4月—2021年9月	进行文献梳理，确定研究中涉及的核心概念，选择适合的研究方法，完善研究设计，撰写开题报告。
阶段三：开题论证阶段	2021年10月–2021年11月	在专家的指导下完善开题报告，并进行开题答辩。在各位答辩的专家指导下进一步完善研究设计，准备进一步研究。
阶段五：课题研究实施阶段	2021年12月—2022年3月	成立研究团队：我们将成立主题研究组、课题研究组、课程内容研究组、课程实施研究组等，细化分工，精准开展研究。深入探索基于五育融合的小学综合实践活动课程内容设计与实施策略，推出教学课例与教育案例。做好阶段梳理与总结，并随时做好研究材料的积累。
阶段六：行动研究阶段	2022年4月—2023年4月	通过"计划→行动→考察→反思→再计划"的循环，帮助教师设计综合实践活动课程内容并实践，不断地来改进教学实践。
阶段七：课题总结阶段	2023年5月—2024年6月	整理，分析和归纳研究成果材料，出版专著、发表论文、撰写结题研究报告、建立课程资源库。汇总各种研究资料和实践经验，分析比较，综合概括，进行全面反思，分析存在的问题，完成课题研究报告和鉴定工作，申请结题，推广成果。

（一）研究计划

（二）人员分工

1. 课题负责人：张燕校长，具体负责对课题的研究和推进。

2. 课题组核心成员：党支部副书记徐颖，科研主任卢钦龙，教学干部张静、苏羽、张颖、方卉、王京华；德育干部于未娟；骨干班主任姜涛及各年级组长和教研组长。

为便于课题执行，保证落实，核心成员牵头的具体分工如下：

序号	研究阶段（起止时间）	具体分工	主要承担人
1	2021年1月至2021年3月	文献综述	张燕
2	2021年4月至2021年6月	调查报告	张燕
3	2021年7月至2023年2月	调研数据分析、课程设计、课程实施	德育、教学干部；各科骨干教师和部分家长
4	2023年3月至2024年6月	研究报告、专著	张燕、卢钦龙

八、创新之处和预期研究成果

（一）创新之处

1. 在已结课题基础上，进一步细化课程目标，为此课程深入研究提供理论参考。

2. 基于五育融合和学生立场设计出主题内容框架和序列化课程内容，为此课程的探索提供优秀范例。

3. 探索课程高效实施路径和策略，破解实践难点，为此课程的探索提供有力保障，落实"立德树人"。

（二）预期成果

设计出序列化基于五育融合的小学综合实践活动课程，探索出高效实施路径和策略；生成研究报告、论文、案例集、课程资源库等研究成果，为基础教育课程改革和"立德树人"提供智慧参考和支持。

具体成果如下：

1. 研究报告：基于五育融合的小学综合实践活动课程设计与实施研究。

2. 论文：基于五育融合的小学综合实践活动课程设计与实施策略。

3. 案例集：基于五育融合的小学综合实践活动课程设计与实施教育教学案例。

4. 课程资源库：建立基于五育融合的小学综合实践活动课程资源库。

第二节 北京市东城区培新小学综合实践活动课程年级组推进总结

"我与字"主题综合实践活动课程实践探索

北京市东城区培新小学 李建丽 王岩宏 韩颖

随着《中小学综合实践活动课程指导纲要》的颁布，综合实践活动课程的重要性愈加凸显，综合实践活动强调学生从生活情境中发现真问题，转化为活动主题，通过探究、服务、制作、体验等方式，促使学生具有价值体认、责任担当、问题解决、创意物化等方面的意识和能力。

一、主题选择

针对一年级学生特点，基于中国学生发展核心素养目标，以语文学科为起点，通过"学科+"传承中国优秀传统文化，确定一年级综合实践活动课程主题为"我与字"。活动通过多学科融合，充分发挥学生学习主动性，打破课堂时空界限，保护学生的学习热情；通过全面提升学生的综合创新能力，培养"完整的人"；通过激发学生对祖国传统文化的热爱，推进学生成为传统文化的传承者。

二、课程目标：

基于以上思考，从以下四个方面制定课程目标：

（一）价值体认

通过参与实践活动，获得基本的合作体验，遵守时间、规则和要求，初步形成基本的集体观念、组织观念，感受文字在生活中的作用，为自己是中国人感到自豪。

（二）责任担当

通过一系列活动、实践，能够积极参与，愿意在生活中认真书写文字、学习文字，有意愿传承文字背后的中国文化。

（三）问题解决

通过查找、收集、整理资料的过程，培养学生初步收集信息的能力、自主获取知识的能力、提出问题与解决问题的能力。

（四）创意物化

针对实践探究结果，知道如何用小卡片、小报等形式把自己对文字的理解有创意地展示出来。

三、活动实施

实践活动分统一共识、课堂尝试、学科融合、家校协同四大步骤实施。

（一）统一共识

在活动之初，从制定目标、跨学科组织、家校协同三个方面来统一共识。在制定目标方面，在校领导、行政负责人的指导下，通过组务会、校区会议，集思广益，一起制定课程目标。在跨学科组织方面，一方面寻找语文学科和综合实践活动之间的联系，另一方面找准学科活动的起点和多学科联动的融合点。在家校协同方面，鼓励学生自主提出问题，老师、家长和学生一起来解决问题。

（二）课堂尝试

1. 问题的提出

从教师的角度来看，一年级老师普遍面临着学生识字量差异大的问题，部分学生认识的字寥寥无几，读不了课文，听不懂课，数学课更是读不懂题意，解不对题。那么作为教师该如何提升孩子的识字量呢？既调动识字的趣，又学会识字的智，最终促进学生学用结合。

从学生的角度来看，虽然积累了一定的识字方法，但面临着形近字、同音字混淆、用错字、写错字的情况。为什么会出现这样的情况？该如何纠正呢？老师们又找到了问题的实践研究方向。

从家长的角度来看，虽然对孩子的学习非常重视，但大多数家长不知道如何在家辅导学生认字，这就给教师提出了新的命题，那就是作为教师我们又该如何指导家长呢？

2. 问题的解决

针对以上问题，需要紧紧抓住课堂这个主渠道，采用多种方法灵活组织识字教学，既能让学生对识字保持新鲜感，又能提高教学效率。

（1）情境识字

教学情境不一定是声色俱全的电影，完整的故事情节，往往几句绘声绘色的描述，一个激起思维的设问，一组生动简洁的动作都可以作为教学情境，取得意想不到的教学效果。

（2）游戏识字

猜字谜、利用字卡找朋友、拼装汉字、我是小老师、摘果子、送信、大转盘等形式都是孩子们喜欢的识字游戏，这些活动可以充分调动学生的识字兴趣，使识字不再枯燥。

（3）活动识字

识字不是一蹴而就的，要想让学生牢牢地记住生字，就要抓住教学的各个环节反复地出现教材中的生字，如把生字以花朵盛开的形式贴在墙上，让学生触目可及；让学生帮着发作业本，通过认读同学的名字识记汉字；每个学生编写识字小报，互相交换欣赏学习。

（4）规律识字

汉字造字有一定的规律，当学生有了一定认字量后，帮助学生寻找汉字的规律来识字，形成识字技能。利用形声字归类识字、字族识字、易错字归类，这样学生不仅学得多而且学得快、记得牢。

（5）阅读识字

根据学生不同阶段的培养需求，定期围绕不同的主题推荐绘本，如守规则、爱的教育、成长、运动、民俗文化、季节等，同时组织阅读打卡，让学生每天与阅读相伴。

（6）闯关识字

为了进一步拓宽和延伸学生的识字能力，进行"识字人才库"的招募，让有能力的孩子挑战二年级识字。从实施效果来看，加入招募活动的孩子积极性大增。

（三）学科融合

为了提高综合实践活动的开放性和整合性，需要多学科教师共同参与，围绕同一目标从不同的学科视角提出工作方案，并进行有机整合，从而促使学生跨领域、跨学科学习，提升其综合能力。

（四）家校协同

在生活中，通过"生活中识字"、"运用中识字"等环节帮助家长跟学生一起寻找汉字，拓展对汉字的理解。

1. 生活中识字

为了培养孩子在生活中识字的意识，需充分发挥家长作用，引导学生在生活中做个有心人，揭秘生活中识字的好方法。鼓励家长带孩子在散步、购物、参观、等车、就医等诸多生活场景中认识相关的汉字。在和孩子一起看动画片、看新闻、看综艺节目的时候，引导孩子认读屏幕上的汉字。

2. 运用中识字

学生们在学过拼音和简单汉字后，利用平时和假期练习写日记，观察生活的同时也练习了生字的使用。

四、收获再思考

回顾"我与字"综合实践活动，多学科老师的"团结协作"带来了学生、家长和老师的"共赢成长"。

对学生来讲，在活动中初步体验了综合实践的魅力，不但对提出问题、解决问题有了新鲜、愉快的体验，还激发了对汉字和中华传统文化的热爱。对家长来讲，不仅收获了指导孩子识字、认字的有效方法，缓解了教育焦虑，还密切了家校关系。对教师来讲，团队教师之间教学相长，共同摸索成长，初步形成"研究共同体"。

在核心素养驱动的教学中，王凯教授这样说："如果我们在教育教学里没有给我们的孩子创设适合的情景，没有在情境里安排适合的任务，没有在任务布局里面赋予每个孩子恰当的角色，没有在角色扮演里面让每一个孩子经历完整而复杂的问题解决过程的话，核心素养难以达成。"其实生活才是一个更大的识'字'课堂，在学习生活化的理念下，利用学生已有的经验，力求识用相结合，实现学生在不同环境下的迁移和运用，才能助力其核心素养的达成。

自主提问 实践解决 发掘潜能
——"玩儿转成语"综合实践活动课程探索

北京市东城区培新小学 王洋洋 秦 琼 温 静

摘要：生活是综合实践活动课程的资源和学习场，其价值在于发挥生活世界对学生成长的重要作用。教师要善于结合学生的年龄特点，引导学生围绕活动主题，自主提问，实践解决。

关键词：成语 游戏 实践 创新

一、引言

生活是综合实践活动课程的资源和学习场，其价值在于发挥生活世界对学生成长的重要作用。结合本学段的特点，和我们学校一直坚持的从学生需求出发的乐学、善学的课堂文化，我们反复思考，这个年龄段的趣味点在哪儿？如何从学生的需求出发？

二、主题选择的思考

（一）传承文化

成语，众人皆说，成之于语。有的出自古代故事或典故，有的来源于古诗词、历史事件和老百姓口口相传的故事。简单的几个字就描述了一个历史事件、浓缩了一篇经典诗文、说明了一个深刻道理。中华优秀传统文化是中华民族的根和魂，这颗文化种子应从小植根于学生内心。

（二）立德树人

成语中丰富的哲学思想、人文精神、价值理念、道德规范等，蕴藏着中国人解决问题的启示和智慧。在追溯成语典故，丰富学生文学常识，揭示成语丰富内涵过程中，向学生进行思想品德等方面的渗透教育，教会学生做人做事的基本道理，懂礼守礼，用实际行动传承和践行中国优秀文化。

三、内容选择的思考

（一）提出问题

主题确定以后，我们开展了围绕成语这个话题的问题征集活动。学生们提出了六大类问题：成语起源（成语是怎么创造的？成语故事都是真人真事吗？）；成语特点（成语都是四个字的吗？）成语故事与典故；成语积累（分类）；成语运用（怎么才能在生活中运用成语？）；成语与其他语言现象（中国语言中为什么容易产生成语呢？外国有没有成语？）。提问是研究性学习的前提，是培养学生解决问题的创新型学习能力，对实现素质教育起着积极的作用。

（二）学情分析

低年级学生参与综合实践活动的主动性很高，但其生活认知基础和操控能力都比较有限，因此更适合从真正的动脑、动眼、动手等更加感官性的实践活动来进行参与。

四、"玩儿转成语"子课题

结合学生的年龄特点，爱玩儿是孩子的天性，但是会玩儿是能力，围绕"成语"我们可以怎么玩儿呢？了解了学生们的问题，以及对问题的梳理，我们想可以通过学生们最喜欢的画、演和游戏为切口，让学生们在玩儿的过程中积累成语、体会成语蕴含的道理，从而体会做人做事的基本道理。

（一）方向一：成语"画"出来

画画是一件很有教育价值的游戏，既可以发展学生的逻辑思维，又可以从中学到很多知识，这其实就是知识迁移的过程。教师引导学生把自己熟悉的成语通过绘画呈现出来，可以是一个故事，也可以是一个情节；可以是一幅图片，也可以是一组连环画。在画一个成语的基础上，我们又将"画"这一方向，进一步细划成五个版块：

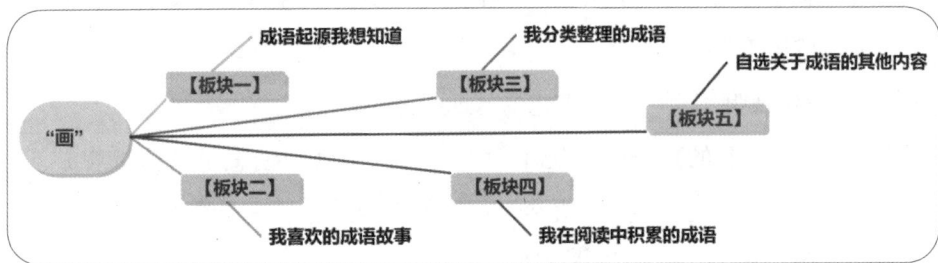

（二）方向二：成语"演"起来

想要让成语演起来，也是要有梯度，层层递进的。首先，要了解成语故事。通过读成语故事，背诵成语，感受语言的优美、故事的生动。成语故事一般很短小，其中人物关系简单，有的小组人数较多，怎样让每个同学都能参与演出？这就需要对剧本进行重新编排，在这个过程中，学生们对成语故事内容进行了延展，对寓意理解更加深刻了。

（三）方向三：成语游戏"玩儿"起来

在"玩儿转成语"活动中，老师带着孩子们体验了一些成语游戏。以游戏为动力，激发学生积累、理解成语的兴趣。在尝试了多款成语游戏后，我们思考：是否能够引导学生整合资源，创意有趣的新游戏。在这样的背景下，多位老师开始带领着班级学生尝试创意成语游戏。

1. 多学科创编游戏

美术教师引导学生绘制拼图。绘制成语拼图之前，老师先和孩子们一起玩拼图，发现其中的规律。孩子们在绘制成语故事的时候，就顺着这些特点设计，比如将主体物画大，尽量充满画面，再比如背景环境不要留白，每个区域颜色也要有所变化，方便进行拼摆。

数学学科，经历了一个学期的查找、收集、整理资料的积累过程，第二学期引导学生以小组为单位整理第一学期学到的与数学相关的成语，并利用这些成语创编成语游戏。如"成语接龙""成语算一算""看数字猜成语"和"成语数字闯江湖"等小游戏。

道法学科结合教学内容"有新玩法一课"，带领学生创编成语棋。在制作过程中学生灵活运用平时积累的成语知识，理论与实践相结合，自己制定规则完成成语棋的创编。

2. 班级典型案例——"飞花令"纸牌创意

二年级 10 班的孩子们经历了两个多月的实践，创意了一款纸牌游戏——"成语飞花令"。"成语飞花令"纸牌的设计经历了三个阶段。

（1）第一阶段：发现传统成语游戏的问题

在前期的探索过程中，师生共同尝试了一些成熟的成语游戏，例如：成语接龙卡片、成语填字棋、成语转筒等。大家边玩儿边总结，结合着课间 10 分钟的时间特点，需要多名同学一起玩儿这样的人数要求，通过讨论，大家一致认为一款内容丰富多样，牌数适当，形式适合小组玩儿的纸牌游戏比较适合课间玩儿。

（2）第二阶段：班级创意游戏

在设计纸牌的过程中，有负责封面设计的美工组；制定游戏规则的组；内容策划的小组人数是最多的。这套纸牌一共 56 张，游戏页 53 张。其中同学们设计了看图猜成语、根据意思猜成语、成语填词、成语接龙、漫画成语、从古语中找成语、分类成语几大类。

（3）第三阶段："飞花令"纸牌推介会

通过"游戏推介会"的形式向大家交流制作过程的感受。通过纸牌设计过程的介绍，吸引更多老师和同学加入"成语飞花令"的游戏中，在玩儿的过程中，继续发现问题，总结，改进。

五、研究收获

在整个"玩儿转成语"综合实践活动过程中，我们以问题为切入点，培养学生发现问题、提出问题、解决问题的创新型学习能力。以日常积累为基础，使学生熟悉成语、感受成语、积累成语。以表演为促进，提高学生理解成语及小队活动中人员分工、解决问题的能力。以游戏为动力，激发学生积累、理解成语的兴趣。低年级经过了这样有趣又富于创新，创意性的实践活动，会为将来中高年级开展更有深度的研究性的综合实践活动奠定基础。

以综实为支点，弘扬传统文化，激发爱国情怀
——培新小学三年级八圣文化之旅综合实践课程的实践与探索

东城区培新小学　何捷玲　张艺晨　王　可

培新小学的前身叫八圣高庙小学，孩子们对八圣文化有探究的热情，因此我们以此为契机，引导学生开展对八圣文化的探索，聚焦苏轼、杜甫两位人物，通过问题引领，让孩子们立足实践，回归生活，探究问题的答案。

一、主题的确定

（一）基于学生兴趣和已有经验

综合实践课程主题的选择需要基于学生的需要、动机、兴趣和直接经验，充分关注学生的兴趣和直接经验，建构一个更贴近学生真实学习世界的全新课程领域。

培新小学的前身叫八圣高庙小学，一年级的时候，孩子们浅显了解了八圣的名字和相关文化，对八圣文化有探究的热情，因此我们带领孩子们进一步借综合实践活动研究八圣。

（二）基于学生对问题的认知和能力培养的要求

主题的选择应从学生真实的生活世界中选取具有一定的综合性、实践性、现实性的问题、事件、现象来设计课程内容。让学生走进生活，亲身参与、主动实践，在实践中综合运用所学知识解决各种实际问题，提高解决实际问题的能力。

在对八圣文化了解的过程中，孩子们聚焦了苏轼、杜甫提出了自己的想法：杜甫为何被尊为"诗圣"？苏轼去世近千年以后，为何还能掀起"人人都爱苏东坡"的热潮？问题引领，孩子们立足实践，回归生活，探究问题的答案。

（三）基于文化传承的需要

八圣文化不仅蕴含着丰富的文学知识、艺术价值，圣人具备的美好品性、高尚情怀，也是很好的教育资源。走近八圣，感受中华传统文化的博大精深，履行弘扬传统文化之己任。

二、具体措施

（一）明确主线引方向

综合性实践活动本就不是孤立于学生的生活而存在的，主线的确定也要基于学生的真实生活情境，因此，我们依据学生的年龄、思维等特点，结合时事来确定研究主线。

　　三年级的孩子思考的问题更加有深度，正处于人生观、价值观、世界观形成与发展的初步阶段。所以，我们以"苏轼的人生态度"为主线，在实践活动中引导学生不断树立正确的思想意识。今年正值中国共产党成立100周年，在过去的一年中，学生一次次地在抗击疫情的行动中感受到了国家的凝聚力，为了培养学生的爱国情怀，让学生更加了解今天幸福生活的来之不易，提升民族归属感，我们以"爱国情怀"为主线，让学生走近杜甫这样一位心怀天下的爱国诗人。

　　（二）确定选题启思考

　　老师在学生综合实践的过程中注重发挥学生的自主性，以问题引领学生思考，利用班队会的时间，带领学生从选定的人物出发，依据已有的知识积累，结合自己感兴趣的问题，多角度、全方位的思考，设定研究小专题。

　　老师们先引导学生初步了解苏轼以及杜甫的生平，并以此为线索，全面了解他们所生活的环境和时代，与他们心灵相通，体悟其作品的内容和主旨，感受到"苏轼的豁达"与"杜甫的心怀天下"。

　　研究苏轼的几个班级在简单梳理苏轼起起浮浮的一生之后，很多学生在课堂上就产生了深入的思考，提出了一些问题，比如：苏轼的一生中究竟经历了哪些事情？苏轼的家庭是怎样的？苏轼的人生这样跌宕起伏，他怎么还和许多美食有关呢？……经过师生共同探讨，制定出了7个研究子课题：

　　1. 起起伏伏的一生（苏轼生平）

　　2. 一门三苏（苏轼的家庭）

　　3. 千古风流人物之千古佳句（流传千古的诗词佳句）

　　4. 美食爱好者东坡先生（苏轼与美食）

　　5. 苏轼的朋友圈（苏轼的关系网）

　　6. 苏轼有趣的轶事（苏轼的奇闻趣事）

　　7. 通才苏轼（他各个领域也都有涉猎：书法、绘画、茶）

同样，研究杜甫的班级也在师生共同探讨中确定了6个子课题：

1 杜甫为什么被称为诗圣

2 杜甫诗的特点

3 杜甫和李白认识吗？

4 杜甫的名字

5 大家最熟悉的杜甫的名诗名句是什么？

6 小学课本中的杜甫诗句

（三）自主实践促能力

在此次综合实践活动中，学生充分体验到了自主性带给他们的动力，在综实的过程中培养了其收集处理信息的能力、交往能力、合作意识等。

有了疫情期间线上沟通交流的基础，在收集资料阶段，学生自发建立微信群，利用休息日召开视频会议，制定小组微课题研究的方案，商讨分工协作事宜，并自主地通过各种方式搜集相关资料。有的孩子运用信息课上学到的方法，在网上浏览资料；有的走进了图书馆，在海量图书中整合自己需要的信息；有的买来了相关的书籍，有目的地进行研究；还有的小队在家长的带领下利用休息日走进故宫、走进博物馆，在活动中有所体悟。在这个过程中，我们可以感受到孩子们的研究热情，更能看到孩子们的自主性促进了其能力的提升。

（四）多种形式展成果

在综合实践的过程中，学生们充分发挥了创新精神。每个研究苏轼的班级都有小队选择"美食爱好者东坡先生"这个小课题，虽然课题一样，但是孩子们却根据自己的思考与特长选择了不同的方式呈现他们的研究成果。有的小队用连环画的方式呈现东坡肉的由来；有的小队在了解苏轼与东坡肘子、东坡鱼等美味佳肴的渊源后，在家人的帮助下亲自动手制作美食，体验动手实践的乐趣；有的小队在美术老师的帮助下，选择运用美术课上使用过的软陶来呈现他们的研究成果，还有的小队在研究完通才苏轼后绘制出版了一本小册子。更是有小队找到了独特的切入点，结合着苏轼的生平与他的诗句来研究这个美食爱好者。一个小专题的研究，不仅是让孩子们收获了更丰富的知识，培养了创新精神，更是受到了苏轼对于人生态度的启迪，为学生今后的学习以及生活带来持续且长远的影响。

通过学生对杜甫小专题的研究我们也可以发现，学生不仅仅是记住了杜甫流传千古的名诗佳句，更是透过诗句，感受到诗人的爱国之情，从而在学生心中埋下了一颗爱国的种子。

三、收获与反思

在此次综合实践活动中，我们始终注重探究式学习方式，培育学生综合能力；加强传统文化渗透，激发学生爱国情怀；关注学生价值体认，孕育学生豁达心胸，引导学生通过自己的思考、讨论、求助等方式解决问题，有利于学生获得终身学习和可持续发展的能力。

"北京文化"主题综合实践活动课程实践探索

北京市东城区培新小学　晋芃　苏羽　焦志红

当前，我国教育进入高质量发展阶段。在"立德树人"背景下，培养全面发展的人成了我们教育的最终目标。

综合实践活动课程恰恰是学生密切联系生活实际，自主参与社会，并在社会生活中获得知识与技能的一门学科，它的开设架起了学生学习知识和体验生活之间的桥梁，它在培养学生"核心素养"和综合素质的目标上，有着其他学科课程难以企及的优势。

"文化是一个国家、一个民族的灵魂"，而对于这些生于斯长于斯的北京孩子更需要对这座既古老又年轻的城市进行深入了解，从而帮他们建立与成长环境之间联系，以此激发热爱北京热爱家乡的情感。因此我确定了以"北京文化"为主题的综合实践活动。

一、破解北京文化

"教育只有一个主题，那就是五彩缤纷的生活"，在选择"北京文化"

主题时，我们本着以下思考：

北京作为中国的首都历史悠久、文化多元。近代以来，北京更是和外界交往频繁，形成了丰富多元的文化特色，既有中国文化瑰宝，也有西方文化色彩。在北京生活学习的孩子更需要对这座融悠久历史与现代科技于一身的城市进行深入了解，从而帮学生与其成长环境之间建立联系。

北京文化是中轴线上一处处或醒目或隐秘的景点；是一座座大气磅礴的皇家建筑；是建筑上一幅幅遒劲有力的书法作品；是一条条长短不一宽窄不同的胡同；是一道道色味独特的传统小吃；是一声声说似唱，唱似说的琴书；是一句句风趣幽默的北京话……这些和孩子们的生活息息相关。培养学生的创新精神和实践能力，就是要回到日常生活之中。诚如杜威所说：准备社会生活的唯一途径就是参与社会生活。

二、选立研究主题

确定实践主题后我们开始以班级为单位进行小专题的确定。看到学生们选择的专题我们发现有些选题太大，实施起来有困难，而有些选题又不属于北京文化。根据学生选题出现的问题我们进行了整体培训，在北京文化大主题下，启发学生思考北京文化包含什么？大处着眼，教师和学生一起进行头脑风暴，围绕大概念提出相关问题。学生借助思维导图、概念网，梳理出北京文化下的子概念。"北京文化"，渐渐解开了神秘的面纱，它是多种文化的集合体。

研究性学习课题的确定要充分尊重学生的兴趣和爱好。在开展选题时，小处着手，自主选择给学生提供足够的自主探索空间。由学生联系生活提出有价值、有创意的研究课题。这既尊重每一个学生兴趣、爱好、发展的需求，又使学生成为真正的问题研究者。学生把认知的北京与未知的北京文化联系起来，广泛的讨论触发出一串新的社会、环境、道德、国际理解、信息科技等问题。

有些学生还对其课题的可行性进行了调查，问卷先行，让课题定位更加实际。活动中我们发现学生的兴趣点很多，一个班一个专题很难让所有学生都满意，兴趣才是最好的老师，遵循自主性原则，我们打破了班级界限，允许学生跨班级进行实践研究。

三、整合课程资源

为了更有效地开展实践活动，将活动内容整理成一张课程资源的整合表。横向看，每个课题都是本着发展全面的人而设计，从综合实践体验、综合拓展、探究应用，开展了不同层级、不同形式的活动，促使学生不仅能线上搜集资料，还要线下参观、走访、合作，使学生收获丰富、提升了生活经验。纵向看，每个课题都是由潜入深，从直观的接触北京文化的外显事物，到思考北京文化与我的联系，进而获得积极的价值体验。在主题的召唤下，各个学科积极参与进来，引导学生主动运用各学科知识分析解决问题，融合语文、数学、英语、科学、艺术等多个领域的内容，进行整合设计。

一般情况下，一个课题的研究内容会涉及多个领域和学科，它可能是以某学科为主的，也可能是多学科综合、交叉的；可能偏重于实践考察方面，也可能偏重于理论研究方面。无论是自我问题、自然问题还是社会问题，在一个课题的研究中都应对自我、自然、社会作整体关注，通过综合性课题的选择，整合学习的过程，体现综合实践活动课题在整个课程结构中的内在价值。"古建筑中的科学""京味文化符号——北京琴书"……所有专题的研究都不能单纯靠某一学科，需要多学科共同参与解决问题得出结论。

如果说学生提出问题是综合实践活动中的"生长点"，那么综合运用其他学科的学习经验就是学生解决问题的支撑点。在规划设计的时候，有机整合学校的各类活动课程，比如科技创新活动、美术社团活动、书法社团、琴书艺术社团等，形成了教育合力，又提升了学生的认知体认和审美情趣。在活动中我们还整合了丰富多彩的社会资源。

四、实践精彩纷呈

活动按照"准备—策划—实施—展示—总结"五个环节来开展。学生在小组内设计进度表，有计划地推进活动。活动中，不仅重视学生的"行"，更关注实践中学生的真实感受和体验。研究性学习的开展，要以学生身处其中的生活环境为基础，密切与生活的联系，引导他们关注生活中的事物，解决生活当中的问题，促进学校教育与社会的融合。近两年北京一直在打造建设中轴线，为2024年中轴线申遗做准备。学生生活的环境不断发生着变化，使他们对这条充满历史与故事，写满生机与发展的中轴线产生了浓厚兴趣。学生组成小组，围绕中轴线确定自己的兴趣点展开了丰富多彩的实践活动、

活动强调让学生在亲身体验中学习，有更多的机会动手、操作，在实践中获得积极的情感体验，形成对于自然、社会、人生的健康态度和价值观，形成乐于动手、勤于实践的个性。通过"了解老北京的手艺人"，尝试制作手工艺品。在"匾额"的研究中不仅追根溯源还动手临摹……

康德说："人只有经过教育，才能成为人。"在综合实践活动中充分体现了对学生的全面教育功能。在主题的统领下，整合资源，整体设计，整个年级的师生共同参与，完整的探究、体验过程实现了师生共同成长！

传承世界文化遗产，设计综合实践活动
——"悦享天坛"主题课程为例

北京市东城区培新小学　张颖　袁久强　王玮

摘要：北京市东城区培新小学四年级团队确定了以"悦享天坛"为三年综合实践活动主题，开展"走近——走进——走浸"天坛三年实践活动方案，以期在三年时间内层层递进，逐渐抵达天坛这一世界文化遗产的核心内涵。并借此培养学生能综合运用各学科知识，分析、解决现实问题的能力，提升其社会责任感和创新精神。

关键词：天坛；文化遗产；综合实践活动

引言

天坛，因世界上现存最大的祭天建筑群而闻名于世，其形态各异、历史悠久的古柏群也举世闻名。每天在天坛公园旁边校区学习、生活的培新小学高部校区学生们，对天坛并不陌生，天坛不仅是世界的文化遗产，更是他们的感情深厚的"后花园"。

天坛巧妙地集古代文化、哲学、历史、数学、力学、美学、生态学知识于一炉，还以丰富的动植物群体，形成了"天人协和"的生态环境。

围绕天坛的丰富内涵开展综合实践活动，可以帮助学生将割裂的单科知识进行关联，使他们形成整合学习经验，建立起整体的世界观和方法论，有利于将学生知识内嵌于学生自身经验，进行审慎的反思，最终丰富个体经验，促进其社会参与能力，在发现问题、解决问题的过程中，内化并提升自身的核心素养。

如何传承这些文化遗产，提升学生综合素养？培新小学四年级团队确定了以"悦享天坛"为主题，开展"走近——走进——走浸"天坛的三年期综合实践活动方案，开始了一系列探索。

一、活动计划

四年级团队的老师，在对主题进行思考的基础上，制定出了层层递进的三年探究规划。

（一）四年级·走近天坛

通过多次提问讨论，学习确定小课题的方法，通过实地走访、拍照记录、询问访谈等多种方式解决初步了解天坛概览的实际问题，并能简单介绍天坛。

（二）五年级·走进天坛

聚焦天坛特定景点，通过个人实践、采访询问、分发调查问卷、搜集媒体信息等多种方式，了解其该建筑物的多种信息，初探天坛背后的文化底蕴。

（三）六年级·走浸天坛

深入了解天坛，对于天坛建筑艺术、历史渊源、文化价值，进行更深入地探索研究，借此传承、保护这一世界文化遗产。

比如"四年级·走近天坛"过程中，团队师生们共同确定了如下小课题：

1. 天坛的位置、组成及意义初探
2. 天坛建筑中巧妙的数字应用
3. 天坛游客的情况调查研究
4. 古人祭祀上天的流程研究
5. 如何在天坛跑出自己心仪的路线图
6. 如何绘制天坛古树探寻路线图
7. 如何保护天坛的古树
8. 天坛座椅的布局及改进设计

······

二、活动经验

（一）以学生为主体促进其责任担当意识的加强

在每一个综合实践活动子课题中，我们摒弃了"老师设计，学生照做"的旧模式，鼓励学生在老师的指导下，自主选择活动主题、自己制定活动方案、自己决定活动结果的呈现形式，通过这种自主性的选择满足学生的个性化发展要求。这就需要教师在平时应注重引导学生善于观察生活现象，勤于思考生活问题，懂得搜集和分析生活材料，能够提出自身感兴趣又有研究意义的问题，在与教师和同学的交流和讨论过程中汇总整理问题，抽丝剥茧，逐步确立活动主题。

此外，在综合实践活动课程后的评价过程中，也应发挥学生的能动性，使学生自身的责任担当意识得到增强。

（二）以问题解决为核心促进实践能力形成

问题解决能力是学生发展核心素养的一个要素，但目前小学生还欠缺问题意识。在"如何在天坛跑出自己心仪的路线图？"小课题组中，教师引导学生基于生活发现并提出问题，边探索，边提问，以如下一连串问题连串起了整个活动过程：

1. 为什么人们喜欢在天坛运动呢？
2. 我们怎么跑出一条有自己班级特色的跑步路线呢？
3. 应该如何实现呢？
4. 哪个区域适合跑出特色路线呢？
5. "❤ PX 2021"路线中有需要断开的地方，怎么实现呢？
6. 我们怎样跑出有多种颜色的路线图呢？
7. 还能不能跑出新的路线？

不停提问、不停解决，在一个又一个"提出问题——解决问题"的循环往复中，培养了学生的问题解决意识和质疑精神，也为将来真正的创造性解决问题打下基础。

（三）以创意物化为旨趣激发创新能力的产生

"天坛座椅的布局及改进设计"小课题组中的学生，为了尝试让天坛的椅子变得更为美观，针对天坛内椅子的外观设计进行了调研分析，并通过调查问卷和访谈了解了游客对椅子外观的认知和感受，最后提出了改进建议及设计方案。

综合实践活动课程中，学生在学以致用的造物过程中激发想象力和动手兴趣，提高实践能力，形成精益求精、不断创新的工匠精神。当然教师要视学情指导学生创意物化，不能要求所有学生的"物"向科技创新成果看齐，只要学生大胆设计、乐于制作，积极动手实践操作，就应加以肯定和鼓励。

三、活动收获

"悦享天坛"综合实践活动课程开展以来，学生、老师、家长都在交互中获得了很大成长。

学生通过查找资料、实地考察、分析讨论、提出建议等，学生提出问题和解决问题的能力提高了，核心素养得以提升。教师改变了课堂教学方式，自主、合作、探究的教学方式成为课堂的主要方式。家长的教育观念得以更新，越来越多的家长在与家校共育的实践活动中，认识到其对于学生成长的助益，越发积极地参与、支持综合实践活动。

四、结语

我们的探索才刚刚起步，也还存在很多不足，希望我们的学生能通过三年在天坛这处世界文化遗产中聆听历史回响，探究天地万物，于时光的流转中，丰盈着知识和阅历的行囊，强健着追逐梦想的羽翼，舞出属于自己的美丽与精彩！

"竹"主题综合实践活动课程实践探索

北京市东城区培新小学　张润霞　杜爱华　姜　涛

一、研究主题的思考

（一）着眼于培养全面发展的人

主题实践活动课程"竹"，依据教育部颁发的《关于全面深化课程改革落实立德树人根本任务的意见》和《中国学生发展核心素养》，遵循《中小学综合实践活动课程指导纲要》，国家的三个纲领性文件。通过主题实践活动这个载体，"五育并举"，将"立德树人"的要求落到实处，培养"全面发展的人"。

（二）"竹"是中国传统文化的"符号"

竹子因青翠挺拔、奇姿出众，凌霜傲雪，四时长茂受到了人们的称颂。人们赋予它心虚节坚、坚忍不拔、风度潇洒的"君子"美誉。在悠悠几千年的历史发展长河中，竹子与人们的生活息息相关，竹子是物质文明建设的重要资源，并渗透和凝聚于精神文化之中，构成了中国文化的独特色彩，从而形成了别具一格的中国竹文明，积淀成为源远流长的中国竹文化。

（三）着力打造校本特色课程

"竹娃"是培新小学的吉祥物，陪伴学生将近十年，它的形象深入人心。竹笋具有旺盛的生命力，绿色象征着希望，"竹娃"的形象象征着培新小学的学生，在母校的精心培育下，"乐学善学"健康茁壮地成长。

"竹"课程研究，一方面让学生了解竹子相关知识，触摸"竹子"身上蕴含的文化内涵，感受竹子的精神。同时，还希望学生像"竹娃"那样健康快乐地成长。

二、明确整体课程目标

"竹"课程研究，是以六年级为单位展开的。根据《中小学综合实践活动课程指导纲要》以及学生的情况，确定了课程的整体目标：

【责任担当】

（一）通过主题"竹"综合实践活动课程，学生了解竹子的生长特点，了解竹子的相关知识和文化。

（二）在研究"竹"的过程中，养成良好的思维习惯、增强动手操作能力，同时提高学生的领悟能力。

【问题解决】

（一）带领各班通过自主探究、小组合作的研究性学习的方式，学生初步具有发现问题、思考问题和解决问题的能力。初步具有同一主题下不同知识点整合能力。

（二）学生尝试运用"小课题"的方式展开研究，初步学会总结、归纳、设计。初步学习和运用调查法、访谈法、互联网资料检索法、实地考察等研究方法。

【价值体认】

（一）学生了解和探究竹子的象征意义，感悟竹的品格，增强人文底蕴，建立文化自信。

（二）增强关注社会、关注生活的意识，体验良好的情感、逐步形成积极的人生态度和正确的价值观。

三、研究过程和结果

（一）研究过程

我们带领年级各班围绕"竹文化"，进行了四年的研究，到这个学期，随着这届学生的毕业，即将结束。回顾四年老师们研究的足迹，无不渗透着老师们辛勤耕耘的汗水：

第一阶段：蹒跚学步——寻找"竹元素"

三年级研究开始，我们摸着石头过河，根据学生的年龄特点，以活动为起点，带领各班寻找生活中的"竹"元素，初步感受竹的形态、生长、作用等等。这个阶段，还没有进入真正意义上的"研究性学习"，但生动有趣的寻找"竹元素"活动，激发了学生对"竹"的喜爱之情，引发学生进一步研究的欲望和好奇心。

第二阶段：尝试梳理——构建"竹课程"

到了四年级，我们尝试着围绕着课程目标，把课程内容进行梳理，带领各班初步搭设"竹"课程的框架。在教学目标指导下，从三大领域中找寻研究范围，各班学生自选课题，每个课题之中又有若干的小专题，《筷子发霉怎么办？》《为什么只有中国有竹轿？》《谈古说今话竹味》《不同画家笔下的墨竹有什么不同？》《纯棉 VS 竹纤维》《毛笔是万笔之祖吗？》《编织童年 童年编织》《校园里的竹》《诗人眼中的竹》。学生的研究就围绕着这些小专题进行，在老师的引导下，确定研究问题、查找资料、实地考察、中期交流、尝试撰写小研究报告、结题汇报等，经历研究的全过程，在实践中思考、探索、反思、改进、提升。

第三阶段：空中研学——感悟"竹文化"

到了五年级，疫情来袭，但并没有阻碍我们研究的脚步，反而给我们提供了新的研究思路——"云研究"。我们带领老师们指导学生在原有基础上继续开展研究，拓展研究的深度；努力从新的角度入手研究，拓展研究的宽度。衣食住行竹研究、西游记探竹之旅、辅抗新冠竹医药、竹与音乐微研究等。学生们在主题实践活动中，思维方式发生了改变，慢慢学会发现问题、思考问题和解决问题，他们从生活中寻找研究的问题，比如：新冠肺炎与竹医药的研究，使他们对中医药产生了浓厚的兴趣；评书《新西游故事》，是学生在新冠引疫情下居家学习时编写的，读名著与现实生活紧密结合，培养了学生的创新能力和科学精神。

第四阶段：成果表达——编辑"竹文萃"

六年级第二学期，学生面临毕业了，竹主题研究也即将结束。学生希望将这几年的研究成果汇总成册，送给自己和母校作为纪念。在任务驱动之下，考虑到学生年龄层次、知识结构和综合能力等各方面因素，成立了"竹文荟"编辑部，分设"策划部""文编部""美编部"三个部门，学生化身部长、部员进行模拟岗位体验，各个部门分工合作、合力完成"七思妙想竹文化"这本"竹与生活"成果汇总手册的设计与制作。通过职业体验的方式，增强个人的社会认知，培养一定的职业意识和职业情感，有助于其劳动意识的增强乃至对未来人生道路的思考。

（二）研究成果

我们的主题实践活动课程"竹"，强调设计与实施。通过研究主题实践活动课程我们的成果更是喜人的：

1. 学生方面：

（1）学习方式改变了：通过主题课程的研究与学习，学生查找资料、实地考察、分析讨论、提出建议等，用探究合作的学习方式完成研究。

（2）综合能力提升了：他们从日常学习生活、社会生活与大自然的接触中提出具有教育意义的活动主题，综合运用各学科知识，认识、分析和解决他们所遇到的一系列问题，他们自己不光获得了关于自我、社会、自然的真实体验，将学习与生活建立了联系，学生提出问题和解决问题的能力提高了，他们的综合素养也得以全面提升。

（2）五育融合齐并进：在引领学生竹主题的研究中，我惊喜地遇见学生从五育并举到五育融合，遇到他们在德智体美劳诸方面全方位的成长。

2. 教师方面：

（1）形成研究共同体：100% 学科教师参加主题实践活动的研究，根据研究小专题，自动联合、融合、结合成新的研究小组，年级协同研究。

（2）撬动课堂教学：打开视野，留心并发现本学科中"竹"元素，进行横向和纵向的梳理，进行深入探究，得到新的发现。从"主题 +"综合实践活动入手，最终实现用 10% 撬动 90%，过渡到"学科 +"综合实践活动课程。推动我们的课堂有宽度、有深度，有广度。

（3）遇见教师的成长：各班老师们通过"竹"主题研究，涉猎到许许多多自己教学领域未曾了解的知识，看到了自己的短板，我们边学边研边干，逐步打开了眼界，也看到老师们成长的足迹。

四年来，"竹"主题综合实践活动课程实践探索，一路走来，磕磕碰碰，跌跌撞撞，一路探索一路行走，收获颇多。2015 级的学生要毕业了，这个研究到本学期即将结束，是终点也是新的起点，我们将再一次投入到下一次的研究旅程中。